KB234239

3일만에 끝내는

단골출제 상식

장광혁 엮음

3일만에 끝내는 단골출제상식

2009년 01월 02일 / 1판 1쇄 인쇄
2009년 01월 15일 / 1판 1쇄 발행

발행인_ 김용성 발행처_ 법률출판사
등록 1996.2.15 제1-1982호

서울 동대문구 이문2동 346-41 영일빌딩 2층
tel : 02-962-9154 fax : 02-962-9156

오늘 우리가 몸담고 있는 세계는 날로 다변화되고 있다. 사회의 각 분야가 고도로 전문화되고 세분화되고 있고, 각종 대중매체에서 매일 쏟아내는 방대한 정보는 그 기호를 채 읽어내지 못한 개인들을 새로운 형태의 문맹으로 만들고 있다. 이것이 오늘날 우리가 살고 있는 세계의 모습이다.

일반상식은 이 세상의 공기와 같으며, 사람이 그가 속한 사회와 나누는 의사소통의 필수적인 도구이다. 이런 까닭에 국영기업체나 공사(公社)·은행은 물론 각 기업체에서 '일반상식'을 필수과목으로 정하고 있다. 상식시험만큼 개인의 교양수준을 객관적으로 측정할 수 있는 방법이 없기 때문이다.

그러나 일반상식만큼 대비하기 어려운 시험도 없을 것이다. 감기약이 많은 이유가 감기의 특효약이 없기 때문인 것처럼, 일반상식 책이 시중에 수십 종이나 나와 있다는 것은 그만큼 출판사측에서 수험생이 필요로 하는 상식의 감을 잡지 못하고 있는 결과라 할 수 있다.

일반상식이라는 과목은 천편일률적으로 대동소이하고 진부한 내용과 체재 그리고 수험생이 복용하기 부담스러운 분량의 처방으로 나을 병이 아니다.

이에 엮은이는 최근 10여 년간의 출제문제를 주도면밀하게 분석하여, 시험에 자주 출제되는 사항만을 총정리해 시험 전날 완벽한 기억의 재생이 가능하도록 특수 처방을 가하였다. 그리고 면접의 노하우를 집대성한 특별부록을 첨부하여 이 한 권의 책으로 모든 취업준비를 끝낼 수 있도록 편집하였다.

"일반상식(一般常識, general commonsense)이란 보통사람이 지니고 있어야 할 표준지력(標準智力)을 의미한다."

따라서 나무에 정신이 팔려 숲을 보지 못하는 우(愚)를 범하지 말도록 중언부언(重言復言)의 방대한 책에 얽매이지 말고, 이 책과 신문의 시사(時事) 내용만 충실히 체크할 것을 권한다.

모든 이에게 행운이 있기를 기대한다.

엮은이 장광혁 올림

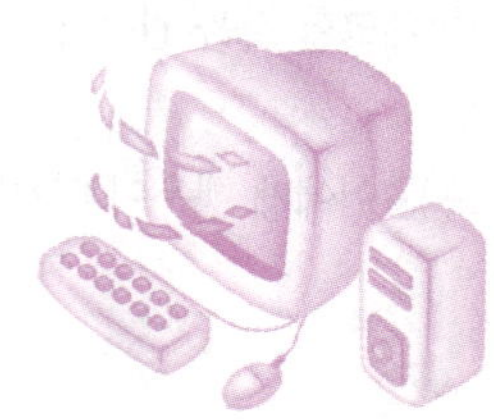

1 나무만 보다가 숲을 못 보게 되니, 깊게 파지 말고 넓게 파악하라.
중요한 것은 상세한 지식이 아니라 개념과 에센스이다.

2 신문은 흥미 있는 일반상식 책이다.
지나쳐 읽기 쉬운 정치·경제면과 문화면은 살아 있는 일반상식의 보고(寶庫)이다.

3 신문 기사를 읽더라도 상식에 관심을 가져야 한다.
예컨대 누가 삼관왕이 되었으면 삼관왕이 무엇인지를 알려는 마음이 중요하다.

4 평소에 시사문제에 민감해야 한다.
예컨대 한번 개정이 논의되면 헌법개정 절차는 매우 출제 가능성이 높은 문제로
부각된다.

5 모든 사물에는 양면이 있다.
무엇보다 균형을 잃지 말아야 한다. 하나의 사실에도 사용자와 노동자의 시각은 다르다.

6 상식은 연결성에도 유념하여야 한다.
예컨대 제29회 하계올림픽 개최지 뿐 아니라 제30회 하계올림픽 개최지에도 관심을
기울여야 한다.

7 '일반상식' 이란 과목의 속성을 알아야 한다.
예컨대 지구과학이란 지구와 달의 거리보다 석유가 매장된 지층이 중요하다.

8 시사문제를 제외하고 다른 분야의 출제문제는 반복되기 마련이다.
이 책에서 기출문제를 상세히 다룬 것은 이런 까닭이니, 철저한 학습을 요한다.

9 응시하는 기관이나 기업체의 특성에 유념하라.
예컨대 한겨레신문과 Times, KT와 ITU(국제전기통신연합).

10 한문의 출제 비중이 커가고 있다.
특히 고사성어(故事成語)의 출제 선호도가 높으나 이 책의 내용이면 필요충분 조건이
된다.

3일만에 끝내는
단골출제
상식
핵심정리
1

신조어	뜻
여피족	신세대 가운데 고등교육을 받고, 도시 근교에 살며, 전문직에 종사하여 연 3만 달러 이상의 소득을 올리는 일군(一群)의 젊은이들
좀비족	대기업이나 거대한 조직 내에서 무사안일에 빠져 주체성 없는 로봇처럼 행동하는 사람을 가리키는 말
통크족	자녀에게 부양받기를 거부하고 부부끼리 독립적으로 생활하는 노인세대
듀크족	아이가 있는 맞벌이 부부의 호칭
예티족	신경제(新經濟)가 만들어낸 신세대 인간형으로 이는 여유롭고 멋진 삶을 즐기는 여피족과는 달리 이들은 민첩하고 유연하며 일에 있어서는 주말과 야간근무도 열심히 하는 열정이 있는 세대
보보스	부르주아의 물질적 실리와 보헤미안의 정신적 풍요를 동시에 누리는 미국의 새로운 상류계급을 가리키는 용어
신디스	경제적으로 능력이 있는 이혼한 여성들을 가리키는 사회학 용어
딩펫족	아이 없이 애완동물을 기르며 사는 맞벌이 부부
시피족	오렌지족의 소비지향적이고 감각적인 문화형태에 반발하며 지적 개성을 강조하고 '심플 라이프'를 지향하는 신세대 젊은이들
딩크족	Double Income No Kids의 약칭으로 자식을 낳아 육아에 힘쓰기보다는 자신의 인생에 적극투자하고 인생을 즐기고 싶어하는 개인주의적, 자유주의적 가치관을 지닌 자녀를 갖지 않는 젊은 부부
우피족	우피는 경제적으로 여유있는 나이든 세대(Well of older people)에서 유래된 말로, 자식들에게 신세지지 않고 자신들이 벌어 놓은 돈으로 풍족한 노후생활을 하는 노인들을 일컬음
사이버 펑크족	컴퓨터 세대들에 의한 새로운 반문화 조류를 지칭. 이들이 지향하는 과제는 컴퓨터 섹스, 두뇌개발, 약품개발 등 다분히 향락적이고도 비생산적인 분야에 집중되어 있음
네스팅족	단란한 가정분위기를 가장 중시하고 집안 가꾸기에 열중하는 신세대를 일컫는 신조어. 그동안 치열했던 사회활동과 개인주의 성향, 서구화 등으로 인해 가정 본래의 의미가 퇴색하고 해체의 기미까지 보이는 데 대한 반발심리와 최근의 여가 중시 풍조가 겹쳐 새로 등장
웹시족	Internet을 활용해 정보를 얻거나 쇼핑을 즐기는 20대 후반에서 30대 초반의 젊은 주부층을 일컫는 신조어
DINS족	(Double Income No Sex) 세계적인 경제불황으로 치열한 경쟁사회에서 생존하려고 몸부림치는 맞벌이 부부들에게 물리적인 시간의 부족과 스트레스, 피로누적 등의 이유로 성(sex)없는 결혼생활을 영위하는 세태를 가르키는 말. 이는 맞벌이를 하면서 아이를 갖지 않는 딩크족과 더불어 나타나는 사회현상임
코쿤족	외부 세상으로부터 도피하여 자신만의 안전한 공간에 머물려는 칩거증후군의 사람들을 일컫는 용어
프리터족	필요한 돈이 모일 때까지만 일하고 쉽게 일자리를 떠나는 사람들로, 일본에서 유행하는 집단. 프리 아르바이터를 줄인 말

기타 암기사항

1. 최초, 최고

우리나라 최초의 시가	공무도하가
우리나라 최초의 시조집	청구영언
우리나라 최초의 기행문	서유견문
우리나라 최초의 향가집	삼대목
우리나라 최초의 가사	상춘곡
우리나라 최초의 설화집	박인량 〈수이전〉
우리나라 최초의 한문소설	김시습 〈금오신화〉
우리나라 최초의 국문소설	허균 〈홍길동전〉
우리나라 최초의 월간종합지	청춘
우리나라 최초의 종합월간지	소년
우리나라 최초의 시 전문동인지	장미촌
우리나라 최초의 순문예 동인지	창조
우리나라 최초의 신문	한성순보
우리나라 최초의 순한글 일간지	매일신보
우리나라 최초의 민간·한글신문	독립신문
우리나라 최초의 신소설	이인직 〈혈의 누〉
우리나라 최초의 신체시	최남선 〈해에게서 소년에게〉
우리나라 최초의 자유시	주요한 〈불놀이〉
우리나라 최초의 서사시	김동환 〈국경의밤〉
우리나라 최초의 현대장편소설	이광수 〈무정〉
우리나라 최초의 단편소설	이광수 〈어린희생〉
우리나라 최초의 지폐	고려 공양왕때의 〈저화〉
우리나라 최초의 화폐	고려 성종 때의 〈건원중보〉
우리나라 최초의 사액서원	소수서원
유럽에 우리나라를 최초로 소개한 책	하멜표류기
우리나라 최초로 연호를 사용한 왕	광개토대왕
우리나라 최초의 민간극장	원각사
우리나라에 남아 있는 가장 오랜된 목조건물	봉전사 극락전

우리나라 최초의 근대적 헌법	홍범 14조
우리나라 최초의 무성영화	윤백남 〈월하의 맹서〉
우리나라 최초의 인공위성	우리별 1호
우리나라 최초의 다목적 실용위성	아리랑 1호
세계 최초의 금속활자인쇄본	상정고금예문
세계 최고(最古)의 법전	함무라비법전
세계 최초의 헌법	대헌장
최초로 기본권을 부여한 헌법	버지니아 헌법
국민의 생존권을 규정한 최초의 헌법	바이마르 헌법
최초로 여성에게 참정권을 부여한 나라	뉴질랜드
세계 최초의 해양문명	에게문명
세계 최초의 고대문명	이집트문명
권력분립주의를 최초로 주장한 사람	존 로크
사회보험제도를 최초로 실시한 나라	독일
세계 최초의 인공위성	소련 〈스푸트니크 1호〉
세계 최초의 유인우주선	소련의 보스토크 1호
세계 최초로 달에 착륙한 우주인	루이암스트롱〈미국〉
세계 최초로 발견된 소행성	세레스
세계 최고의 강	나일강
세계 최고의 호수	카스피해
세계 최초의 북극탐험자	로버트 피어리
세계 최초의 남극탐험자	로알 아문센
전화기 발명	알렉산더 벨
자동차 발명	다이믈러
종의 기원 발표	찰스 다윈
교향곡 최초 창시자	하이든 (오스트레일리아)
동양인 최초의 노벨상	타고르
영사기 발병	루이 뤼미에르
만유인력 발명(낙체의 법칙)	갈릴레이 갈릴레오
만유인력 발견	아이작 뉴튼

1. 원리(原理) 정리

원리	출제사항
가속도의 원리	기계·설비 등 내구적(耐久的)인 자본재에 대한 새로운 수요(需要)가 완성재의 양의 증가율에 의존한다고 하는 경제이론
대차평균의 원리	모든 계정의 차변 계정의 합계와 대변 계정의 합계는 일치한다
아르키메데스의 원리	부력의 크기는 물체와 동체적(同體的)의 유체의 무게, 즉 물체가 밀어낸 유체의 무게와 같다
유효수요의 원리	국민소득 및 생산량, 총고용 수준이 유효수요의 크기에 따라 결정된다
파스칼의 원리	밀폐된 액체의 일부분에 주어진 압력은 그 세기를 변하지 않고 액체내의 모든 부분에 전달된다는 원리

2. 원칙(原則) 정리

원칙	출제사항
경제원칙	최소의 희생 또는 비용을 들이고 최대 효과를 얻으려 하는 원칙
공해(公海)자유의 원칙	국제법상 어느 국가의 영역에도 속하지 않으며, 어느 국가도 배타적으로 지배할 수 없는 해역인 공해는 자유라는 원칙
불고불리 (不告不理)의 원칙	검사가 공소를 제기하지 않는 사건에 대하여 법원은 이를 심판할 수 없다는 원칙

3면등가의 원칙	국민소득은 생산된 것이 분배되어 소비되는 것이므로 원칙적으로 생산면·분배면·지출면이 일치되어야 한다는 원칙
아담 스미스의 조세 4원칙	평등의 원칙, 확실의 원칙, 편의의 원칙, 징수비 최소의 원칙
일사부재리 (一事不再理) 원칙	동일한 범죄에 대하여 거듭 처벌되지 아니한다는 원칙
일사부재의 (一事不再議) 원칙	국회에서 부결된 안건은 같은 회기 중에 다시 발의 또는 제출하지 못한다는 원칙
형벌불소급의 원칙	모든 국민은 행위시의 법률에 의하여 범죄를 구성하지 아니하는 행위로 소추되지 아니하다는 원칙

3. 법칙(法則) 정리

법칙	출제사항
공급의 법칙	시장에서 가격이 오르면 공급이 늘고, 가격이 떨어지면 공급이 줄어드는 현상
그레샴의 법칙	「악화는 양화를 구축한다.」 즉 소재가치가 열등한 화폐인 악화가 소재가치가 좋은 화폐인 양화와 동일한 화폐가치로 유통할 경우, 양화는 퇴장되든가 용해되든가 또는 수출됨으로써 악화만이 시장에서 유통하게 된다는 법칙
뉴턴 운동의 3법칙	제1법칙(관성의 법칙), 제2법칙(운동의 법칙), 제3법칙(작용·반작용의 법칙)
만유인력의 법칙	모든 물체 사이에는 인력이 작용하고 있으며, 이 힘의 크기는 두 물체의 질량의 곱에 비례하고, 거리의 제곱에 반비례한다는 법칙
맬서스의 인구법칙	인구는 기하급수적으로 증가하고(25년마다 2배), 식량은 산술급수적으로 증가한다는 법칙

멘델의 법칙	멘델이 완두의 교배실험에서 확립한 유전원칙, 우열의 법칙·분리의 법칙·독립의 법칙
머피의 법칙	일이 꼬일 때 자주 사용되는 표현으로 잘못될 가능성이 있는 것은 반드시 잘못되고야 만다는 뜻
반사의 법칙	입사광선, 반사광선 및 입사점에 세운 수선은 동일평면 내에 있어 반사광선은 법선에 대해서 입사선의 반대쪽에 있고, 입사각과 반사각은 동일하다는 법칙
보일샤를의 법칙	일정한 온도에서는 기체의 부피는 압력에 반비례하고 절대온도에 비례한다는 법칙
세이의 법칙	공급은 그 스스로의 수요를 창출한다. 따라서 과잉생산은 있을 수 없다는 프랑스 경제학자 세이의 이론
슈바베의 법칙	근로자의 소득과 주거비에 대한 지출의 관계를 설명한 법칙. 소득이 높을수록 집세에 지출되는 금액은 커지지만 전체 생계비에 대한 주거비의 비율은 낮고, 소득이 낮을수록 전체 생계비에 대한 주거비의 비율은 높아진다는 내용
아보가드로의 법칙	$PV=nRT$(단 P:압력, V:체적, n:몰수, T:절대온도, R:비례정수)
파레토 법칙	소득의 분포에 있어서 소득이 적은 사람과 많은 사람은 얼마 되지 않고 소득이 중간위치에 있는 사람이 가장 많다는 법칙
파킨슨의 법칙	상급 공무원으로 출세하기 위하여 부하의 수를 늘릴 필요가 있으므로 공무원의 수는 일의 유무나 경중에 관계없이 일정한 비율로 증가한다는 법칙
페티슨의 법칙	경제가 발전함에 따라 사회적 취업인구가 제1차 산업에서 제2차 산업으로, 이것은 다시 제3차 산업으로 그 비중이 높아간다는 법칙

*編著者(註): 문학상과 평화상은 모두 학습하여야 하며, 기타 상은 당해연도 수상자만 알아두면 충분하다.

문학상		
연대	수상자	대표작
1901	쉴리 프뤼동(프)	행복(시집)
1959	쿠아지모드(이)	인생은 꿈이 아니다
1960	상종 페르스(프)	추방
1961	안드리치(유고)*	드리나강의 다리
1962	스타인벡(미)*	분노의 포도
1963	세페리스(그)	분기점
1964	사르트르(프)*	말·구토·벽
1965	솔로호프(소)*	고요한 돈강
1966	아그논(이스)	신부의 천개
1967	아스투리아스(과)	대통령 각하
1968	카와바타 야스나리(일)*	설국
1969	베케트(프)*	고도를 기다리며
1970	솔제니친(구 소련)*	이반 데니소비치의 하루
1971	네루다(칠레)	대가곡집(시집)
1972	하인리히 뵐(구 서독)*	여인과 군상
1973	P. 화이트(호주)	폭풍의 눈
1974	마르틴손(스웨), 욘소(스웨)	길·햇볕과 같이 사라지다
1975	몬탈레이(이탈)*	오징어의 뼈들(시집)
1976	솔 벨로(미)	비의 왕 헨더슨
1977	알레이 산드레(스페)	파괴와 사랑(시집)
1978	아이작 싱거(미)	모스카트 가(家)
1979	엘리티스(그)	동쪽을 향하여(시집)
1980	체스라프 밀로시(폴)	무패의 노래(시집)
1981	카네티(영)	현혹
1982	가르시아 마르케스(콜)	백년 동안의 고독
1983	윌리엄 골딩(영)*	파리대왕
1984	사이페르트(체코)	봄이여 다시한번(시집)
1985	클로드 시몬(프)	조르지크가(家)

1986	소잉카(나이지)	길, 숲속의 춤
1987	요세프 보로드스키(미)	황야의 정거장, 연설 한토막
1988	나집 아흐프즈(이집)	도적과 개들
1989	호세 셀라(스페)	군중들
1990	옥타비아 파스(멕)	태양의 돌
1991	나딘 고디머(남아)	보호주의자
1992	테릭 월코트	트라나다 드로바고
1993	토니 모리슨(미)	재즈, 소중한 사람
1994	오에 겐자부로(일)*	개인적 체험
1995	세무스 히니(아일)	어느 자연주의자의 죽음
1996	비스바와 쉼보르스카(폴)	일백가지의 기쁨
1997	다리호프(이태)	어릿광대씨
1998	주제사라마구(포르투갈)	돌로 만든 뗏목
1999	귄터 그라스(독)	양철북
2000	가오싱젠(중)	영산
2001	V.S. 나이폴(영)	도착의 수수께끼
2002	임레 케르테스(헝)	운명은 없다
2003	존 맥스웰 쿠체(남아프리카)	페테르부르크의 대가
2004	엘프리데 예리네크(오스트리아)	피아노 치는 여자
2005	해럴드 필터(영)	방, 관리인, 귀향
2006	오르한 파묵(터키)	하얀성, 내 이름은 빨강
2007	도리스 레싱(영)	황금노트북
2008	르 클레지오(프)	사막

평화상	
연대	**수상자**
1901	뒤낭(스위), 파시(프)
1959	노엘 비커(영)
1960	루툴리(남아)
1961	함마슐드(스웨)
1962	폴링(미)
1963	국제적십자위원회 적십자연맹
1964	M.L. 킹(미)
1965	국제아동구호기금
1966	수상자없음
1967	수상자없음
1968	르네 카생(프)
1969	ILO(국제노동기구)
1970	노만 볼로그(미)

1971	브란트(구 서독)
1972	수상자 없음
1973	키신저(미), 레룩토(베)
1974	사토(일)*, 맥브라이드(아일)
1975	사하로프(구 소련)*
1976	윌리엄스(영), 코리칸(영)
1977	국제사면위원회
1978	사다트(이집)*, 베긴(이스)*
1979	테레사 수녀(유고)*
1980	에스키벨(아르헨)
1981	유엔난민고등판무관사무소
1982	미르달 여사(스웨)·알폰소 가르시아(멕)
1983	레흐 바웬사(폴)
1984	데스몬드 투투(남아)*
1985	핵전방지 국제의학자 기구
1986	엘리 위젤(미)
1987	오스카르 아리아스 산체스(코스타리카)
1988	UN평화유지군
1989	달라이 라마(티베트)
1990	고르바초프(러시아)
1991	아웅산 수지(미얀마)
1992	리고베르타 멘추(과테말라)
1993	넬슨 만델라(남아)*, 프레데릭 데 클레르크(남아)
1994	야세르 아라파트(POLO)·아츠하크 라빈·시몬 페레스(이스)**
1995	조셉 롯블라트(영), 과학자 세계문제에 관한 퍼그위시 회의
1996	카를로스 벨로 주교·호세 라모스-오르타(동티모르)
1997	국제지뢰금지협회 협회장-조디 윌리암스
1998	존흄 사회민주 노동당(SDLP)
1999	국경없는 의사회
2000	김대중(한)
2001	UN 사무총장 코피아난
2002	지미카터(미)
2003	시린 에바디(이란)
2004	왕가리 마타이(케냐)
2005	국제원자력기구-모하데드 엘 발라데이 IAEA사무총장
2006	그라민은행, 무하마드 유누스(방글라데시)
2007	엘 고어(미)
2008	마르티 아티사리(핀란드)

05 문예사조

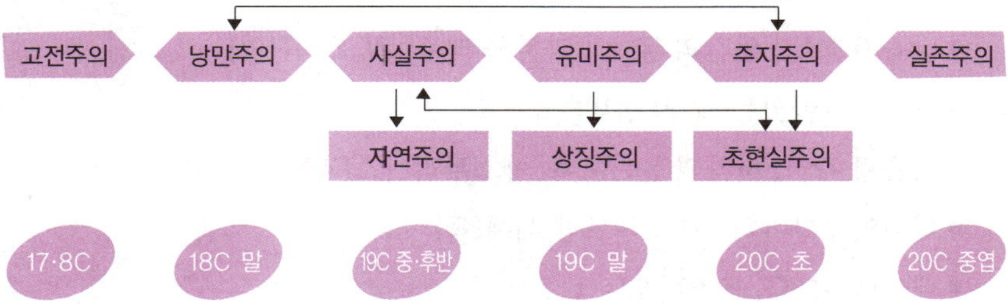

06 세계문학

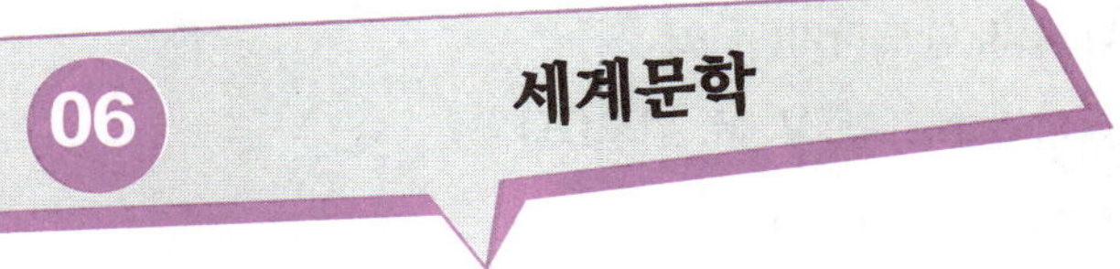

*국적약호: 과테말라(과), 구 소련(구 소), 그리스(그), 노르웨이(노), 덴마크(덴), 독일(독), 러시아(러), 로마(로), 루마니아(루), 미국(미), 벨기에(벨), 스웨덴(스), 스위스(스위), 스페인(스페), 아이슬란드(아이), 에이레(에이), 영국(영), 오스트레일리아(오스), 오스트리아(오), 유고슬라비아(유고), 이탈리아(이), 인도(인), 일본(일), 중국(중), 체코슬로바키아(체), 폴란드(폴), 프랑스(프)

(☆가나다순)

- 갈리아 전기(傳記): J. 시저(로)
- 걸리버 여행기*: J. 스위프트(영)
- 검찰관, 죽음의 농노: N. V. 고골리(러)
- 고도를 기다리며*: S. 베케트(프)
- 고요한 돈강(江)*: M. 솔로호프(러)
- 구토(嘔吐)*, 존재와 무: J. P. 사르트르(프)

■ 귀여운 여인, 세 자매: **A. P.** 체호프(러)

■ 기아(飢餓), 흙의 혜택: **K.** 함순(노)

■ 농민, 약속한 땅: **W. S.** 레이몬트(폴)

■ 달과 6펜스*, 인간의 굴레*, 과자와 맥주: **W. S.** 몸(영)

■ 대지*, 살아있는 갈대: 펄벅(미)

■ 대통령 각하, 사자의 눈: **M. A.** 아스투리아스(과)

■ 데미안*, 황야의 이리: 헤르만 헤세(독)

■ 데카메론*: **G.** 복카치오(이)

■ 돈키호테*: 세르반테스(스페)

■ 동물농장*, **1984**년: 조지 오웰(영)

■ 동방견문록*: 마르코 폴로(이)

■ 드리나강(江)의 다리: **I.** 안드리치(유고)

■ 레미제라블*, 파리의 노트르담: **V. M.** 위고(프)

■ 로만첼로, 노래, 책: **H.** 하이네(독)

■ 로빈슨 크루소*, 왕당기사(王黨騎士)의 기록: **D.** 데포(영)

■ 마농레스코*: **A. F.** 프레보(프)

■ 마(魔)의 산, 베니스에서의 죽음: **T.** 만(독)

■ 목로주점*, 나나(**Nana**): **E.** 졸라(프)

■ 몬테크리스토 백작*, 삼총사*: **A.** 뒤마(프)

■ 무기여 잘있거라* 노인과 바다*, 누구를 위하여 종은 울리나*: **E.** 헤밍웨이(미)

■ 문둥이에의 키스, 바리새의 여인: **F.** 모리악(프)

■ 바라바, 행복한 자의 길: **P.** 라게르크비스트(스)

■ 바람과 함께 사라지다*: **M.** 미첼(미)

■ 밤주막, 어머니: 막심 고리키(러)

■ 배빗, 애로스미드: **H. S.** 루이스(미)

■ 백경(白鏡)*: H. 멜빌(미)

■ 벌거숭이 왕, 들의 백조, 미운 오리 새끼*: H. C. 안데르센(덴)

■ 보물섬*, 지킬 박사와 하이드씨*: R. L. 스티븐슨(영)

■ 보바리 부인*, 살람보: G. 플로베르(프)

■ 부(富)와 빈곤: 조지 길더

■ 부자(父子), 처녀지: 투르게네프(러)

■ 분노의 포도*, 진주, 에덴의 동쪽*: J. E. 스타인벡(미)

■ 사기(史記)*: 사마천(중)

■ 사닌(Sanin): 아르치바셰프(러)

■ 살로메, 옥중기: O. 와일드(영)

■ 삼국지연의(三國志演義)*: 나관중(중)

■ 생활의 발견*, 북경 호일: 임어당(중)

■ 서부전선 이상 없다*, 개선문*: 레마르크(독)

■ 서유기(西遊記)*: 오승은(중)

■ 설국(雪國)*, 이즈(伊豆)의 무희(舞姬): 카와바타 야스나리(일)

■ 성(城)*, 변신(變身)*: F. 카프카(오)

■ 세일즈맨의 죽음*: A. 밀러(미)

■ 수상록(隨想錄)*: M. 몽테뉴(프)

■ 수평선 너머로, 느릅나무 밑의 욕망: E. G. 오닐(미)

■ 수호전(水滸傳)*: 나관중(중)

■ 스케치북, 브레이스브리지: W. 어빙(미)

■ 슬픈 아리아, 플라테로와 나: 히메네스(스페)

■ 신곡(神曲)*, 신생(新生): A. 단테(이)

■ 신부의 천개(天蓋) 추방자: S. J. 아그논(이스)

■ 신(神)의 아그네스*: 존 필미어(미)

■ 실락원*, 복락원: J. 밀턴(영)

■ 아큐정전(阿Q正傳)*, 광인일기(狂人日記): 노신(중)

■ 악의 꽃*: P. C. 보들레르(프)

■ 야간비행, 어린왕자*: A. 생텍쥐페리(프)

■ 어이신의 방랑기: 예이츠(에이)

■ 엉클 톰스 캐빈, 목사의 구혼: H. B. 스토(미)

■ 여인과 군상, 휴가병 열차(休暇兵列車): H. 뵐(독)

■ 여자의 일생*, 벨아미: G. 모파상(프)

■ 욕망이라는 이름의 전차*: 테네시 윌리엄스(미)

■ 우화집(寓話集): 이솝(그)

■ 유리알 유희*: 헤르만 헤세(독)

■ 외제니 그랑데, 인간 희극, 고리오 영감: H. 발자크(프)

■ 율리시스*, 젊은 날의 예술가의 초상: J. 조이스(영)

■ 음모와 사랑, 군도: J. C. F. 쉴러(독)

■ 음향과 분노, 성전(聖殿) 병사의 급료: 포크너(미)

■ 의사 지바고*: 파스테르나크(구 소)

■ 이노크 아이든, 아더왕의 죽음: A. 테니슨(영)

■ 이반 데니소비치의 하루*, 암병동, 수용소군도: 솔제니친(러)

■ 이방인(異邦人)*, 페스트*, 시지프스 신화: A. 카뮈(프)

■ 25시*, 제2의 찬스: C. V. 게오르규(루)

■ 인간과 초인, 시저와 클레오파트라: G. B. 쇼(영)

■ 인간의 조건*, 정복자: 앙드레 말로(프)

■ 인생은 꿈이 아니다: S. 콰지모도(이)

■ 인형의 집*, 사랑의 희극: H. 입센(노)

■ 일리어드*, 오디세이*: 호머(그)

■ 장 크리스토프*, 매혹된 영혼; R. 롤랑(프)

- 적과 흑*, 파르므의 승원: 스탕달(프)

- 전쟁과 평화*, 부활*, 안나 카레리나, 참회록*: L. N. 톨스토이(러)

- 젊은 사자(獅子)들: I. 쇼(미)

- 정글북, 다섯 국가: R. 키플링(영)

- 제2차 세계대전 회고록*: W. 처칠(영)

- 제인 에어*: C. 브론테(영)

- 좁은 문*, 전원교향악, 배덕자: 앙드레 지드(프)

- 죄와 벌*, 카라마조프의 형제들*, 가난한 사람들: 도스토예프스키(러)

- 주홍글씨*: N. 호돈(미)

- 채털리 부인의 사랑*, 아들과 연인들, 흰 공작: D.H. 로렌스(영)

- 천로역정(天路歷程)*: J. 번연(영)

- 춘희(椿姬)*: A. 뒤마(프)

- 치인(癡人)의 고백, 지옥, 영양(令孃) 줄리: J. A. 스트린드베리(스)

- 카르멘*, 콜럼바: P. 메리메(프)

- 캐비지와 왕, 4백만 달러, 마지막 잎새*: O. 헨리(미)

- 캔터베리 이야기*: G. 초서(영)

- 쿠오레: 아미치스(이)

- 쿠오바디스*: H. 솅키에비츠(폴)

- 타이스, 붉은 백합: A. 프랑스(프)

- 테스*, 귀향: 토마스 하디(영)

- 파우스트, 젊은 베르테르의 슬픔*: J. W. 괴테(독)

- 파랑새, 펠레아스와 멜리장드: 메테를링크(벨)

- 팡세(瞑想錄)*: B. 파스칼(프)

- 폭풍의 눈*, 행복한 계곡: P. 화이트(오스)

- 플루타크 영웅전*: 플루타크(그)

- 피노키오의 모험*: 콜로디(이)

- 햄릿*, 맥베스*, 리어왕*, 로미오와 줄리엣*: 셰익스피어(영)

- 황무지, 4개의 4중주: T. S 엘리엇(영)

- 허영(虛榮)의 도시: W. 대커리(영)

- 허클베리핀의 모험: 마크 트웨인(미)

- 홍루몽(紅樓夢): 조설근(중)

- 환상: 리처드 바크(미)

- 희랍인 조르바: 카잔차 키스(그)

07 주요동인지

잡지명	연 도	동인, 발행인	특 징
창조	1919	김동인, 김영택, 김환, 주요한	• 최초의 순문예동인지 • 사실주의
폐허	1920	김억, 남궁벽, 염상섭, 황석우, 오상순	• 순문예동인지 • 퇴폐주의적 성향 농후
개벽	1920	김기진, 이돈화	• 천도교에서 발행한 월간교양지
장미촌	1921	박종화, 변영로, 황석우	• 최초의 시 전문 동인지 • 낭만주의 경향
백조	1922	나도향, 이상화, 박종화, 홍사용, 현진건	• 낭만주의 표방
금성	1923	이장희, 양주동, 백기만	• 낭만주의적 경향의 시 중심 동인지
영대	1924	김소월, 주요한, 김억, 이광수, 전영택	• 순문예동인지 • 창조의 후신
조선문단	1924	이광수, 방인근	• KAPF에 대항한 민족주의 문예지
해외문학	1927	김진섭, 손우성, 정인섭	• 해외문학연구회의 기관지 • 외국문학에 대한 최초의 번역 소개지
문예공론	1929	방인근, 양주동	• 개벽과 조선문단을 절충
시문학	1930	김영철, 박용철, 신석정, 변영로	• 언어의 기교와 순수한 정서를 중시한 순수문학을 발전시킨 시동인지 • 해외문학파도 참가
시인부락	1936	김동리, 김광균, 서정주, 오장환	• 생명파 중심의 시동인지
자오선	1937	이육사, 김광균, 신석초	• 시전문 동인지
문장	1939	김연만	• 월간종합문예지

1. 삼국시대

작 품	작 자	연 대
구지가(시가)	9간	가락국
정읍사(가요)	미상	백제
황조가(시)	유리왕	고구려
도솔가(시가)	미상	신라 유리왕
계림잡전(설화)	김대문	신라
화랑세기(설화)	김인문	신라 무열왕
화왕계(설화)	설총	신라 신문왕
제망매가 · 도솔가(향가)	월명사	신라 경덕왕

2. 고려시대

작 품	작 자	연 대
삼국사기(역사)	김부식	인종
파한집(패관문학)	이인로	고종
해동고승전(전기)	각훈	고종
동국이상국집(문집)	이규보	고종
회고가(시조)	길재	공양왕
삼국유사(역사)	일연	충렬왕
제왕운기(역사)	이승휴	충렬왕
포은집(문집)	정몽주	공양왕
역옹패설(패관문학)	이제현	공민왕

3. 조선시대

작 품	작 자	연 대
양촌집(문집)	권근	태조
월인천강지곡(송가)	정인지	세종
석보상절(송가)	수양대군	세종
고려사(역사)	정인지	세종
반계수록(평론집)	유형원	현종
성호사설(평론집)	이익	영조
동문선(한문학)	서거정	성종
불우헌집 · 상춘곡(문집)	정극인	성종
화담집(문집)	서경덕	성종
훈몽자회(국어학)	최세진	중종

4. 근대이후~현대

작 품	작 자
서유견문(여행기)	이인직
혈의 누(신소설)	이인직
은세계(희곡)	이인직
조선역사(역사)	최남선
조선상고사(역사)	신채호
자유종(소설)	이해조
옥중화(소설)	이해조
추월색(소설)	최찬식
무정(소설)	이광수
상록수(소설)	심훈

도산십이곡(시조)	이황	중종
지봉유설(문집)	이수광	인종
고산구곡가(시조)	이이	명종
성산별곡 · 사미인곡 · 속미인곡(가사)	정철	선조
홍길동전(소설)	허균	광해군
오우가(시조)	윤선도	인조
산성일기(일기)	궁녀	인조
하멜표류기(여행기)	하멜	효종
사씨남정기 · 구운(소설)	김만중	숙종
청구영언(가집)	김천택	영조
연암집(문집)	박지원	영조
택리지(지리)	이중환	영조
양반전(한문소설)	박지원	정조
경세유표 · 목민심서	정약용	순조
연행가사(가사)	홍순학	고종

탁류 · 태평천하(소설)	채만식
화수분(단편소설)	전영택
광염소나타 · 배따라기(소설)	김동인
빈처 · 불(소설)	현진건
백치아다다(소설)	계용묵
하늘과 바람과 별과 시(시)	윤동주
광장(소설)	이광수
김약국의 딸들(소설)	박경리
모범경작생(소설)	박영준
무녀도(소설)	김동리
바비도(소설)	김성한
북간도(소설)	안수길
불꽃(소설)	선우휘
조선총독부(소설)	유주현
농무(시)	신경림

명칭	발간기간	창간대표	출제사항
한성순보	1883~84	민영목	우리나라 신문의 효시.* 한문으로 된 관보 중심의 순보, 시사·신문화 소개, 「박문국」에서 발행
한성주보	1886~88	김윤식	한성순보의 후신, 최초의 국한문체* 채용, 박문국에서 발행
독립신문	1896~99	서재필	독립협회 기관지, 한국 최초의 근대적 신문*, 최초의 민간인 신문, 최초 일간지 등의 효시, 한글과 영문으로 주 3회 발간하다가 일간지로 전환
황성신문	1898~1910	남궁억	중류 이상층을 대상으로 국한문 혼용의 보수적·민족주의적 신문, 장지연의 을사조약 폭로*로 유명
매일신문	1898~?	양홍묵	협성회가 발행한 최초의 일간지*
제국신문	1898~1910	이종면	대중과 부녀자 상대의 순국문판 일간지, 한일합병 직후 폐간
대한매일신보	1905	영국인 베셀 (T. Bethell) 양기탁	애국과 교육의 자주성을 강조한 항일운동의 선봉, 국한문일간지, 베셀이 귀국한 뒤 양기탁이 계승, 1910년 총독부에 매입 흡수되었다가 지금의 서울신문이 됨
만세보	1906~?	오세창	천도교계의 기관지로 일진회를 공격, 사회진보주의를 제창하고, 이인직의 「혈의 누」 게재
경향신문	1906	가톨릭계	가톨릭계의 기관지로 민족자주성을 고취, 현 경향신문의 전신
국민신보	1906~?	이용구	일진회 기관지, 친일매국활동으로 규탄의 대상이 됨

AP	미국연합통신사
AFP	프랑스 통신사
Reuter=RL	영국 로이터 통신사
공동통신사	일본 통신사
ABC	미국의 아메리카 방송회사
NBC	미국의 내셔널 방송회사
IBA	영국 민간방송협회
VOA	미국 국무성의 해외방송
UPI	미국 국제합동통신사
ITAR-TASS	러시아 국영통신사
시사통신사	일본 통신사
신화사(新華社)	중국 관영통신사
CBS	미국의 컬럼비아 방송회사
BBC	영국 방송협회
NHK	일본 방송협회
RTF	프랑스 방송회사

11 중요 무형문화재와 유형문화재

호	무형문화재	유형문화재
1호	종묘제례악(서울전역)	숭례문 (서울 중구)
2호	양주별산대놀이(경기전역)	원각사지십층석탑 (서울 종로구)
3호	남사당놀이(서울전역)	북한산 신라 진흥왕 순수비 (서울 종로구)
4호	갓일(전국)	고달사지부도 (경기 여주군)
5호	판소리(전국)	법주사 쌍사자 석등 (충북 보은군)
6호	통영오광대(경남전역)	흥인지문 (서울 종로구)
7호	고성오광대(경남전역)	보신각종 (서울 종로구)
8호	강강술래(전남전역)	대원각사비 (서울 종로구)
9호	은산별신제 (충남전역)	포석정지 (경북 경주시)
10호	나전장 (전국)	수원 화성 (경기 수원시 장안구)

12 세계문화유산 · 기록유산 · 무형유산

구 분	명 칭	등록연도
세계문화유산	① 창덕궁 ② 수원화성 ③ 석굴암 · 불국사 ④ 해인사장경판전 ⑤ 종 묘 ⑥ 경주역사유적지구 ⑦ 고인돌유적(고창,화순,강화)	1997년 12월 1997년 12월 1995년 12월 1995년 12월 1995년 12월 2000년 12월 2000년 12월
세계기록유산	① 훈민정음 ② 조선왕조실록 ③ 직지심체요절 ④ 승정원 일기	1997년 10월 1997년 10월 2001년 9월 2001년 9월
세계무형유산	① 종묘제례 및 종묘제례악 ② 판소리 ③ 강릉단오제	2001년 5월 18일 2003년 11월 7일 2005년 11월 25일
잠정문화유산	① 삼년산성 　② 공주무령왕릉 ③ 강진도요지 　④ 설악산 천연보호구역 ⑤ 안동하회마을 　⑥ 월성양동마을 ⑦ 남해안일대 공룡화석지 　⑧ 제주도 자연유산지구	

작 가	작 품	특 징
레오나르도 다빈치	《최후의 만찬》《모나리자》《성안나》	르네상스 시대의 이탈리아를 대표하는 천재적 미술가 · 과학자 · 기술자 · 사상가
미켈란젤로	《최후의 심판》《메디치가의 묘》《다비드》	이탈리아의 화가 · 조각가 · 건축가 · 시인
라파엘로	《세데이아의 마돈나》《아테네 학당》《부활》《레오 10세의 초상》	이탈리아의 화가 · 건축가
보티첼리	《비너스의 탄생》《봄》《수태고지》《신비의 강탄》	이탈리아 르네상스시대의 화가
밀레	《이삭줍기》《만종》《씨뿌리는 사람》《걸음마》	프랑스의 화가
고갱	《타히티의 여자들》	프랑스의 화가
모네	《인상 · 일출》《루앙대성당》《수련》	프랑스의 인상파 화가
마네	《피리부는 소년》《풀밭위의 점심》《올랭피아》	프랑스의 화가
르누아르	《책읽는 소녀》《목욕하는 여인》《테라스에서》《샤토에서 뱃놀이를 하는 사람들》	프랑스의 화가
세잔	《목욕하는 여인들》《빨간조끼의 소년》	프랑스의 화가
몬드리안	《나무의 연작》《햇빛 속의 풍차》《빨간 나무》	네덜란드의 화가
피카소	《아비뇽의 처녀들》《게르니카》	프랑스의 입체파 화가
고야	《카를로스 4세의 가족》《옷을 입은 마하》	에스파냐의 화가
칸딘스키	《푸른 산》《즉흥 14》《검은 선들》	러시아 출신의 프랑스 화가
샤갈	《손가락이 7개인 자화상》《바이올린 연주자》《서커스》	프랑스의 화가
뭉크	《생명의 프리즈》《별이 있는 밤》《백야(白夜)》	노르웨이의 화가
렘브란트	《툴프 박사의 해부학 강의》《엠마오의 그리스도》	네덜란드의 화가
미로	《꿈 그림》《상상 속의 풍경》	에스파냐의 화가 · 도예가
달리	《안달루시아의 개》《황금시대》《기억의 지속》	에스파냐의 초현실주의 화가
로댕	《지옥의 문》《생각하는 사람》《아담과 이브》《칼레의 시민》《발자크상(像)》	프랑스의 조각가

세계의 음악가와 작품

작 가	작 품	특 징
바흐	《브란덴부르크협주곡》《음악의 헌정》《크리스마스 오라토리오》《평균율 클라비어곡집》《프랑스모음곡》	독일의 오르가니스트 · 작곡가
헨델	《메시아 Messiah》《알렉산더의 향연》《왕궁의 불꽃놀이 음악》	독일 출생의 영국 작곡가
하이든	《천지창조》《사계》	18세기 후반의 빈고전파를 대표하는 오스트리아의 작곡가
베토벤	《영웅교향곡》《피아노협주곡 제5번(황제)》	독일의 작곡가
모짜르트	《피가로의 결혼》《돈 조반니》《마적》	오스트리아의 작곡가
슈베르트	《아름다운 물방앗간의 처녀》《겨울나그네》《죽음과 소녀》	오스트리아의 작곡가
멘델스존	《한 여름밤의 꿈》《이탈리아교향곡》《바이올린협주곡》	독일의 작곡가 · 지휘자 · 피아니스트
쇼팽	《빗방울전주곡》《영웅폴로네즈》	폴란드의 작곡가 · 피아니스트
베르디	《리골레토》《라트라비아타》《아이다》	이탈리아의 작곡가
주페	《경기병》	오스트리아의 작곡가 · 지휘자
리스트	《헝가리광시곡》《순례의 해》	헝가리의 피아노 연주자 · 작곡가
요한 스트라우스	《아침신문》《아름답고 푸른 도나우강》《예술가의 생애》	왈츠의 왕
브람스	《독일레퀴엠》《알토랩소디》《대학축전서곡》《승리의 노래》	독일의 작곡가
차이코프스키	《백조의 호수》《만프레드 교향곡》《비창》	러시아의 작곡가
드보르작	《신세계》《루살카》	체코의 작곡가
푸치니	《나비부인》	이탈리아의 작곡가
드뷔시	《만돌린》《녹턴》	프랑스의 작곡가
시벨리우스	《칼레발라》《투오넬라의 백조》《핀란디아》	핀란드의 작곡가
쇤베르크	《달의 피에로》	오스트리아의 작곡가

종교명	발생년도	발상지	교조(敎祖)	교전(敎典)	분포지역
기독교	AD 1년	예루살렘	예수 그리스도	신구약성서	유럽·미국·아시아·아프리카·호주
힌두교				베다	인도·중앙아시아
회교	AD 610년	아랍	마호메트	코란	아랍·북부 아프리카
불교	BC 500년	북인도	석가	삼장(三藏)	인도·중국·타이·버마·한국·일본
유교	BC 500년	중국	공자	사서삼경	*엄밀한 의미의 종교가 아님
도교	AD 200년	중국	장도릉	태상 김응록	중국
유태교	BC 1500년	유태	모세	탈무드	전세계의 유태인
마니교	AD 300년	바빌론	마니	칠부서	페르시아·인도·중국·중앙아시아
바라문교	BC 1000년	북인도		베다	북부 인도
몰몬교	AD 1820년	미국	요셉 스미스	몰몬경	미국·유럽
라마교	AD 700년	티베트	스포츠안 감포		티베트
천도교	AD 1863년	한국	최제우	동경대전	한국

(☆연대순)

시대	명칭	연대	출제사항
고려	• 건원중보	성종(996년)	최초의 철전
	• 은병	숙종(1011년)	최초의 은전
	• 해동통보	숙종(1102년)	최초의 동전
	• 동국중보	숙종(1102년)	동전
	• 쇄은	충렬왕(1273년)	은화
	• 소은병	충혜왕(1331년)	은화
	• 저화	공양왕(1390년)	지폐
조선	• 저화	태종(1401년)	「사섬서」를 설치하여 발행, 지폐
	• 조선통보	세종(1423년)	동전
	• 팔방통보	세조(1463년)	전폐의 별칭
	• 상평통보	인조(1633년)	효종·숙종 발행, 동전
	• 당백전	고종(1866년)	경복궁 중수시 발행

시대	저자	시기	출제사항
통일 신라	• 김대문	성덕왕	고승전, 한산기, 악본, 화랑세기*, 계림 잡전
	• 원효	무열왕	금강삼매경론, 화엄경소, 대승기신론소
	• 설총	신문왕	화왕계(시문집; 왕에게 도덕정치를 요구)
	• 최치원	진성여왕	토황소격문*, 계원필경*
	• 혜초	성덕왕	왕오천축국전*(인도순례기)
고려	• 김부식	인종	삼국사기*(가장 오래된 역사서;기전체)
	• 이인로	고종	파한집*·쌍명재집 3권·은대집 20권 등
	• 이규보	고종	동국이상국집·백운소설*(수필집)
	• 최자	고종	보한집*
	• 이승휴	충렬왕	제왕운기*(단군→충렬왕까지 역사)
	• 일연	충렬왕	삼국유사*(최고의 야사;향가 수록)
	• 이제현	충선왕	역옹패설*·익제집·익제난고
조선	• 김종서	문종	해동명신록·고려사절요*(편년체·고려역사)
	• 정인지 등	세종	고려사(역사;기전체)·치평요람·용비어천가*
	• 서거정	성종	동국여지승람*·동국통감·동문선·필원잡기
	• 김시습	세조	금오신화*(최초의 한문소설)
	• 최세진	중종	훈몽자회*·사성통해
	• 정철	선조	송강가사*(관동별곡·사미인곡·속미인곡)
	• 이수광	광해군	지봉유설*(백과사전류; 정치·문화·산업, 마테오리치의 「천주실의」를 소개)
	• 한백겸	광해군	동국지리지(인문지리서;고조선→고려까지)
	• 허준	광해군	동의보감*(의학서;동양의학의 집대성)
	• 유형원	효종	반계수록*(정치·경제·군사제도의 내용 비판)·여지지(지리서)
	• 박세당	숙종	색경*(농사 전반에 걸친 해설서)
	• 이익	숙종	성호사설(천지만물 등 5개 분야에 걸쳐 설명)
	• 이중환	영조	택리지*(일명 팔역지;인문지리서)
	• 신경준	영조	강계고, 소수경, 도로고(지리), 훈민정음 운해*
	• 이긍익	영조	연려실기술*(조선의 중요사실 수록)
	• 박지원	정조	열하일기*·양반전*·과농소초(농업서)
	• 박제가	정조	북학의*(중상적(重商的) 개혁사상 전개)
	• 정약용	순조	경세유표*(정치)·목민심서*(정치)·흠흠신서·마과회통(의 학)·종두방서(의학;종두법 소개)
	• 김정희	순조	금석과안록(고증학적 방법에 의한 금석학연구)
	• 김정호	철종	대동여지도*(산업·경제·문화에 대한 관심 반영)

- 경제분석(經濟分析)의 기초: 사무엘슨(미)
- 경제성장의 제단계: 로스토(미)
- 경제표(經濟表): 케네(프)
- 경제학 및 과세의 원리: 리카드(영)
- 경험과 교육: 듀이(미)
- 고백록*: 아우구스티누스(로)
- 고용·이자 및 화폐의 일반이론*: 케인즈(영)
- 곤충기*: 파브르(프)
- 공동사회론: 매키버(미)
- 공리주의(公理主義): 밀(영)
- 공산당 선언: 마르크스(독)
- 관용론: 볼테르(프)
- 교환방정식(交換方程式): 피셔(미)
- 국가와 혁명: 레닌(러)
- 국부론*: 아담 스미스(영)
- 군주론*: 마키아벨리(이)
- 권력의지(權力意志): 니체(독)
- 기원론(起源論): 루소(프)
- 나는 왜 기독교인이 아닌가: 러셀(영)
- 노동자 강령: 라살(독)
- 논리학: 아리스토텔레스(그)
- 논리학 체계: 베이컨(영)
- 논어(論語): 공자(孔子)(중)

- 단자론(單子論): 라이프니츠(독)
- 도덕경*: 노자(老子)(중)
- 도덕과 종교의 이원천: 베르그송(프)
- 동물철학: 라마르크(프)
- 로마법의 정신: 예링(독)
- 로마성쇠론: 몽테스키외(프)
- 리바이어던(Leviathan)*: 홉스(영)
- 미국 자본주의(資本主義): 갈브레이스(미)
- 미국 독립선언서*: 제퍼슨(미)
- 민약론(民約論)*: 루소(프)
- 민주주의와 교육: 듀이(미)
- 방법서설(方法敍說)*: 데카르트(프)
- 백과전서 서론: 달랑베르(프)
- 범주론(範疇論): 아리스토텔레스(그)
- 법의 목적: 예링(독)
- 법의 정신: 몽테스키외(프)
- 법철학(法哲學): 헤겔(독)
- 변론술(辯論術): 아리스토텔레스(그)
- 변증법(辨證法): 헤겔(독)
- 사기(史記)*: 사마천(중)
- 사회계약론(社會契約論): 루소(프)
- 사회분업론(社會分業論): 뒤르켐(프)
- 사회재건의 원리: 러셀(영)
- 삼민주의(三民主義)*: 손문(중)
- 삼위일체론(三位一體論): 아우구스티누스(로)

- 상대성이론(相對性理論): 아인슈타인(미)
- 세계 문화사대계: 웰즈(영)
- 세계사: 디오도로스(그)
- 소크라테스의 변명*: 플라톤(그)
- 수학원리(數學原理)*: 러셀(영)
- 순수이성비판*: 칸트(독)
- 시민론(市民論): 홉스(영)
- 시민정치이론(理論): 로크(영)
- 신국론(神國論)*: 아우구스티누스(로)
- 신엘로이즈: 루소(프)
- 신 크리스트교: 생시몽(프)
- 신학대전(神學大全)*: 토마스 아퀴나스(이)
- 실증철학강의: 콩트(프)
- 실천이성비판*: 칸트(독)
- 심포지엄(=향연): 플라톤(그)
- 애론(愛論): 플라톤(그)
- 에밀*: 루소(프)
- 역사*: 헤로도투스(그)
- 역사의 연구*: 토인비(영)
- 영국은 왜 잠잤는가: 케네디(미)
- 윤리학: 스피노자(네)
- 이것이냐 저것이냐: 키에르케고르(덴)
- 이상국가론: 플라톤(그)
- 인간불평등론*: 루소(프)
- 인간오성론(人間悟性論): 로크(영)

■ 인구론*: 맬서스(영)

■ 일반정신병리학: 야스퍼스(독)

■ 의지와 표상으로서의 세계: 쇼펜하우어(독)

■ 자본론*: 마르크스(독)

■ 자살론: 듀르켐(프)

■ 자유론*: J. S. 밀(영)

■ 자치통감강목: 주자(중)

■ 정신분석학 입문*: 프로이트(오)

■ 정신현상학: 헤겔(독)

■ 정치학: 아리스토텔레스(그)

■ 제국주의론: 레닌(러)

■ 제1철학의 성찰: 데카르트(프)

■ 존재와 시간: 하이데거(독)

■ 종(種)의 기원(起源)*: 다윈(영)

■ 죽음에 이르는 병(病)*: 키에르케고르(덴)

■ 지대론(地代論): 맬서스(영)

■ 최대 다수의 최대 행복론: 벤담(영)

■ 칸트의 생애와 학설: 카시러(독)

■ 파워 엘리트: 밀즈(미)

■ 판단력 비판: 칸트(독)

■ 페르시아 전쟁사: 레시오도스(그)

■ 풍요한 사회*: 갈브레이스(미)

■ 프랑스 식물지: 라마르크(프)

■ 핵무기와 외교정책: 키신저(미)

■ 형이상학*: 아리스토텔레스(그)

- 형이상학적 서설: 베르그송(프)
- 화이트칼라(White Collar): 밀즈(미)
- 화폐론*: 케인즈(영)
- 히포크라테스의 의계(醫戒): 히포크라테스(그)

19 역대조약

시대	조약명	연대	출제사항
조선 시대	● 계해약조	세종(1426년)	삼포의 왜란, 제포·염포·부산포 개항. 세사미두 200석으로 일본과 체결
	● 임신약조	중종(1512년)	삼포의 왜인 거주 불허. 세사미두 100석으로 일본과 체결
	● 정미약조	명종(1547년)	사량진 왜변, 통상 제한
	● 정묘조약	인조(1627년)	청의 침입 정묘호란, 형제지맹, 청군철수
	● 강화도조약	고종(1876년)	운요호사건, 문호개방
	● 제물포조약	고종(1882년)	임오군란의 사후처리, 태극기 사용, 대원군 재집권
	● 한성조약	고종(1885년)	갑신정변. 사대당 정부의 재확립
	● 천진조약	고종(1885년)	갑신정변, 조선에서 일본은 청과 대등 지위
	● 하관조약 (시모노세키조약)	고종(1895년)	청·일 전쟁 결과 일본의 조선침략 기반 이룩
	● 한일의정서	광무(1904년)	내정간섭, 경인·경원 철도 부설, 황무지 개간
	● 제1차 한일협약	광무(1904년)	고문정치, 재정권과 외교권 제한
	● 포츠머드 조약	광무(1905년)	러·일 전쟁, 재외공관 철수, 외교권 상실
	● 을사조약	광무(1905년)	통감부 설치, 재외공관 철수, 외교권 상실
	● 정미7조약	융희(1907년)	차관정치 실시, 군대해산
	● 간도협약	융희(1909년)	간도상실, 두만강 국경선
	● 합방조약	융희(1910년)	한일합방, 총독부 설치, 대한제국 멸망

시대	사건	연대	출제사항
고구려	• 살수대첩*	영양왕(598년)	수양제의 침입을 <u>을지문덕</u>장군이 살수에서 격퇴함(612년)
	• 안시성 싸움*	보장왕(645년)	당태종의 침입☞ 안시성 성주 양만춘이 격퇴
신라	• 나·당 전쟁	문무왕(676년)	민족보존을 위한 통일 전쟁☞ 당군축출에 성공하고 삼국을 통일
	• 장보고의 난*	문성왕(845년)	청해진에서 반란☞ 염장이 진압
고려	• 거란 제1차 침입	성종(993년)	고려의 북진정책과 친송정책을 이유로 소손녕이 침입☞ <u>서희</u> 장군의 외교담판 성공으로 강동 6주 획득
	• 거란 제3차 침입	현종(1018년)	고려의 친조 불이행으로 소배압이 침공☞ 강감찬의 귀주대첩으로 승리, 친송외교단절을 약속
	• 이자겸의 난*	인종(1126년)	외척의 난☞ 척준경이 토벌
	• 묘청의 난*	인종(1128년)	<u>서경천도</u> 주장, 실패☞ 칭제건원〈국호;대위, 연호;천개〉 김부식이 토벌
	• 정중부의 난	의종(1170년)	무신난, 문신살육☞ 무신집권〈경인난〉
	• 만적의 난	신종(1198년)	<u>노예해방목적</u>☞ 중도에 발각·실패
	• 삼별초의 난*	원종(1270년)	반몽고란☞ <u>배중손</u>이 지휘·실패

조선	• 계유정란	단종(1453년)	세조찬탈☞ 사육신·생육신
	• 삼포왜란*	중종(1510년)	황형·유연담☞ 임신조약체결
	• 임꺽정의 난*	명종(1559년)	천민출신의 협도☞남치권에게 토벌됨
	• 임진왜란*	선조(1592년)	왜군침입☞ 명군래원, 기유약조
	• 정유재란	선조(1597년)	임진왜란 후 명과의 화의 결렬로 재침☞ 명나라 원군과 이순신의 명량대첩·노량대첩으로 격퇴
	• 이괄의 난	인조(1624년)	논공행상에 불만, 난을 일으킴☞ 장만·정충신이 토벌
	• 정묘호란	인조(1627년)	청의 침입☞ 정묘약조, 형제지맹약 체결
	• 병자호란*	인조(1636년)	청의 침입☞ 정축약조체결, 군신지맹약 체결
	• 홍경래의 난	순조(1811년)	세도정치에 따른 3정의 문란에 대한 농민의 반란☞ 이요헌이 평정
	• 병인양요*	고종(1866년)	병인사옥이 원인☞ 양헌수·이용희 등이 격퇴
	• 신미양요*	고종(1871년)	「제너럴셔먼」호를 격침시킨 항의와 통상요구 ☞ 척화비 세움
	• 임오군란*	고종(1882년)	구식군대 차별대우가 원인☞ 제물포조약, 대원군 재집정
	• 갑신정변*	고종(1884년)	개화당과 수구당 대립☞ 한성·천진조약
	• 동학운동*	고종(1894년)	조병갑탐학☞ 갑오경장·청일전쟁
	• 을미사변*	고종(1895년)	친러파 거세목적☞ 김홍집 4차 내각

■ 하계올림픽

(☆연대순)

회(연도)	개최지	출제사항
제1회 (1896년)	그리스 (아테네)	마라톤 평야에서 아테네「파르테논」스타디움까지의 40km 코스를 스피리돈 루이스(그리스)가 우승
제2회 (1900년)	프랑스 (파리)	세계박람회의 부속행사로 전락
제3회 (1904년)	미국 (세인트루이스)	제3회에서만「골프」를 올림픽 종목으로 채택
제4회 (1908년)	영국(런던)	다라톤 코스 42,195km로 확정
제5회 (1912년)	스웨덴 (스톡홀름)	짐토페(미국)가 10종 경기, 5종 경기에서 금메달을 획득, '세계에서 가장 위대한 육상선수'로 각광
제6회		제1차 세계대전으로 중단
제7회 (1920)	벨기에 (엔트워프)	육상의 파보누루미(핀란드)가 1만m, 1만m 단체 크로스 컨트리에서 금메달, 5천m에서 은메달 획득
제8회 (1924년)	프랑스 (파리)	영화「타잔」의 주인공 미국의 조니와이즈 뮬러가 수영에서 3관왕
제9회 (1928년)	네델란드 (암스텔담)	여자 육상 올림픽 종목 채택
제10회 (1932년)	미국 (로스엔젤레스)	수영 1,500m 자유형에서 기타무라쿠수오(일본)선수가 14세 최연소로 우승
제11회 (1936년)	독일 (베를린)	일제하 손기정(대한민국)선수 마라톤 우승
제12회 제13회		제2차 세계대전으로 중단
제14회 (1948년)	영국 (런던)	코엔(네덜란드)이 주부 선수로서 처음으로 육상 4관왕

제15회 (1952년)	핀란드 (헬싱키)	에밀 자토펙(체코)이 마라톤 등 3관왕, 그의 부인 자토코프바는 투창에서 우승
제16회 (1956년)	호주 (멜버른)	패트리샤 맥코믹(미국)이 다이빙에서 제15회 2관왕에 이어 제16회에서도 2관왕
제17회 (1960년)	이탈리아 (로마)	맨발의 아베베 비킬라(이디오피아) 마라톤 우승. 무하마드 알리(미국) 18세로 복싱우승
제18회 (1964년)	일본 (동경)	독일은 한 팀으로 출전했다가 IOC가 두 개의 독일 팀을 인정, 「북로디지아」는 경기 도중 독립되어 국명이 「잠비아」로 바뀌면서 국기도 변경
제19회 (1968년)	멕시코 (멕시코시티)	봅비몬(미국)은 멀리뛰기에서 종전 기록보다 55cm나 많은 8.90m를 기록
제20회 (1972년)	서독 (뮌헨)	아랍의 「검은9월단」 이스라엘 선수 11명 학살 참사
제21회 (1976년)	캐나다 (몬트리올)	체조선수 나디아 코마네치(루마니아) 세계의 요정으로 등장
제22회 (1980년)	소련 (모스크바)	소련의 「아프가니스탄」침공에 항의, 미국·우리나라를 비롯하여 67개 자유진영 국가 불참
제23회 (1984년)	미국 (로스엔젤레스)	소련 등 공산국가 일부 불참, 우리나라 금 6, 은 6, 동 7개로 세계 10위 마크
제24회 (1988년)	한국 (서울)	160개국 참가, 한국은 금 12, 은 10, 동 11로 세계 4위
제25회 (1992년)	스페인 (바르셀로나)	EUN(독립국가연합)이 금 45개로 종합우승했으며 한국은 7위
제26회 (1996년)	미국 (애틀란타)	근대올림픽 100주년 기념대회
제27회 (2000년)	호주 (시드니)	

제28회 (2004년)	그리스 (아테네)	108년 만에 근대올림픽 개최지에서 다시 개최, 202개국 참가
제29회 (2008년)	중국 (베이징)	
제30회 (2012년)	영국 (런던)	개최예정(처음으로 세 번이나 개최하는 도시)

■ 동계올림픽

대회	연도	주최도시	참가선수
제1회	1924	샤모니	294
제2회	1928	생모리츠	464
제3회	1932	레이크플래시드	252
제4회	1936	가르미슈파르텐키르헨	689
제5회	1948	생모리츠	689
제6회	1952	오슬로	894
제7회	1956	코르티나담페초	820
제8회	1960	스쿼우밸리	666
제9회	1964	인스브루크	933
제10회	1968	그르노블	1293
제11회	1972	삿포르	1128
제12회	1976	인스부르크	1281
제13회	1980	레이크플래시드	1283
제14회	1984	사라예보	1490
제15회	1988	캘거리	1759
제16회	1992	알베르빌	1802
제17회	1994	릴레함메르	3805
제18회	1998	나가노	3516
제19회	2002	솔트레이	3527
제20회	2006	토리노	5000
제21회	2010	소치	개최예정

○	✕
아무튼	아뭏든
돌부리	돌뿌리
재떨이	재털이
왠지	웬지
싫증	실증
한갓	한갖
별안간	벼란간
요컨대	요컨데
육개장	육계장

○	✕
금세	금새
합격률	합격율
백분율	백분률
수익률	수익율
휴게실	휴계실
게시판	계시판
냄비	남비
아지랑이	아지랭이
서서히	서서이

○	✕
솔직히	솔찍히
바람둥이	바람동이
시골내기	시골나기
색깔	색갈
전세방	전셋방
전셋집	전세집
셋방	세방
제삿날	제사날
나뭇가지	나무가지

- 강대국의 책임은 세계를 지배하는 것이 아니라 세계에 봉사하는 것이다:
  트루만(H. S. Truman)

- 개방된 도덕과 폐쇄된 도덕: 베르그송(Bergson)

- 건전한 육체에 건전한 정신*: 유베날리스(Juvenalis)

- 고독한 군중*: 리즈맨

- 공포로 인해 타협하지 말 것이며 남이 나에게 타협하는 것을 두려워하지도
  말라: 마호메트(Mahomet)

- 국가가 인간을 위해 만들어졌지 인간이 국가를 위해 만들어지지 않았다:
  아인슈타인(A. Einstein)

- 국가의 목적은 정의(正義)의 실현: 아리스토텔레스(Aristotles)

- 군주정치가 타락하면 폭군정치, 귀족정치가 타락하면 과두정치, 민주정치가
  타락하면 중우정치*: 아리스토텔레스(Aristotles)

- 그래도 지구는 돈다[地動]*: 갈릴레오(G. Galileo)

- 극기복례(克己復禮)*: 과도한 욕망을 누르고 예절을 좇도록 함: 공자(孔子)

- 근면과 성실로 재산을 모은 것은 신(神)의 섭리에 어긋나지 않는다.*:
  캘빈(J. Calvin)

- 금단의 열매의 추억은 인류의 기억 속에서와 마찬가지로 우리들 각자의
  기억 속에서도 가장 오래된 것이다: 베르그송(Bergson)

- 나는 노예가 되고 싶지 않은 것처럼 주인도 되고 싶지 않다: 링컨(A.
  Lincoln)

- 나는 보았다. 그러나 믿지 않았다: 괴테(Goethe)

- 나는 살려고 하는 생명에게 둘러싸인 살려고 하는 생명이다: 슈바이처(A.
  Schweizer)

- 나는 생각한다. 고로 나는 존재한다*: 데카르트(R. Descartes)

- 나는 세계 시민이다: 디오게네스(Diogenes)

- 나는 승리를 훔치지 않는다: 알렉산더(Alexander) 대왕

- 나는 신문 없는 정부보다 정부 없는 신문을 택하겠다*: 제퍼슨(T. Jefferson)

- 나는 조국 프랑스는 사랑하지만 프랑스인은 싫어한다: 드골(de Gaulle)

- 날으는 화살은 순간적으로 정지 상태에 있다*: 제논(Zenon)

- 남에게 부정하게 대하지 말 것이며, 남이 나에게 부정하지 못하게 하라: 마호메트(Mahomet)

- 내가 무엇을 하는가?: 몽테뉴(Montaigne)

- 나는 십유오(十有五)에 학(學)에 뜻[志]를 두고, 서른 살에 뜻을 세우며[三十而立], 마흔 살에 현혹됨이 없었으며[四十而不惑], 쉰 살에는 하늘의 뜻을 알았으며[五十而知天命], 예순 살에는 무엇이고 알아들을 수 있으며[六十而耳順], 일흔 살에는 무슨 일을 해도 조금도 법도에 어긋남이 없었다[七十而從心所慾不踰矩]*: 공자(孔子)

- 내가 안토니우스가의 한 사람인 한에서는 내 도시, 내 나라는 로마이지만, 내가 인간인 한에서는 내 조국은 세계이다: 마르크스 아우렐리우스(Marcus Aurelius)

- 너의 양심에 따라 행동하라*: 피히테(Fichte)

- 너 자신의 인격과 모든 사람의 인격에 있어서의 인간성을 언제나 목적으로 대할 것이요, 결코 수단으로 취급하지 말라: 칸트(I. Kant)

- 너 자신을 알라*: 소크라테스(Socrates)

- 네 소원이 무엇이냐고 하느님이 물으시면 나는 서슴지 않고 '내 소원은 대한독립이오.'하고 대답할 것이다*: 김구(金九)

- 노병은 결코 죽지 않고 사라질 뿐이다*: 맥아더(D. MacArthur)

- 높거나 낮거나, 덥거나 춥거나, 동쪽이거나 서쪽이거나, 남쪽이거나 북쪽이거나, 도시가 있는 곳이면 올림픽을 열린다. 그것은 이 세상의 오아시스이다: 브런디지(A. Brundage)

- 능력에 따라 일하고 필요에 따른 보수*: 레닌(Lenin)

- 단자(單子)는 창이 없다: 라이프니츠(Leibniz)

- 닫힌 마음, 열린 마음: 베르그송(Bergson)

- 대표 없는 과세(課稅)는 없다*: 패트릭 헨리(Patric Henry)

- 덕(德)은 중용(重用)을 지키는 데 있다: 아리스토텔레스(Aristotles)

- 도덕은 이기심과 동정심의 조화: 아담 스미스(A. Smith)

- 도전과 반응*: 토인비(A. Toynbee)

- 로마는 하루아침에 세워진 것이 아니다*: 세르반테스(Cervantes)

- 만물은 유전한다*: 헤라클레이토스(Herakleitos)

- 만물의 근원은 무한자: 아낙시만드로스(Anaximandros)

- 만물의 근원은 물*: 탈레스(Thales)

- 만물의 근원은 불*: 헤라클레이토스(Herakleitos)

- 만물의 근원은 수(數)*: 피타고라스(Pythagoras)

- 만물의 근원은 원자: 데모크리토스(Demokritos)

- 만인(萬人)에 의한 만인의 투쟁*: 홉스(T. Hobbes)

- 만족한 돼지보다 불만족한 사람*: 밀(J. S. Mill)

- 머리 위에는 별이 반짝이는 하늘, 내 마음에는 도덕률*: 칸트(I. Kant)

- 모든 개인의 자유는 타인의 자유가 시작되는 곳에서 멈춰야 한다:
  라스키(Laski)

- 목적은 모든 법률의 창조자이다: 예링(Jhering)

- 무실(務實)·역행(力行)하고, 충의(忠義)·용감(勇敢)하라: 안창호(安昌浩)

- 민주주의는 공동생활의 한 양식이며, 주고받을 수 있는 경험의 한 태도이다:
  듀이(J. Dewey)

- 민주주의란 헤로도토스 시대 이래 국가의 지배 권력이 어떤 특정한 계급에
  있지 않고, 사회 전체의 구성원에게 합법적으로 부여된 정부형태이다:
  브라이스(J. Bryce)

- 민중은 국가의 근본인 동시에 군주의 하늘이다: 정도전(鄭道傳)

■ 백 번 듣는 것이 한 번 보는 것만 못하다*: 콩트(A. Conte)

■ 법률과 도덕의 관계는 법철학에 있어서 Cape Horn이다*: 예링(Jhering)

■ 법률은 인간의 폭군: 히피아스(Hippias)

■ 법은 도덕의 최소한*: 옐리네크(Jellinek)

■ 보이지 않는 손*: 아담 스미스(A. Smith)

■ Boy, be ambitious!*: 클라크(Clark)

■ 비록 내일 지구의 종말이 온다 하여도 나는 한 그루의 사과나무를 심겠다*:
   스피노자(Spinoza)

■ 비록 불행에 이른다 할지라도 군신이 함께 제나라 강토 안에서 죽는 것이
   옳은 일이다: 이순신(李舜臣)

■ 빈곤의 악순환*: 넉시(R. Nurkse)

■ 빛나는 것이 모두 금은 아니다: 라퐁테느(La Fontaine)

■ 사람 섬기기를 하늘과 같이 하라[事人如天]*: 최시형(崔時亨)

■ 사람은 나면서부터 사형선고를 받았다*: 쇼펜하우어(Schopenhauer)

■ 사람은 삶이 두려워서 사회를 만들었고, 죽음이 두려워서 종교를
   만들었다.*: 스펜서(H. Spencer)

■ 사람은 생각하는 갈대*: 파스칼(B. Pascal)

■ 사람은 이성을 가져야 한다. 그렇지 않으면 목을 조를 끈을 가져야 한다:
   디오게네스(Diogenes)

■ 사람은 집이 차야 예절을 알고, 의식이 족하여만 영욕을 안다: 관자(菅子)

■ 사람은 형이상학적인 동물*: 쇼펜하우어(A. Schopenhauer)

■ 사람은 곧 하늘이다*: 손병희(孫秉熙)

■ 사자와 같은 폭력과 여우와 같은 계략*: 마키아벨리(Machiavelli)

■ 싸움에 있어서는 한 사람이 천 사람을 이길 수도 있다. 그러나 자기에게
   이기는 자야말로 위대한 승리자이다: 석가모니(Buddha)

■ 산적(山賊)을 멸(滅)하기는 쉬워도 심중(心中)의 적을 멸하기는 어렵다:
   왕양명(王陽明)

- 생명에 대한 외경(畏敬)*: 슈바이처(schweizer)

- 생의 근본적 기분은 불안(不安)이다: 하이데거(Heidegger)

- 성(誠)은 하늘의 도(道)요, 경(敬)은 인사(人事)의 근본이니 성(誠)은 곧
  경(敬)이다. 따라서 성(誠)을 주(主)로 하는 것이 경(敬)이며, 경(敬)에
  의하여 성(誠)이 나타나고 실현 된다*: 이이(율곡)

- 세계 역사는 세계 심판이다: 쇼펜하우어(A. Schopenhauer)

- 세속의 직업은 신(神)의 소명(召命): 캘빈(J. Calvin)

- 수신제가치국평천하(修身齊家治國平天下)*: 공자(孔子)

- 시는 그림과 같다: 호라티우스(Horatius)

- 시저의 것은 시저에게*: 예수(Jesus)

- 신은 죽었다*: 니체(Nietzsche)

- 실존은 본질에 앞선다*: 사르트르(J. P. Sartre)

- 실존주의는 휴머니즘이다*: 사르트르(J. P. Sartre)

- 악법도 법이다*: 소크라테스(Socrates)

- 아는 것이 힘이다*: 베이컨(F. Bacon)

- 약한 자여, 너의 이름은 여자-니라: 셰익스피어(Shakespeare)

- 양(羊)이 인간을 먹어갔다: 모어(T. More)

- 예(禮)가 아니면 보지 말고, 예가 아니면 듣지 말며, 예가 아니면 말하지
  말고, 예가 아니면 움직이지 않는다*: 공자(孔子)

- 예술은 길고 인생은 짧다*: 히포크라테스(Hippokrates)

- 예술의 목적 내지 효과는 카타르시스에 있다: 아리스토텔레스(Aristotles)

- 왕도와 패도: 맹자(孟子)

- 요람에서 무덤까지*: 비버리지(Beverridge)

- 우리는 이를테면 두 번 태어난다. 한 번은 생존하기 위해서, 한 번은
  생활하기 위해서, 즉 한 번은 인간으로서 태어나고, 또 한 번은 남자가
  아니면 여자로 태어난다: 루소(J. J. Rousseau)

- 우리는 전투에는 졌지만 전쟁에는 아직 지지 않았다: 드골(De Gaulle)

- 우리 생활에 유익하면 그것이 진리이다. 진리는 행동을 위한 도구: 제임스(W. James)

- 이것은 인간의 한 작은 일보(一步)지만 인류를 위해서는 거대한 도약의 일보이다: 암스트롱(N. Armstrong)[달 착륙 일성(一聲)]

- 이 무한한 공간의 영원한 침묵은 나를 두렵게 한다*: 파스칼(Pascal)

- 이집트는 나일강의 선물이다*: 헤로도투스(Herodotus)

- 인간 속에는 무엇인가 악마와도 같은 것이 있는가 하면 신과 닮은 무엇이 있다: 네루(J. Nehru)

- 인간은 도구를 만드는 동물: 프랭클린(B. Franklin)

- 인간은 동물과 초인 사이에 맺어진 밧줄이다: 니체(Nietzsche)

- 인간은 만물의 척도다*: 프로타고라스(Protagoras)

- 인간은 자유롭게 태어났으나 어디서든지 그는 구속을 받고 있다*: 루소(J. J. Rousseau)

- 인간은 정치적 동물이다*: 아리스토텔레스(Aristotles)

- 인간은 천사도 아니요, 짐승도 아니다[中間子]*: 파스칼(Pascal)

- 인간을 빛나게 하는 참다운 진보 또는 발달은 오직 용감한 경쟁 속에서만 기대될 수 있다: 니체(Nietzsche)

- 인간의 마음은 출생할 때에는 백지(白紙)와 같다: 로크(J. Locke)

- 인간의 본능은 경제적 본능: 마르크스(K. Marx)

- 인간의 본성은 권력에의 의지*: 니체(Nietzsche)

- 인간의 본성은 선(善)*: 맹자(孟子)

- 인간의 본성은 선도 악도 아니다: 공자(孔子)

- 인간의 본성은 성적(性的)인 본능: 프로이트(S. Freud)

- 인간의 본성(本性)은 악(惡)*: 순자(荀子)

- 인구는 기하급수적으로 증가하나 식량은 산술급수적으로 증가한다*: 맬서스(T. Malthus)

- 인도라는 큰 식민지를 잃더라도 셰익스피어의 위대한 작품과는 바꿀 수 없다*: 칼라일(T. Carlyle)

- 인민의, 인민에 의한, 인민을 위한 정부*: 파커(T. Parker)<編著者註;링컨이 인용함>*

- 인생을 진실하게 그리고 전체로서 보아라: 에피쿠로스(Epicuros)

- 인심(人心)이 곧 천심(天心)이다*: 최제우(崔濟愚)

- 인위적인 도덕을 버리고 자연에 따르는 상태가 가장 이상적인 삶이다: 노자(老子)

- 일국(一國)의 진정한 재산은 땀 흘려 일하는 부지런한 주민의 수에 있다: 나폴레옹(I. Napoleon)

- 일반적으로는 아무것도 존재하지 않는다. 존재하더라도 알 수가 없다. 알 수가 있어도 전할 수가 없다[不可知論]: 고르기아스(Gorgias)

- 자기와 남의 인격을 수단으로 삼지 말고 항상 목적으로 대우해야 한다*: 칸트(I. Kant)

- 자비·검약·겸허를 몸가짐의 삼보(三寶)로 하라*: 노자(老子)

- 자연에는 비약이 없다: 다윈(C. Darwin)

- 자연으로 돌아가라*: 루소(J. J. Rousseau)

- 자연은 그에 복종하지 않고 또한 지배되지 않는다: 베이컨(F. Bacon)

- 자유가 아니면 차라리 죽음을 달라*: 페트릭 헨리(P. Henry)

- 자유가 있는 곳은 어디라도 나의 조국이다: 프랭클린(B. Franklin)

- 정신은 물질의 최고 산물: 포이에르바하(Feuerbach)

- 중용(中庸)은 덕 중의 최고의 덕이다*: 아리스토텔레스(Aristotles)

- 지(知)는 행(行)의 시초요, 행(行)은 지(知)의 완성이다: 왕양명(王陽明)

- 지방자치는 민주주의의 학교*: 브라이스(J. Bryce)

- 지식은 도구이다*: 듀이(J. Dewey)

- 지혜·용기 전체가 조화될 때 정의가 실현되고 또한 만인의 행복을 보장하는 이상국가가 이루어질 수 있다: 플라톤(Platon)

- 진리는 주체성이다: 키에르케고르(Kierkegaard)

- 진리의 척도는 실용에 있다: 듀이(J. Dewey)

- 짐은 국가이다*: 루이 14세

- 천재란 하늘이 주는 1%의 영감과 그가 흘리는 99%의 땀으로 이루어진다*: 에디슨(Edison)

- 철의 장막(iron curtain)*: 처칠(Churchill)

- 청년기는 제2의 인생 탄생이다*: 루소(J. J. Rousseau)

- 최대 다수의 최대 행복*: 벤담(J. Bentham)

- 친애하는 미국 국민들이여, 당신의 조국이 당신을 위해 무엇을 할 수 있는가를 묻지 말고, 당신이 조국을 위해 무엇을 할 수 있는가를 물어라*: 케네디(J. F. Kennedy)

- 카리스마적 지배: 웨버(M. Weber)

- 칼을 쓰는 자는 칼로 망한다*: 예수(Jesus)

- 쾌락이 유일한 선이고, 불쾌는 유일한 악이다: 에피쿠로스(Epicurus)

- 클레오파트라의 코가 조금만 낮았더라면 세계의 역사는 변하였을 것이다*: 파스칼(Pascal)

- 투표는 총알보다 강하다*: 링컨(A. Lincoln)

- 펜은 칼보다 강하다*: 리튼(Lytton)

- 풍요 속의 빈곤*: 케인즈(J. M. Keynes)

- 학문과 예술만이 인간을 신성(神性)에까지 높인다: 베토벤(Beethoven)

- 행복이야말로 최고의 선(善): 아리스토텔레스(Aristotles)

- 혈기의 성냄[怒]은 있어서는 안 되지만 이의(理義)의 성냄은 없어서는 안 된다: 주자(朱子)

- 호연지기(浩然之氣)*: 맹자(孟子)

꼭 알아야 할 고사성어

ㄱ

- **가가대소**(呵呵大笑): 큰소리로 껄껄웃음
- **가담항설**(街談巷說): 길거리나 항간에 떠도는 소문·풍설☞ 街談巷議(가담항의)
- **가렴주구**(苛斂誅求): 조세(租稅)를 가혹하게 과하며 무리하게 재물을 빼앗음
  ☞ 貪官汚吏(탐관오리), 塗炭之苦(도탄지고), 含憤蓄怨(함분축원)
- **가장집물**(家藏什物): 집안의 모든 세간
- **각골난망**(刻骨難忘): 남의 은혜를 깊이 새겨 잊지 아니함☞ 白骨難忘(백골난망), 結草報恩(결초보은)
- **각주구검**(刻舟求劍): 배에서 칼을 떨어뜨리고 떨어진 자리에 표시를 하였다가 배가 정박한 뒤에 칼을 찾는다☞ 판단력이 둔하여 세상일에 어둡고 어리석다는 뜻☞ 緣木求魚(연목구어), 隔靴搔癢(격화소양)
- **감불생심**(敢不生心): 힘이 부치어 감히 생각도 못함
- **감지덕지**(感之德之): 몹시 고맙게 여김
- **감탄고토**(甘呑苦吐): 달면 삼키고 쓰면 뱉는다☞ 신의를 돌보지 않고 사리를 꾀한다는 뜻
- **갑남을녀**(甲男乙女): 보통 평범한 사람들☞ 張三李四(장삼이사), 匹夫匹婦(필부필부), 愚夫愚婦(우부우부)
- **강구연월**(康衢煙月): 태평한 시대의 평화스러운 모습☞ 太平聖代(태평성대), 隔壤歌(격양가), 鼓腹擊壤(고복격양), 堯舜時代(요순시대), 比屋可封(비옥가봉)
- **강근지친**(强近之親): 아주 가까운 친척
- **강호연파**(江湖煙波): 강이나 호수 위에 안개처럼 보얗게 이는 잔물결, 즉 풍경☞ 山紫水明(산자수명), 泉石膏肓(천석고황)

◘ **개과천선**(改過遷善): 지나간 허물을 고치고 착하게 됨

◘ **거두절미**(去頭截尾): 머리와 꼬리를 잘라버리고 요점만 말함

◘ **거세개탁**(擧世皆濁): 세상이 다 흐리다는 말☞ 混沌之世(혼돈지세), 惑世誣民 (혹세무민)

◘ **거재두량**(車載斗量): 차에 싣고 말에 실을 만큼 많음☞ 汗牛充棟(한우충동)

◘ **건곤일척**(乾坤一擲): 운명과 흥망을 걸고 단판걸이로 승부나 성패를 겨룸☞ 中 原逐鹿(중원축록)

◘ **격물치지**(格物致知): 「大學(대학)」에 나오는 말로 六禮(육례)를 습득하여 지식 을 명확히 한다는 말. 朱子學(주자학)의 용어로 사물의 이치를 연구하여 後天 (후천)의 지식을 명확히 함. 陽明學(양명학)의 용어로 부정을 바로잡고 큰 지 혜[良知]를 키우는 것

◘ **격세지감**(隔世之感): 딴 세대와 같이 많은 변화가 있었음의 비유

◘ **격양가**(隔壤歌): 풍년이 들어 농부가 태평한 세월을 부르는 노래☞ 太平聖代 (태평성대)

◘ **견강부회**(牽强附會): 이치에 닿지 않는 말을 억지로 끌어다 붙임☞ 曲學阿世 (곡학아세), 指鹿爲馬(지록위마)

◘ **견마지로**(犬馬之勞): 자기의 노력을 낮추어 일컫는 말☞ 犬馬之誠(견마지성), 盡忠報國(진충보국), 粉骨碎身(분골쇄신), 股肱之臣(고굉지신)

◘ **견물생심**(見物生心): 물건을 보고서 욕심이 생긴다는 뜻

◘ **결초보은**(結草報恩): 죽어서까지라도 은혜를 잊지 않고 갚음

◘ **겸인지용**(兼人之勇): 능히 몇 사람을 당해낼만한 용기☞ 一騎當千(일기당천), 一當百(일당백), 力拔山氣蓋世(역발산기개세)

◘ **경국제세**(經國濟世): 국가사(國家事)를 경륜하고 세상을 구함☞ 「경제」는 이의 준말

◘ **경국지색**(傾國之色): 한 나라 안에서 제일가는 미인☞ 傾城之色(경성지색), 絶世 佳人(절세가인), 花容月態(화용월태), 丹脣皓齒(단순호치), 月下佳人(월하가인)

- **경이원지**(敬而遠之): 공경하나 가까이 안 함☞ 敬遠(경원)

- **경조부박**(輕佻浮薄): 마음이 침착하지 못하고 행동이 신중하지 못함☞ 輕薄(경박)

- **경천근민**(敬天勤民): 하느님을 공경하고 백성을 다스리기에 열중함

- **경천동지**(驚天動地): 세상을 몹시 놀라게 함

- **경천위지**(經天緯地): 온 천하를 경륜하여 다스림☞ 經天緯地之才(경천위지지재: 뛰어난 인물), 濟世之才(제세지재)

- **계란유골**(鷄卵有骨): 달걀 속에도 뼈가 있다☞ 뜻밖에 장애물이 생김을 이르는 말

- **계륵**(鷄肋): 조조(曹操)의 한중정벌(漢中征伐) 때 나온 고사로 '닭의 갈비가 먹을 것은 없으나 버리기도 아깝다'는 말☞ 버릴 수도 없고 취할 수도 없는 경우

- **계명구도**(鷄鳴狗盜): 행세하는 사람이 가져서는 안 될 천한 기능을 가진 것

- **고굉지신**(股肱之臣): 팔다리같이 믿음직스러워 중하게 여기는 신하

- **고금독보**(古今獨步): 고금을 통하여 그와 비교할 사람이 없음

- **고금동서**(古今東西): 예와 이제, 동양과 서양☞ 모든 때와 모든 지역

- **고대광실**(高臺廣室): 굉장히 크고 넓은 집☞ 高樓巨閣(고루거각)

- **고두사죄**(叩頭謝罪): 머리를 조아려 용서를 청함

- **고량진미**(膏粱珍味): 기름지고 맛있는 음식☞ 山海珍味(산해진미), 酒池肉林(주지육림), 珍羞盛饌(진수성찬)

- **고립무의**(孤立無依): 외롭고 의지할만한 데가 없음

- **고식지계**(姑息之計): 일시적인 미봉책☞ 彌縫策(미봉책), 朝三暮四(조삼모사)

- **고신원루**(孤臣寃淚); 임금의 사랑을 잃은 외로운 신하의 원통한 눈물☞ 李恒福(이항복)의 시조

- **고장난명**(孤掌難鳴): 손바닥 하나로는 소리가 나지 않는다☞ 혼자 힘으로는 일하기 어렵다는 말. 또는 서로 같으니까 싸움이 난다는 말 *손바닥도 마주쳐야 소리가 난다

- **고진감래**(苦盡甘來): 고생이 다하면 즐거움이 온다는 말

- **고희**(古稀): 일흔 살 ☞ 人生七十古來稀(杜甫;두보)

- **곡학아세**(曲學阿世): 그릇된 학문을 하여 세속을 아부함

- **골육상쟁**(骨肉相爭): 혈족(血族)끼리 서로 다투고 해(害)하는 것 ☞ 骨肉相殘(골육상잔), 自中之亂(자중지난)

- **공수래공수거**(空手來空手去): 세상에 빈손으로 왔다가 빈손으로 간다는 뜻

- **공중누각**(空中樓閣): 근거 없는 가공의 사물 ☞ 沙上樓閣(사상누각), 虛張聲勢(허장성세)

- **과유불급**(過猶不及): 지나친 것은 모자람과 같음. 중용(中庸)이나 조화(調和)를 가리키는 말로 논어의 선진편(先進篇)에 공자가 한 말임

- **과전불납리**(瓜田不納履): 오이 밭에서 신을 고쳐 신지 않는다 ☞ 의심을 받을 일은 하지 말라 *李下不整冠(이하부정관)

- **관중지천**(管中之天): 대통 구멍으로 하늘을 본다는 말 ☞ 소견이 좁은 것을 이름

- **관포지교**(管鮑之交): 중국의 관중(管仲)과 포숙(鮑叔)과 같이 친구 사이가 다정한 교제를 일컫는 말

- **관홍뇌락**(寬弘磊落): 마음이 너그럽고 활달하여 작은 일에 구애되지 아니함 ☞ 磊落之象(뇌락지상), 浩然之氣(호연지기)

- **괄목상대**(刮目相對): 눈을 비비고 자세히 봄 ☞ 남의 학문이나 덕행이 현저하게 진보하였음을 가리키는 말

- **교각살우**(矯角殺牛): 뿔을 고치려다 소를 죽인다는 말 ☞ 작은 일에 힘쓰다가 큰일을 망친다는 뜻 *小貪大失(소탐대실)

- **교언영색**(巧言令色): 교묘한 말과 얼굴빛으로 남의 환심을 사려 함 ☞ 曲學阿世(곡학아세), 至當長官(지당장관)

- **구곡간장**(九曲肝腸): 깊은 마음 속

- **구명도생**(苟命徒生): 구차스레 목숨만이라도 보존하려고 살길을 도모함.

- **구밀복검**(口蜜腹劍): 겉으로는 말을 좋게 하고 속으로는 해칠 생각을 가지는

것☞ 表裏不同(표리부동)

- **구사일생**(九死一生): 죽을 고비를 여러 차례 겪고 겨우 살아남

- **구중심처**(九重深處): 궁궐을 가리킴☞ 九重宮闕(구중궁궐)

- **구상유취**(口尙乳臭): 입에서 젖내가 난다는 뜻☞ 말과 행동이 아직 어리다

- **구십춘광**(九十春光): 노인의 마음이 청년같이 젊음을 이르는 말. 또는 봄의 석 달 구십일 동안

- **구우일모**(九牛一毛): 많은 것 가운데서 극히 적은 것☞ 滄海一粟(창해일속), 紅爐點雪(홍로점설)

- **구절양장**(九折羊腸): 꼬불꼬불한 험한 길

- **군계일학**(群鷄一鶴): 변변치 못한 여러 사람 가운데 홀로 뛰어난 사람☞ 鷄群一鶴(계군일학), 白眉(백미)

- **군웅할거**(群雄割據): 여러 영웅이 세력을 다투어 땅을 갈라 버티고 있음

- **궁여지책**(窮餘之策): 궁한 끝에 나는 한 꾀

- **궁조입회**(窮鳥入懷): 사람이 궁할 때에는 적한테도 의지한다는 말

- **권모술수**(權謀術數): 목적을 위해서는 수단을 가리지 않고 쓰는 온갖 술책

- **권선징악**(勸善懲惡): 선한 일을 권장하고 악한 일을 징계함

- **권토중래**(捲土重來): 한 번 패하였다가 다시 세력을 회복하여 쳐들어 옴☞ 臥薪嘗膽(와신상담), 七顚八起(칠전팔기)

- **극기복례**(克己復禮): 과도한 욕망을 누르고 예절을 좇음☞ 批林批孔鬪爭(비림비공투쟁)

- **근묵자흑**(近墨者黑): 먹을 가까이 하는 사람은 검어진다☞ 나쁜 사람과 사귀면 그 버릇에 물들기 쉽다는 뜻

- **금과옥조**(金科玉條): 금과 옥같이 소중하게 여기며 반드시 지켜야 할 법규

- **금란지계**(金蘭之契): 극히 다정한 친구 사이의 정의(情誼)

- **금상첨화**(錦上添花): 좋은 일에 또 좋은 일이 더함

- **금석맹약**(金石盟約): 쇠와 돌같이 굳게 맹세하여 맺은 약속

■ 금성철벽(金城鐵壁): 방비가 견고함을 비유하는 말

■ 금성탕지(金城湯池): 매우 튼튼하고 잘된 성지(城池)

■ 금의야행(錦衣夜行): 비단옷을 입고 밤에 간다☞ 성공했어도 그 보람이 없음

■ 금의환향(錦衣還鄕): 비단옷을 입고 고향으로 돌아옴☞ 높은 지위를 얻고 고향
에 돌아옴

■ 금지옥엽(金枝玉葉): 임금의 자손☞ 귀여운 자손을 소중하게 일컫는 말

■ 기고만장(氣高萬丈): 좋거나 또는 화가 나서 펄펄 뛰는 일

■ 기승전결(起承轉結): 나타내고자 하는 생각을 글[소설·시조]로 적을 때, 起(기)
에서 하고자 하는 말머리를 일으키고, 承(승)에서 앞의 것을 받아서 풀이하고,
轉(전)에서 뜻을 한 번 변화시켜, 結(결)에서 끝맺음을 하는 것

■ 기우(杞憂): 杞人之憂(기인지우)의 준말. 「기」나라 사람이 하늘이 무너져 내려
앉지 않을까? 걱정했다는 고사☞ 장래에 대한 쓸데없는 걱정

■ 기호지세(騎虎之勢): 범을 타고 달리는 듯한 자세☞ 중도에 그만둘 수 없는 형세

ㄴ

■ 낙담상혼(落膽喪魂): 몹시 낙담하여 정신이 없음

■ 낙정하석(落穽下石): 함정에 빠진 사람에게 다시 돌을 던진다는 뜻

■ 낙화유수(落花流水): 떨어지는 꽃과 흐르는 물☞ 남녀 사이의 정

■ 난상공론(爛商公論): 여러 사람들이 자세하게 잘 의논함

■ 난형난제(難兄難弟): 사물의 우열이 없다는 말☞ 비슷하다는 뜻 *莫上莫下(막
상막하), 伯仲之勢(백중지세)

■ 남가일몽(南柯一夢): 한 때의 헛된 부귀를 비유하는 말☞ 一場春夢(일장춘몽),
醉生夢死(취생몽사)

■ 남남북녀(南男北女): 우리나라에서 남쪽 지방은 남자가 잘 생기고 북쪽 지방은

여자가 곱다는 속설

- **남부여대**(男負女戴): 남자는 지고 여자는 이고 감☞ 가난한 사람들이 떠돌아다니면서 사는 것

- **남전북답**(南田北畓): 남쪽에는 밭, 북쪽에는 논☞ 가지고 있는 전답이 여기저기 흩어져 있음을 이르는 말

- **낭중지추**(囊中之錐): 재능이 뛰어난 사람은 숨어 있어도 사람에게 알려진다는 뜻

- **낭중취물**(囊中取物): 주머니 속의 물건을 꺼내듯 손쉽게 얻을 수가 있다는 말

- **내우외환**(內憂外患): 나라 안팎의 근심 걱정. 내란(內亂)과 외구(外寇)

- **노류장화**(路柳墻花): 화류계(花柳界)의 계집을 가리키는 말☞ 花柳(화류)

- **노심초사**(勞心焦思): 애를 써 속을 태움

- **녹의홍상**(綠衣紅裳): 연두저고리에 다홍치마☞ 곱게 차린 여인의 복색

- **농와지경**(弄瓦之慶): 아들 낳은 기쁨

- **누란지위**(累卵之危): 달걀을 쌓아놓은 것처럼 매우 위태함

- **능견난사**(能見難思): 잘 살펴보고도 보통의 이치로는 헤아릴 수 없는 일

- **능지처참**(陵遲處斬): 머리·손·발 그리고 몸을 토막치던 극형☞ 暑烙之形(포락지형), 剖棺斬屍(부관참시), 管形(관형)

ㄷ

- **다다익선**(多多益善): 많을수록 좋다는 말☞ 한고조와 한신(韓信) 사이에 있던 문답

- **다문박식**(多聞博識): 견문(見聞)이 많고 학식(學識)이 넓은 것

- **단금지교**(斷金之交): 매우 사귀는 정이 깊음을 비유하는 말

- **단도직입**(單刀直入): 문장·언론 등에서 바로 본론으로 들어감

- **단말마**(斷末魔): 숨이 끊어질 때의 고통 또는 임종☞ [인도말] 阿修羅(아수라)

▫ **단사표음**(簞食瓢飮): 양이 적고 초라한 음식☞ 구차한 살림

▫ **단순호치**(丹脣皓齒): 붉은 입술과 흰 이☞ 미인의 얼굴을 말함

▫ **단표누항**(簞瓢陋巷): 도시락·표주박과 누추한 마을☞ 소박한 시골

▫ **당구풍월**(堂狗風月): 무식한 사람이라도 유식한 사람과 같이 있으면 다소 유식해진다는 말

▫ **당랑거철**(螳螂拒轍): 약한 자가 상대할 수 없는 강자에게 대항하려 드는 일

▫ **대경실색**(大驚失色): 몹시 놀라 얼굴빛을 잃음

▫ **대기만성**(大器晩成): 크게 될 사람은 오랜 공적을 쌓아 늦게 이루어진다는 뜻

▫ **대서특필**(大書特筆): 특히 드러나게 큰 글자로 적어 표시함

▫ **대의명분**(大義名分): 인류의 큰 의(義)를 밝히고, 맡은 바 분수를 지키어 정도에 어긋나지 않도록 함

▫ **대천지원수**(戴天之怨讐): 이 세상에 같이 있을 수 없는 원수

▫ **도원결의**(桃園結義): 사나이들의 굳은 맹세. 삼국지 맨 첫머리에 나오는 제목으로 유비·관우·장비 등 3인이 의형제를 맺고 같은 해, 같은 달, 같은 날 죽기를 결의하는 것에서 유래되었음

▫ **도청도설**(道聽塗說): 길거리에 떠돌아다니는 뜬소문

▫ **도탄지고**(塗炭之苦): 진구렁이나 숯불에 빠졌다는 뜻☞ 몹시 고생스러움을 일컫는 말

▫ **동가식서가숙**(東家食西家宿): 동쪽집에서 먹고 서쪽집에서 잔다는 뜻으로 자기 잇속을 차리기 위해 지조 없이 이리저리 빌붙음을 가리키는 말.

▫ **동가홍상**(同價紅裳): 같은 값이면 다홍치마라는 뜻☞ 이왕이면 창덕궁

▫ **동공이곡**(同工異曲): 기술이나 재주는 같으나 곡이 다름☞ 모든 기교는 훌륭하나 그 내용이 다르다는 말 *同工異體(동공이체)

▫ **동남동녀**(童男童女): 사내아이와 계집아이☞ 善男善女(선남선녀)

▫ **동량지재**(棟梁之材): 기둥이나 들보가 될만한 인재☞ 濟世之才(제세지재), 經天緯地之才(경천위지지재)

- **동문서답**(東問西答): 물음과는 엉뚱한 대답을 하는 것
- **동병상련**(同病相憐): 같은 병을 앓고 있음을 서로 불쌍히 여김
- **동분서주**(東奔西走): 사방으로 이리저리 몹시 바쁘게 돌아다님☞ 치마에서 비파소리가 난다
- **동상이몽**(同床異夢): 같은 처지에 있는 듯하면서 서로의 이상이 다름
- **동빙한설**(凍氷寒雪): 얼음이 얼고 눈보라가 치는 추위☞ 冬將軍(동장군), 北風寒雪(북풍한설), 雪寒風(설한풍)
- **동정서벌**(東征西伐): 여러 나라를 정벌함
- **두문불출**(杜門不出): 방안에 틀어박혀 밖에 나가지 않음
- **등고자비**(登高自卑): ①높은 곳에 이르기 위해서는 낮은 곳부터 밟아야 한다☞ 일을 하는 데는 반드시 차례를 밟아야 한다 ②지위가 높아질수록 스스로를 낮춘다
- **등용문**(登龍門): 용문(龍門)은 황하의 상류에 있는 급류인데 잉어가 여기에 오르기만 하면 용이 된다는 고사(古事)☞ 사람이 출세할 수 있는 지위에 오르는 것을 말함
- **등하불명**(燈下不明): 등잔 밑이 어둡다는 뜻☞ 업은 아이 삼년 찾는다
- **등화가친**(燈火可親): 등불을 밝히고 독서에 힘쓸만하다는 뜻

ㅁ

- **마이동풍**(馬耳東風): 남의 말을 조금도 귀담아 듣지 않고 흘려버림을 일컫는 말
- **막상막하**(莫上莫下): 실력에 있어서 우열(優劣)의 차가 없는 것
- **막역지우**(莫逆之友): 극히 친밀한 벗
- **만경창파**(萬頃蒼波): 한없이 넓고 푸른 물결
- **만고풍상**(萬古風霜): 사는 동안에 겪은 많은 고생
- **만시지탄**(晩時之歎): 기회를 놓쳤거나 때가 뒤늦게 찾아왔음을 한탄함☞ 十日之菊(십일지국), 死後藥方文(사후약방문), 亡羊補牢(망양보뢰:소 잃고 외양간 고친다)
- **만신창이**(滿身瘡痍): 온몸이 흠집투성이가 됨☞ 어떤 사물이 엉망진창이 됨
- **만학천봉**(萬壑千峰): 첩첩이 겹쳐진 많은 골짜기와 산봉우리
- **만화방창**(萬化方暢): 따뜻한 봄날에 만물이 피어서 자람
- **만휘군상**(萬彙群象): 온갖 일과 물건. 수없이 모여 이룬 무리☞ 萬物相(만물상), 森羅萬象(삼라만상)
- **망양지탄**(亡羊之歎): 자신의 힘이 미치지 못함을 탄식함
- **망지소조**(罔知所措): 매우 급하여 어찌할 바를 모름☞ 허둥지둥함
- **맹모삼천지교**(孟母三遷之敎): 세 번 이사로 맹자의 좋지 못한 견문을 막았다는 맹자 어머니의 교육. 처음에 공동묘지 가까이 살다가 맹자가 장사지내는 흉내를 내서, 시장터 가까이 옮겼더니 이번에는 물건파는 흉내를 내므로, 다시 글방 있는 곳으로 옮겨 공부를 시켰다는 고사에서 유래
- **면종복배**(面從腹背): 표면으로는 복종하는 체하면서 내심으로는 배반함☞ 面從後言(면종후언), 口蜜腹劍(구밀복검)
- **명견만리**(明見萬里): 먼 앞날의 일을 환하게 내다봄
- **명경지수**(明鏡止水): 잡념·허욕이 없이 맑고 조용한 마음을 일컬음☞ 淸淨心(청정심)

- **명모호치**(明眸皓齒): 눈동자가 맑고 이가 희다는 뜻☞ 미인을 형용하는 말

- **명실상부**(名實相符): 이름과 실상이 서로 부합되는 것

- **명야복야**(命也福也): 연거푸 생기는 행복을 뜻함

- **명약관화**(明若觀火): 불을 보듯이 분명함

- **명재경각**(命在頃刻): 금방 숨이 끊어질 지경에 이름☞ 百尺竿頭(백척간두)

- **모순당착**(矛盾撞着): 같은 사람의 문장이나 언행이 앞뒤가 서로 어그러져서 모순되는 말☞ 自家撞着(자가당착), 二律背反(이율배반)

- **목불식정**(目不識丁): 낫 놓고 기역자도 모른다는 뜻☞ 一字無識(일자무식)

- **목불인견**(目不忍見): 차마 눈뜨고는 볼 수 없는 참상(慘狀) 또는 꼴불견

- **무념무상**(無念無想): 일체의 상념을 떠나 마음이 빈 듯이 담담한 상태☞ 三昧境(삼매경), 明鏡止水(명경지수), 物我一體(물아일체), 物心一如(물심일여)

- **묘두현령**(猫頭縣鈴): 고양이 목에 방울달기☞ 실행할 수 없는 헛된 의논이라는 뜻

- **무릉도원**(武陵桃源): 이 세상을 떠난 별천지를 말함☞ 신선의 세계

- **무불간섭**(無不干涉): 무슨 일이고 빼놓지 않고 남의 일에 간섭함

- **무불통지**(無不通知): 무슨 일이든 모르는 것이 없음

- **무소불위**(無所不爲): 못할 일이 없음

- **무위도식**(無爲徒食): 하는 일 없이 먹고 놀기만 함

- **무장공자**(無腸公子): 기력이 없는 사람☞ 창자가 없다는 뜻에서 「게」를 가리키기도 함

- **문경지교**(刎頸之交): 목이 잘려도 마음이 변치 않을 만큼 친한 벗

- **문방사우**(文房四友): 종이·붓·벼루·먹

- **문전성시**(門前成市): 권세가 드날리거나 부자가 되어 대문 앞이 방문객으로 저자(장)를 이루다시피 함

- **문전옥답**(門前沃畓): 집 앞 가까이에 있는 좋은 논☞ 많은 재산을 일컫는 말

- **물심일여**(物心一如): 마음과 형체가 구분됨이 없이 하나로 일치한 상태

◘ 물외한인(物外閒人): 세상 시끄러움에서 벗어나 한가하게 지내는 사람

ㅂ

◘ 박장대소(拍掌大笑): 손바닥을 치면서 크게 웃음

◘ 박지약행(薄志弱行): 뜻과 행실이 약하여 어려움을 견디지 못함

◘ 반목질시(反目嫉視): 서로 미워하고 질투하는 눈으로 봄

◘ 반포지효(反哺之孝): 慈烏反哺(자오반포)☞ 자식이 커서 부모를 봉양함. 준말은 反哺(반포) *慈烏(자오)는 까마귀를 가리킴

◘ 발본색원(拔本塞源): 폐해의 근원을 뽑아서 아주 없애버림

◘ 발췌초록(拔萃抄錄): 많은 것 속에서 뛰어난 것을 뽑아서 따로 초하여 둔 것

◘ 방약무인(傍若無人): 언행이 방자하여 곁에 사람이 없는 듯이 군다

◘ 방휼지세(蚌鷸之勢): 서로 적대하여 버티고 양보하지 않음을 나타내는 말☞ 漁父之利(어부지리), 自繩自縛(자승자박)

◘ 배수진(背水陣): 강·호수·바다 같은 것을 등지고 치는 진(陣). 후퇴하면 물에 빠지게 되므로 죽기를 각오하고 적과 싸우게 됨. 중국 한(漢)의 명장 한신(韓信)이 조(趙)나라 군대를 공격할 때 쳤던 진에서 유래

◘ 배은망덕(背恩忘德): 은혜를 잊고 도리어 배반함

◘ 백골난망(白骨難忘): 백골이 되어도 은덕을 잊지 못함

◘ 백년하청(百年河淸): 아무리 기다려도 성공을 기하기 어렵다는 말☞ 不知何歲月(부지하세월)

◘ 백년해로(百年偕老): 부부가 화락하게 함께 늙는 것

◘ 백면서생(白面書生): 한갓 글만 읽고 세상 일에 어두운 사람

◘ 백락일고(伯樂一顧): 남이 자기의 재능을 알아주어 잘 대우함

◘ 백수풍진(白首風塵): 늙바탕에 겪는 세상의 어지러움

- **백의종군**(白衣從軍): 벼슬이나 계급이 없이 군대를 따라 전쟁터로 감
- **백절불굴**(百折不屈): 수없이 겪어도 굽히지 않음
- **백중지간**(伯仲之間): 실력이 서로 비슷하여 우열이 없는 것☞ 伯仲之勢(백중지세)
- **백척간두**(百尺竿頭): 막다른 위험에 빠짐☞ 준말은 竿頭(간두) *危機一髮(위기일발), 命在頃刻(명재경각), 風前燈火(풍전등화)
- **백팔번뇌**(百八煩惱): 불교에서 나온 말로 인간의 과거·현재·미래에 걸친 108가지 번뇌를 말함
- **번문욕례**(繁文縟禮): 번거롭고 형식에 치우친 예문
- **법원권근**(法遠拳近): 법은 멀고 주먹은 가깝다는 뜻
- **보거상의**(輔車相依): 서로 돕고 서로 의지한다는 말
- **부창부수**(夫唱婦隨): 남편이 창(唱)을 하면 아내도 따라 하는 것이 부부화합(和合)의 도(道)라는 것☞ 女必從夫(여필종부)
- **부화뇌동**(附和雷同): 아무 비판 없이 타인의 말에 덩달아 좇음☞ 附和隨行(부화수행)
- **분골쇄신**(粉骨碎身): 뼈가 가루가 되고 몸이 부서지도록 노력함
- **분기탱천**(憤氣撑天): 분한 마음이 하늘을 치받음
- **불가사의**(不可思議): 보통의 생각으로는 도저히 미루어 알 수 없음
- **불모지지**(不毛之地): 초목이 나지 않는 거친 땅☞ 불모지
- **불문가지**(不問可知): 옳고 그른 것을 묻지 않고 덮어놓고 행함의 비유
- **불철주야**(不撤晝夜): 밤과 낮을 가리지 않고 강행함
- **불치하문**(不恥下問): 아랫사람에게도 물을 것은 꺼리지 않고 물음
- **불폐풍우**(不蔽風雨): 집이 헐어서 바람과 비를 가리지 못함
- **붕정만리**(鵬程萬里): 앞길이 양양함
- **비비유지**(比比有之): 드물지 않음

■ 비옥가봉(比屋可封): 요·순 때 사람이 다 착하여 집집마다 표창할만하였다는 일

■ 빙공영사(憑公營私): 관청이나 공공(公共)의 일을 빙자하여 개인의 이익을 꾀함

■ 빙탄불상용(氷炭不相容): 용납될 수 없음☞ 犬描之間(견묘지간), 犬猿之間(견원지간)

■ 빙탄지간(氷炭之間): 얼음과 숯불처럼 서로 조화될 수 없는 사이

▲

■ 사고무친(四顧無親): 의지할 만한 사람이 아주 없음☞ 赤手空拳(적수공권) 孑孑單身(혈혈단신)

■ 사면초가(四面楚歌): 사면이 적병으로 포위되어 고립된 경우를 이르는 말

■ 사면춘풍(四面春風): 두루 봄날의 화창한 가운데 둘러싸여 있다는 말☞ 누구에게나 호감을 산다는 말

■ 사불급설(駟不及舌): 한번 입 밖에 낸 말은 사마(駟馬 : 4필의 말이 끄는 빠른 수레)로 쫓아도 잡지 못함

■ 사불명목(死不瞑目): 한이 많아서 죽어도 눈을 감지 못함

■ 사불범정(邪不犯正): 바르지 못한 것이 바른 것을 감히 범하지 못함

■ 사불여의(事不如意): 일이 뜻대로 안 됨

■ 사상누각(砂上樓閣): 모래 위에 지은 집☞ 헛된 것의 비유

■ 사인여천(事人如天): 사람 대하기를 하늘같이 떠받들라☞ 人乃天(인내천)

■ 사족(蛇足): 군더더기를 덧붙이는 일☞ 畵蛇添足(화사첨족)의 준말

■ 사필귀정(事必歸正): 모든 일은 반드시 정리(正理)로 돌아감☞ 콩 심은 데 콩 나고, 팥 심은 데 팥 난다

■ 사후약방문(死後藥方文): 사람이 죽은 후에야 내린 약처방☞ 晩時之歎(만시지탄)

- **산궁수진**(山窮水盡): 산이 막히고 물줄기가 끊어짐☞ 막다른 경우
- **산상수훈**(山上垂訓): 예수가 산꼭대기에서 행했다는 설교☞ 山上寶訓(산상보훈)
- **산전수전**(山戰水戰): 세상일에 대하여 겪은 온갖 경난(經難)
- **산해진미**(山海珍味): 산과 바다의 산물을 다 갖추어 차린 맛좋은 음식
- **살신성인**(殺身成仁): 목숨을 바쳐 절개를 지킴
- **삼고초려**(三顧草廬): 중국 삼국시대에 촉한의 유비가 제갈공명을 세 번이나 찾아 군사(軍師)로 초빙한데서 나온 말☞ 인재를 얻기 위한 노력
- **삼불거**(三不去): 칠거(七去)의 이유가 있는 아내라도 쫓아내지 못하는 세 가지 경우☞ 부모의 거상을 마친 경우, 결혼할 때 빈천하다가 뒤에 부귀하게 된 경우, 보내도 갈 곳이 없는 경우
- **삼순구식**(三旬九食): 집안이 구차하여 먹을 것이 적음
- **삼천지교**(三遷之敎): 맹자의 어머니가 아들의 교육을 위하여 세 번 거처를 옮겼다는 고사☞ 생활환경이 교육에 있어 큰 구실을 하는 것을 이른 말
- **상전벽해**(桑田碧海): 뽕나무 밭이 변하여 바다가 되었다는 뜻☞ 세상사가 덧없음을 비유하는 말 *桑田滄海(상전창해) *쥐구멍에도 볕들 날 있다
- **상탁하부정**(上濁下不淨): 윗물이 흐리면 아랫물도 맑지 못함
- **새옹지마**(塞翁之馬): 모든 것이 전전하여 무상하므로 인생의 길흉·화복을 예측할 수 없다는 말☞ 轉禍爲福(전화위복)
- **생면부지**(生面不知): 이제껏 한 번도 본 일이 없는 사람
- **설상가상**(雪上加霜): 불행한 일에 불행을 거듭 당한다는 뜻☞ 禍不單行(화불단행) *엎친 데 덮친 격
- **설왕설래**(說往說來): 서로 변론을 주고받으며 옥신각신 하는 것
- **섬섬옥수**(纖纖玉手): 가냘프고 고운 여자의 손
- **성하지맹**(城下之盟): 항복(降伏)함을 이름
- **소인묵객**(騷人墨客): 시문(詩文)과 서화(書畫)를 일삼는 사람
- **소탐대실**(小貪大失): 작은 것을 탐내어 큰 것을 잃음☞ 기와 한 장 아끼려다 대

들보 썩힌다. *멧돼지 잡으러 갔다 집돼지 잃는다

- **속수무책**(束手無策): 어찌할 방책이 없어 꼼짝 못함

- **송구영신**(送舊迎新): 묵은 해를 보내고 새해를 맞음

- **수구초심**(首丘初心): 여우가 죽을 때 머리를 제가 살던 굴로 향한다는 뜻☞ 고향을 그리워하는 마음을 일컫는 말

- **수복강녕**(壽福康寧): 오래 살고 복되면 건강하고 편안함

- **수성지업**(垂成之業): 창업의 뒤를 이어 그 기초를 굳게 함

- **수수방관**(袖手傍觀): 일을 하지 않고 그저 옆에서 보고만 있다는 뜻☞ 吾不關焉(오불관언)

- **수어지교**(水魚之交): 서로 떨어질 수 없을 만큼 교분이 깊은 사이

- **수원수구**(誰怨誰咎): 남을 원망하거나 책망할 것이 없음

- **순망치한**(脣亡齒寒): 입술이 없으면 이가 시리다☞ 서로 의지하는 사이에 하나를 잃으면 하나마저 온전치 못하다는 뜻

- **시시비비**(是是非非): 옳고 그름을 가림

- **시약불견**(視若不見): 보고도 못 본체함

- **시위소찬**(尸位素餐): 공도 없이(직책을 다하지 못하면서) 녹만 받는 일

- **시화연풍**(時和年豊): 나라가 태평하고 풍년(豊年)이 듦

- **식자우환**(識字憂患): 학식이 있는 것이 도리어 근심을 사게 된다는 말☞ 모르는 게 약, 아는 게 병

- **신언서판**(身言書判): 사람됨을 판단하는 네 가지 기준을 말한 것☞ 풍채와 말씨와 문필과 판단력을 말함

- **신체발부**(身體髮膚): 몸과 머리카락과 피부☞ 몸뚱이 전체 *身體髮膚受之父母(신체발부수지부모 : 머리카락도 부모가 주신 것이므로 소중히 여겨야 한다)

- **신출귀몰**(神出鬼沒): 귀신처럼 빠르고 자유롭게 나타났다 숨었다 함을 비유하는 말

- **심복지환**(心腹之患): 없애기 어려운 근심

- **십시일반**(十匙一飯): 여러 사람이 조금씩 부조하여 한 사람의 몫을 이룬다는 말
- **십일지국**(十日之菊): 국화는 9월 9일이 절정이므로 이미 때가 늦었다는 뜻

ㅇ

- **아비규환**(阿鼻叫喚): 지옥 같은 고통에 못 이겨 구원을 부르짖는 소리☞ 修羅道(수라도), 畜生道(축생도)
- **아전인수**(我田引水): 제 논에 물대기☞ 제게 이롭게만 행동함
- **안고수비**(眼高手卑): 눈은 높고 마음은 크나 재주가 없음
- **안빈낙도**(安貧樂道): 빈궁한 가운데 편안하게 생활하며 도를 즐김
- **안하무인**(眼下無人): 사람을 업신여기며 교만함
- **암중모색**(暗中摸索): 물건을 어둠속에서 더듬어 찾음☞ 어림으로 추측함
- **약육강식**(弱肉强食): 약한 것이 강한 것에 먹힘☞ 優勝劣敗(우승열패)
- **양두구육**(羊頭狗肉): 양의 탈을 쓴 늑대☞ 외면은 훌륭하나 속은 변변치 않음을 가리킴
- **양상군자**(梁上君子): 대들보 위에 있는 군자라는 뜻☞ 도둑을 말함 *鷄鳴狗盜(계명구도)
- **양수집병**(兩手執餠): 가지기도 어렵고 버리기도 아쉬운 것을 가리키는 말
- **양호유환**(養虎遺患): 화근을 길러 근심을 삼
- **어부지리**(漁父之利): 서로 다투는 틈을 타서 제3자가 애쓰지 않고 가로챈 이득☞ 蚌鷸之爭(방휼지쟁)
- **어불성설**(語不成說): 말이 조금도 조리에 닿지 않음
- **억강부약**(抑强扶弱): 강한 자를 누르고 약한 자를 도와 줌
- **언중유골**(言中有骨): 예사로운 말속에 단단한 속뜻이 들어 있음
- **여반장**(如反掌): 손바닥을 뒤집는 것 같다는 뜻☞ 일하기가 대단히 쉽다는 말

*누운 소 타기, 식은 죽 먹기

- **역지사지**(易地思之): 처지를 바꾸어서 생각해 본다는 뜻☞ 他山之石(타산지석)

- **연목구어**(緣木求魚): 나무에 올라 고기를 구함☞ 불가능한 일을 꾀함 *刻舟求劍(각주구검)

- **염화미소**(鹽化微笑): 염화시중(鹽化示衆)과 같은 말. 염화는 꽃을 든다는 뜻. 말을 하지 않고 마음에서 마음으로 전해지는 이심전심(以心傳心)의 뜻임. 영취산에서 설법한 석가가 말 대신 연꽃을 들어 대중에게 보였을 때 제자인 가섭(迦葉)만이 그 뜻을 깨닫고 미소하매 석가는 그에게 불교의 진리를 전했다는 데서 유래

- **영고성쇠**(榮枯盛衰): 개인이나 사회의 성하고 쇠함이 뒤바뀌는 현상을 일컫는 말

- **오리무중**(五里霧中): 깊은 안개 속에서 밖을 내다보듯 무슨 일에 대해 전혀 알 길이 없음을 비유

- **오매불망**(寤寐不忘): 자나 깨나 잊지 못함

- **오불관언**(吾不關焉): 나는 상관하지 않음. 또는 그런 태도 ☞ 袖手傍觀(수수방관)

- **오비이락**(烏飛梨落): 까마귀 날자 배 떨어진다는 뜻☞ 남의 혐의를 받기 쉬운 우연의 일치

- **오십보백보**(五十步百步): 차이가 있기는 하나 본질적으로는 차이가 없다는 뜻

- **오월동주**(吳越同舟): 원수지간이 같은 장소·처지에 놓임

- **오합지중**(烏合之衆): 갑자기 조직도 훈련도 없이 모여든 무리☞ 烏合之卒(오합지졸)

- **옥석구분**(玉石俱焚): 옥과 돌, 즉 선인과 악인의 구별도 없이 함께 재앙을 당함

- **온고지신**(溫故知新): 옛 것을 익히고 그것을 미루어서 새 것을 앎☞ 논어·중용에서

- **와신상담**(臥薪嘗膽): 섶에서 자고 쓸개를 맛본다는 뜻☞ 목적 달성을 위하여 온갖 고난을 참고 견디어 냄을 말함 *捲土重來(권토중래), 切齒腐心(절치부심)

- **외유내강**(外柔內剛): 겉으로는 부드럽고 순하게 보이나 속은 꿋꿋하고 곧음

- **외첨내소**(外諂內疏): 겉으로는 알랑 거리고, 속으로는 해치려 함 ☞ 口蜜腹劍 (구밀복검)

- **요산요수**(樂山樂水): 산수를 좋아함 ☞ '知者樂水仁者樂山(지자요수 인자요산)' 의 준말로 지혜있는 자는 사리에 통달하여 물과 같이 막힘이 없으므로 물을 좋아하고, 어진자는 의리에 밝고 산과 같이 중후하여 변하지 않으므로 산을 좋아한다는 뜻

- **요순시대**(堯舜時代): 요순이 덕으로 천하를 다스리던 시대 ☞ 태평한 시대

- **용두사미**(龍頭蛇尾): 처음엔 그럴듯하다가 종말이 흐지부지 되는 것

- **용전여수**(傭錢如水): 돈을 물 쓰듯 함

- **우로지택**(雨露之澤): 비와 이슬의 큰 혜택이란 뜻 ☞ 넓고 큰 임금의 은혜를 말함

- **우수마발**(牛溲馬勃): 소 오줌과 말똥 ☞ 별로 대수롭지 않은 물건. 또는 가치없는 말이나 글

- **우수사려**(憂愁思慮): 근심과 걱정

- **우이독경**(牛耳讀經): 소귀에 경읽기 ☞ 아무 소득이 없는 헛된 일에 비유하는 속담 *馬耳東風(마이동풍)

- **우후죽순**(雨後竹筍): 비가 온 후에 많은 죽순이 돋아남 ☞ 일시에 어떤 일이 많이 일어남의 비유

- **욱일승천**(旭日昇天): 아침 해가 하늘에 떠오름 ☞ 씩씩한 기상

- **원교근공**(遠交近攻): 먼 나라와 친교를 맺고 가까운 나라를 공략하는 외교정책

- **위기일발**(危機一髮): 조금도 여유가 없어 아슬아슬하게 닥친 위기

- **유구무언**(有口無言): 입은 있어도 변명이나 항변할 말이 없음

- **유만부동**(類萬不同): 많은 것이 모두 서로 같지 아니함. 명예를 먼 후세에까지 길이 남김

- **유아독존**(唯我獨尊): 이 세상에서 자기 혼자만이 잘났다고 뽐내는 일 ☞ 오직 나만이 훌륭하다는 것 *天上天下 唯我獨尊(천상천하 유아독존)의 준말

- **유야무야**(有耶無耶): 있는지 없는지 모르게 흐리멍텅한 모양

▪ **유언비어**(流言蜚語): 근거 없이 떠돌아다니는 좋지 못한 말

▪ **유유상종**(類類相從): 같은 패끼리 서로 왕래하며 사귐☞ 가재는 게편이라, 초록은 동색

▪ **유취만년**(遺臭萬年): 더러운 이름을 먼 장래까지 끼침

▪ **은인자중**(隱忍自重): 마음속으로 참으며 몸가짐을 조심함 ☞ 忍之爲德(인지위덕)

▪ **음풍농월**(吟風弄月): 맑은 바람과 밝은 달을 벗삼아 시를 짓고 즐김☞ 吟風詠月(음풍영월), 泉石膏肓(천석고황), 江湖煙波(강호연파)

▪ **의식족이지예절**(衣食足而知禮節): 옷과 밥이 충분하여야 예의 범절을 알게 된다는 뜻☞ 사람은 넉넉해야 인사체면을 차릴 수 있다는 말

▪ **이극구당**(履屐俱當): 맑은 날에는 신으로 쓰이고, 궂은 날에는 나막신으로 쓰인다☞ 온갖 제구를 구비하여 못할 일이 없다는 뜻

▪ **이란격석**(以卵擊石): 달걀로 돌을 친다는 뜻☞ 약한 것으로 강한 것을 당해내려는 어리석음의 비유

▪ **이소사대**(以小事大): 작은 것[나라]이 큰 것[나라]를 섬긴다는 뜻

▪ **이심전심**(以心傳心): 마음과 마음이 서로 말없이 통함

▪ **이여반장**(易如反掌): 쉽기가 손바닥을 뒤집는 것과 같다는 뜻

▪ **이율배반**(二律背反): 서로 모순되는 명제(命題), 즉 정립(定立)과 반립(反立)이 동등의 권리를 가지고 주장되는 일

▪ **이하부정관**(李下不整冠): 자두나무 아래에서는 갓을 고쳐 쓰지 말라는 뜻☞ 의심받을 일을 하지 말라는 말 *瓜田不納履(과전불납이)

▪ **이현령비현령**(耳懸鈴鼻懸鈴): 귀에 걸면 귀걸이, 코에 걸면 코걸이라는 뜻☞ 이렇게도 저렇게도 될 수 있음에 비유되는 말. *鹿皮(녹비)에 갈 曰字(왈자)라

▪ **익자삼우**(益者三友): 사귀어 유익한 세 벗. 곧 정직한 사람, 신의있는 사람, 학식있는 사람

▪ **인과응보**(因果應報): 좋은 일에는 좋은 결과가, 나쁜 일에는 나쁜 결과가 따름

▪ **인순고식**(因循姑息): 구습(舊習)을 고치지 아니하고 목전(目前)의 편안을 취함

- **일각여삼추**(一刻如三秋): 시간이 빨리 가기를 바라는 뜻☞ 초조하게 간절히 기다리는 마음

- **일거양득**(一擧兩得): 한 가지 일을 하여 두 가지 이득을 얻음

- **일망무애**(一望無涯): 끝없이 멀고 넓어서 눈을 가리는 것이 없음☞ 一望無際(일망무제)

- **일망타진**(一網打盡): 한꺼번에 모조리 잡음

- **일목요연**(一目瞭然): 언뜻 보아도 환하게 알 수 있음

- **일사천리**(一瀉千里): 거침없이 한 번에 진행됨을 일컫는 말

- **일어탁수**(一魚濁水): 물고기 한 마리가 큰 물을 흐리게 한다☞ 한 사람의 악행으로 인하여 여러 사람이 그 해를 받게 되는 것 *어물전 망신은 꼴뚜기가 시킨다

- **일엽지추**(一葉知秋): 나뭇잎 하나가 떨어짐을 보고 가을이 옴을 안다는 뜻, 즉 한 가지 일을 보고 장래의 일을 미리 짐작할 수 있다는 의미로 쓰인다

- **일일삼추**(一日三秋): 기다리는 마음이 간절하여 하루가 3년이나 된 듯 지루하게 느껴짐을 가리키는 말

- **일장춘몽**(一場春夢): 한바탕의 봄꿈처럼 헛된 영화☞ 南柯一夢(남가일몽), 白日夢(백일몽)

- **일조일석**(一朝一夕): 하루 아침이나 하루 저녁과 같이 짧은 시간

- **일취월장**(日就月將): 날로 달로 발전되어 감

- **일패도지**(一敗塗地): 여지없이 패하여 다시 일어날 수 없게 됨

- **일필난기**(一筆難記): 간단히 붓으로 기록할 수 없음

- **일필휘지**(一筆揮之): 단숨에 흥취있고 힘차게 글을 써 내려감

- **임갈굴정**(臨渴掘井): 목마름을 당하여 우물을 팜☞ 준비가 없다가 일을 당하고서야 허둥대는 태도를 말함

- **임기응변**(臨機應變): 일을 당하여 그때그때 적절히 처리함

- **임전무퇴**(臨戰無退): 싸움에 임하여서는 물러나지 않음

- **입추지지**(立錐之地): 송곳 하나 세울만한 땅☞ 전혀 여유가 없음의 비유

ㅈ

- **자가당착**(自家撞着): 자기 언행에 모순이 많아서 앞뒤가 서로 맞지 아니함☞ 矛盾(모순)
- **자강불식**(自强不息): 스스로 힘쓰고 쉬지 아니함☞ 勤勤孜孜(근근자자), 勤勤懇懇(근근간간)
- **자격지심**(自激之心): 스스로 한 일을 미흡하게 생각함☞ 自曲之心(자곡지심)
- **자숙자계**(自肅自戒): 몸소 삼가 경계함
- **자승자박**(自繩自縛): 자신의 언행으로 인하여 자신의 행동의 자유를 잃게 됨☞ 自業自得(자업자득), 自作之孼(자작지얼)
- **자중지란**(自中之亂): 자기편 안에서 일어난 싸움☞ 갈치가 갈치꼬리 문다
- **자포자기**(自暴自棄): 실망·타락 때문에 스스로 자신의 형편이나 전도를 포기하고 돌보지 않음
- **자화자찬**(自畵自讚): 제가 한 일이나 행동을 스스로 칭찬하며 자랑함
- **작심삼일**(作心三日): 억지로 먹은 마음 사흘도 못간다
- **장삼이사**(張三李四): 장씨(張氏)의 삼남(三男)과 이씨(李氏)의 사남(四男)이란 말. 평범한 사람들을 일컬음
- **장중보옥**(掌中寶玉): 물건을 귀중하게 여기는 것을 가리키는 말
- **적반하장**(賊反荷杖): 도적이 도리어 떼를 쓴다는 뜻☞ 당연히 굴복해야 할 사람이 반항하고 덤벼드는 것을 말함
- **적소성대**(積小成大): 작은 것이 모여서 큰 것이 됨☞ 十匙一飯(십시일반)
- **적수공권**(赤手空拳): 맨손 맨주먹☞ 아무것도 가진 것이 없음
- **전전긍긍**(戰戰兢兢): 매우 두려워하고 겁내는 모양
- **전전반측**(輾轉反側): 근심으로 누워 이리저리 뒤척이며 잠을 이루지 못함

- **전화위복**(轉禍爲福): 화가 바뀌어 오히려 복이 됨 ☞ 塞翁之馬(새옹지마)
- **절차탁마**(切磋琢磨): 학문과 덕행을 닦음을 가리키는 말
- **절치부심**(切齒腐心): 몹시 분하여 이를 갈고 속을 썩임
- **점입가경**(漸入佳境): 차차 좋은 또는 재미있는 경지로 들어감
- **정문일침**(頂門一鍼): 따끔한 충고를 이르는 말
- **정저지와**(井底之蛙): 우물 안의 개구리 ☞ 견문이 좁고 세상 형편을 모름
- **제행무상**(諸行無常): 우주 만물은 항상 돌고 변하여 한 모양으로 머물러 있지 아니함 ☞ 色卽是空(색즉시공), 諸法無我(제법무아), 苦集滅道(고집멸도)
- **조강지처**(糟糠之妻): 가난할 때 고생을 같이 하던 아내
- **조령모개**(朝令暮改): 법령을 자꾸 바꿔서 종잡을 수 없음에 비유하는 말 ☞ 高麗公事三日(고려공사삼일), 朝變夕改(조변석개) *변덕이 죽끓듯 한다
- **조반석죽**(朝飯夕粥): 가난한 생활
- **조삼모사**(朝三暮四): 간사스러운 꾀로 남을 속여 희롱함을 이르는 말
- **조족지혈**(鳥足之血): 새발의 피 ☞ 극히 적은 분량의 비유
- **존망지추**(存亡之秋): 존재하느냐, 멸망하느냐 절박한 때 ☞ 百尺竿頭(백척간두)
- **좌고우면**(左顧右眄): 목표를 뚜렷이 잡지 못하고 여기저기 돌아다 봄
- **좌불안석**(坐不安席): 불안·근심 등으로 한자리에 오래 앉아 있지 못함
- **좌지우지**(左之右之): 제 마음대로 자유롭게 처리함. 남을 마음대로 지휘함
- **좌충우돌**(左衝右突): 사방으로 이리저리 찌르고 맞닥뜨림
- **주객일체**(主客一體): 주체와 객체가 하나로 됨. 자아와 자연이 하나로 됨 ☞ 物心一如(물심일여), 渾然一體(혼연일체)
- **주객전도**(主客顚倒): 주인은 손님처럼, 손님은 주인처럼 각각 행동을 바꾸어 한다는 뜻 ☞ 입장이 뒤바뀐 것을 나타냄
- **주마가편**(走馬加鞭): 달리는 말에 채찍을 더한다는 뜻 ☞ 근면하고 성실한 사람을 더욱 편달함

◘ **주마간산**(走馬看山): 바빠서 자세히 보지 못하고 지나침

◘ **주사야몽**(晝思夜夢): 밤낮으로 생각함☞ 晝思夜度(주사야탁)

◘ **주야장천**(晝夜長川): 밤낮으로 쉬지 않고 늘 잇달아서의 뜻

◘ **주지육림**(酒池肉林): 호화를 극한 잔치

◘ **죽림칠현**(竹林七賢): 중국 진(晋)나라 초기에 노자·장자의 허무의 학문을 숭상하여 죽림에 모여 청담(淸潭)을 일삼았던 일곱 명의 선비, 풍류를 즐기기 위해 모인 사람들을 비유할 때 쓰는 말

◘ **죽마고우**(竹馬故友): 어릴 때부터 같이 놀며 자란 친한 벗

◘ **죽장망혜**(竹杖芒鞋): 대 지팡이와 짚신☞ 가장 간단한 보행이나 여행의 차림

◘ **중과부적**(衆寡不敵): 적은 것이 많은 것을 대적할 수 없다는 말

◘ **중구난방**(衆口難防): 여러 사람의 말을 막기 어려움

◘ **중언부언**(重言復言): 한 말을 자꾸 되풀이함

◘ **중원축록**(中原逐鹿): 중원(中原)은 중국 또는 천하(天下)를 뜻하고, 축록(逐鹿)은 서로 경쟁한다는 말☞ 영웅들이 다투어 천하를 얻고자 함을 뜻함

◘ **중인환시**(衆人環視): 뭇 사람들이 둘러싸고 봄

◘ **지록위마**(指鹿爲馬): 사슴을 가리켜 말이라고 우긴다☞ 윗사람을 농락하여 권세를 마음대로 부림 *惑世誣民(혹세무민), 牽强附會(견강부회), 曲學阿世(곡학아세)

◘ **지리멸렬**(支離滅裂): 이리저리 흩어져서 갈피를 잡을 수 없게 됨

◘ **지자요수 인자요산**(知者樂水仁者樂山): 지자는 사리에 통달하여 막힘이 없어 물을 좋아하고, 인자는 의리에 밝고 중후하여 변하지 않으므로 산을 즐김

◘ **지호지간**(指呼之間): 손짓해서 부를 만큼 가까운 거리

◘ **진수성찬**(珍羞盛饌): 맛이 좋고 많이 잘 차린 음식

◘ **진인사대천명**(盡人事待天命): 사람의 할 일을 다하고 하늘의 운명을 기다리는 것

◘ **진퇴유곡**(進退維谷): 앞으로 나아갈 수도, 뒤로 물러설 수도 없는 궁지☞ 進退

兩難(진퇴양난), 四面楚歌(사면초가)

- **진합태산**(進合泰山): 티끌모아 태산

- **질축배척**(嫉逐排斥): 시기하고 미워하여 물리침

ㅊ

- **차일피일**(此日彼日): 이날 저날하고 자꾸 미루기만 함

- **창해일속**(滄海一粟): 아주 큰 물건 속에 있는 아주 작은 물건이란 뜻☞ 우주 안에서 인간의 존재가 하찮음을 비유

- **척결**(剔抉): 결점이나 부정을 파헤쳐 냄

- **천고마비**(天高馬肥): 하늘이 높고 말이 살찐다는 뜻☞ 가을이 좋은 계절임을 일컫는 말

- **천방지축**(天方地軸): 매우 급해서 허둥거리는 모습. 어리석은 사람이 갈 바를 몰라 두리번거리는 모습☞ 蒼黃罔措(창황망조), 芒知所措(망지소조), 天方地方(천방지방)

- **천사만려**(千思萬慮): 여러 가지로 생각하는 것☞ 千思萬考(천사만고)

- **천석고황**(泉石膏肓): 자연에 대한 사랑이 지나쳐서 마치 불치의 병처럼 고질화됨

- **천의무봉**(天衣無縫): 천진난만(天眞爛漫)함 또는 자연스러우면서도 완전무결함을 일컫는 말☞ 문장이 잘 되어 손댈 곳이 없음

- **천자만홍**(千紫萬紅): 울긋불긋한 여러 가지 꽃☞ 여러 종류

- **천재일우**(千載一遇): 일생에 한 번 밖에 만날 수 없는 좋은 기회

- **철두철미**(徹頭徹尾): 머리에서 꼬리까지 투철함☞ 처음부터 끝까지 투철한 것을 뜻함

- **철천지원**(徹天之冤): 하늘에 사무치는 크나큰 원한

- **청출어람**(靑出於藍): 쪽에서 나온 물감이 쪽보다 더 푸르다는 뜻☞ 제자가 스승보다 낫다는 말 *靑出於藍而靑於藍(청출어람이청어람)에서 나온 말 * 後生可畏(후생가외; 나중에 나온 것이 오히려 두려워할만하다)

◘ **초로인생**(焦露人生): 풀 끝에 맺힌 이슬 같은 덧없는 인생

◘ **초미지급**(焦眉之急): 눈썹에 불이 붙는 것과 같이 매우 위급함의 비유

◘ **초토전술**(焦土戰術): 군대가 철수할 때 중요시설을 스스로 소각 또는 파괴하여 적이 이용하지 못하도록 하는 전술

◘ **촉처봉패**(觸處逢敗): 가서 닥치는 곳마다 낭패를 당함

◘ **촌철살인**(寸鐵殺人): 짧은 경구(警句)로 사람의 급소를 찌름☞ 頂門一鍼(정문일침)

◘ **춘추정성**(春秋鼎成): 제왕의 나이가 젊음

◘ **춘추필법**(春秋筆法): 대의명분을 밝혀 세우는 사필(史筆)의 준엄한 논법

◘ **춘치자명**(春雉自鳴): 봄철의 꿩은 스스로 운다☞ 시키거나 요구하지 않아도 제출함을 이름

◘ **충언역이**(忠言逆耳): 좋은 말은 귀에 거슬림☞ 良藥苦於口(양약고어구)

◘ **취생몽사**(醉生夢死): 아무 뜻과 이룬 일도 없이 한평생을 흐리멍텅하게 살아감

◘ **치지도외**(置之度外): 내버려 두고 상대를 하지 않음

◘ **칠거지악**(七去之惡): 아내를 내쫓는 7가지 이유가 되는 조항. 시부모 말에 순종 않는 것. 아들을 못 낳는 것, 부정한 음행, 질투, 말이 많은 여자, 손이 거친 여자, 전염될 불치의 병이 있는 경우 등임

◘ **칠보단장**(七寶丹粧): 많은 보물로 단장함

◘ **칠전팔기**(七顚八起): 여러 번 실패해도 굴하지 않고 끝내 성공함☞ 不搖不屈 (불요불굴), 臥薪嘗膽(와신상담), 捲土重來(권토중래), 百折不屈(백절불굴)

◘ **칠종칠금**(七縱七擒): 제갈공명의 전술로 일곱 번 놓아주고 일곱 번 잡는다는 뜻☞ 자유자재로운 전술

◘ **침소봉대**(針小棒大): 사물을 과장해서 말하는 것의 비유

ㅌ

- **타산지석**(他山之石): 다른 산에서 난 돌도 자기의 구슬을 가는 데에 소용이 된다는 뜻 ☞ 다른 사람의 하찮은 언행일지라도 자기의 지덕(知德)을 연마하는 데 도움이 된다는 뜻

- **탁상공론**(卓上空論): 실현성이 없는 허황된 이론

- **탐관오리**(貪官汚吏): 탐욕이 많고 마음이 깨끗하지 못한 관리

- **태강즉절**(太剛則折): 너무 강하면 부러지기 쉽다는 뜻

- **태산북두**(泰山北斗): 큰 산과 북두성(北斗星) ☞ 세상에서 가장 존경을 받는 사람을 일컫는 말 *泰斗(태두)

- **태평연월**(太平烟月): 태평하고 안락한 세월

- **토영삼굴**(兎營三窟): 토끼가 위험에 대비해서 미리 세 개의 굴을 파 놓는다는 뜻 ☞ 자신의 안전을 위하여 미리 몇 가지 술책을 마련함

ㅍ

- **파란중첩**(波瀾重疊): 생활이나 일의 진행에 있어서 변화나 기복이 많음 ☞ 波瀾萬丈(파란만장), 波瀾曲折(파란곡절)

- **파사현정**(破師懸正): 그릇된 것을 깨드리고 올바르게 잡음

- **파죽지세**(破竹之勢): 대적을 거침없이 무찌르고 쳐들어가는 당당한 기세

- **파천황**(破天荒): 이전에 아무것도 한 적이 없는 일을 하는 것 ☞ 未曾有(미증유)

- **팔방미인**(八方美人): 어느 모로 보아도 아름다운 미인 ☞ 여러 방면의 일에 능통한 사람, 누구든 호감을 갖게 처세하는 사람

- **폐포파립**(弊袍破笠): 해진 옷과 부서진 갓 ☞ 너절하고 구차한 차림

- **포복절도**(抱腹絶倒): 배를 안고 몸을 가누지 못할 정도로 몹시 웃음

- **표리부동**(表裏不同): 겉과 속이 다름 ☞ 面從腹背(면종복배), 口蜜腹劍(구밀복검)

◘ **풍성학려**(風聲鶴唳): 겁이 많아 하찮은 일에 크게 놀람

◘ **풍수지탄**(風樹之嘆): 효도하고자 마음먹었을 때는 이미 부모는 세상을 떠나 효
행을 다할 수 없는 슬픔

◘ **풍전등화**(風前燈火): 위급한 일이 임박한 것을 가리킴

◘ **풍찬노숙**(風餐露宿): 큰 뜻을 이루려는 사람의 고초를 겪는 모양

◘ **필부필부**(匹夫匹婦): 평범한 남자와 평범한 여자

◘ **필유곡절**(必有曲折): 반드시 무슨 까닭이 있음☞ 必有事端(필유사단)

ㅎ

◘ **하석상대**(下石上臺): 아랫돌을 빼서 윗돌을 괴고, 윗돌을 빼서 아랫돌 괴기☞
임시변통으로 이리저리 둘러맞춤을 이르는 말

◘ **학수고대**(鶴首苦待): 학의 목처럼 길게 목을 늘여 몹시 기다린다는 뜻

◘ **한강투석**(漢江投石): 한강에 돌 던지기☞ 지나치게 미미하여 전혀 효과가 없음
을 비유하는 말

◘ **한우충동**(汗牛充棟): 소가 땀을 흘릴 만큼의 무게와 집안의 대들보에 찰 정도
의 양☞ 서적이 많음을 형용하는 말

◘ **함구무언**(緘口無言): 입을 다물고 아무런 말도 없음

◘ **함포고복**(含哺鼓腹): 배불리 먹고 즐겁게 지내는 것

◘ **함흥차사**(咸興差使): 심부름 간 사람이 깜깜 무소식이거나 회답이 더딜 때의
비유☞ 李成桂 故事

◘ **해로동혈**(偕老同穴): 부부가 함께 늙고, 죽어서는 한 곳에 묻힘☞ 생사를 같이
하는 부부의 사랑의 맹세를 가리킴

◘ **허심탄회**(虛心坦懷): 아무런 사념이 없이 마음이 고요함

- **허장성세**(虛張聲勢): 실력이 없으면서 또는 실속 없이 허세만 떠벌림

- **허허실실**(虛虛實實): 꾀나 재주를 다해 적의 실(實)을 피하고, 허(虛)를 타서 서로 싸움

- **혈혈단신**(孑孑單身): 아무데도 의지할 때가 없는 홀몸☞ 孑孑孤蹤(혈혈고종), 孑孑無依(혈혈무의)

- **형설지공**(螢雪之功): 반딧불과 눈(雪)의 빛으로 독서했다는 고사에서 비롯된 말☞ 갖은 고생을 하며 수학한 보람을 말함

- **호가호위**(狐假虎威): 여우가 호랑이의 힘을 빌려 뽐냄☞ 남의 힘을 빌어서 뽐냄

- **호구지책**(糊口之策): 먹고 살아갈 방책

- **호사다마**(好事多魔): 좋은 일에는 방해되는 것이 많다는 말

- **호사유피**(虎死留皮): 범이 죽으면 가죽을 남기는 것과 같이 사람이 죽은 뒤에는 이름을 남긴다는 말☞ 豹死留皮(표사유피)

- **호시탐탐**(虎視耽耽): 범이 먹이를 노려보듯 날카로운 눈으로 기회를 노리고 있는 모습을 비유하는 말

- **호연지기**(浩然之氣): 사물에서 해방된 자유로운 마음☞ 하늘과 땅 사이에 가득 찬 넓고 큰 원기

- **호의현상**(縞衣玄裳): 흰 옷과 검은 치마☞ 두루미 같은 깨끗함

- **혹세무민**(惑世誣民): 세상을 어지럽히고 백성을 속이는 일

- **혼비백산**(魂飛魄散): 몹시 놀라 정신이 없음을 가리킴

- **혼연일치**(渾然一致): 차별이나 균열도 없이 하나로 합치됨☞ 渾然一體(혼연일체)

- **혼정신성**(昏定晨省): 조석으로 부모 잠자리를 지성으로 돌봄

- **홀현홀몰**(忽顯忽沒): 문득 나타났다 홀연히 없어짐

- **홍로점설**(紅爐點雪): 빨갛게 단 화로 위에 한 송이 눈을 뿌리듯이, 크나큰 일에 작은 힘이 아무 보람이 없음을 비유

- **화룡점정**(畵龍點睛): 용을 그려놓고 마지막으로 눈을 그려 넣는다는 뜻☞ 가장 요긴한 부분을 완성시킴을 말함

- **화용월태**(花容月態): 아름다운 여자의 고운 용태(容態)를 이르는 말

- **화중지병**(畵中之餠): 그림 속의 떡이란 뜻☞ 바라다만 보았지 소용이 닿지 않는 것의 비유

- **화풍난양**(和風暖陽): 화창한 바람과 따뜻한 햇볕☞ 좋은 날씨

- **황당무계**(荒唐無稽): 언행이 허황하여 믿을 수가 없음

- **회자정리**(會者定離): 만나면 반드시 헤어지게 마련이라는 말

- **횡설수설**(橫說竪說): 조리가 닿지 않는 말을 함부로 지껄임

- **흥진비래**(興盡悲來): 즐거운 일이 다하면 슬픈 일이 닥쳐온다는 뜻☞ 세상일이 돌고 돌아 순환됨을 일컫는 말

- **희노애락**(喜怒哀樂): 기쁨과 노여움과 슬픔과 즐거움☞ 인간의 감정을 말함

- **희희낙락**(喜喜樂樂): 매우 기뻐하고 즐거워함

苛斂(가렴)	恪別(각별)	看做(간주)	姦慝(간특)	間歇(간헐)	減殺(감쇄)
勘案(감안)	甘蔗(감자)	降雨(강우)	狡猾(교활)	交驩(교환)	句讀(구두)
拘碍(구애)	狗吠(구폐)	救恤(구휼)	詭辯(궤변)	龜鑑(귀감)	規矩(규구)
龜裂(균열)	琴瑟(금슬)	旗幟(기치)	喫煙(끽연)	滑稽(골계)	汩沒(골몰)
誇示(과시)	官衙(관아)	刮目(괄목)	乖離(괴리)	魁首(괴수)	攪亂(교란)
敎唆(교사)	儺禮(나례)	懦弱(나약)	內人(나인)	裸體(나체)	拿捕(나포)
烙印(낙인)	難澁(난삽)	捺印(날인)	濫觴(남상)	拉致(납치)	狼藉(낭자)
內帑(내탕)	內訌(내홍)	鹿茸(녹용)	賂物(뇌물)	牢約(뇌약)	漏泄(누설)
訥辯(눌변)	凜然(늠연)	茶菓(다과)	團欒(단란)	簞食(단사)	端倪(단예)
曇天(담천)	踏襲(답습)	遝至(답지)	撞着(당착)	對峙(대치)	島嶼(도서)
陶冶(도야)	淘汰(도태)	瀆職(독직)	獨擅(독천)	動悸(동계)	冬眠(동면)
登攀(등반)	滿腔(만강)	萬朶(만타)	媒介(매개)	罵倒(매도)	魅力(매력)
邁進(매진)	驀進(맥진)	萌芽(맹아)	明澄(명징)	木瓜(모과)	牧丹(모란)
木鐸(목탁)	蒙昧(몽매)	杳然(묘연)	巫覡(무격)	毋論(무론)	拇印(무인)
彌滿(미만)	未洽(미흡)	撲滅(박멸)	剝奪(박탈)	反駁(반박)	半截(반절)
頒布(반포)	潑剌(발랄)	拔萃(발췌)	拔擢(발탁)	跋扈(발호)	幇助(방조)
拜謁(배알)	背馳(배치)	胚胎(배태)	反田(번전)	範疇(범주)	兵站(병참)
菩提(보리)	報酬(보수)	布施(보시)	補塡(보전)	敷衍(부연)	分泌(분비)
不朽(불후)	沸騰(비등)	飛翔(비상)	否塞(비색)	匕首(비수)	譬喻(비유)
頻數(빈삭)	嚬蹙(빈축)	憑藉(빙자)	詐欺(사기)	些少(사소)	社稷(사직)
奢侈(사치)	索莫(삭막)	數數(삭삭)	撒布(살포)	三昧(삼매)	芟除(삼제)
商賈(상고)	相殺(상쇄)	省略(생략)	逝去(서거)	棲息(서식)	先塋(선영)
星宿(성수)	洗滌(세척)	遡及(소급)	塑像(소상)	甦生(소생)	掃灑(소쇄)
騷擾(소요)	贖罪(속죄)	殺到(쇄도)	睡眠(수면)	數爻(수효)	馴致(순치)
猜忌(시기)	柴糧(시량)	示唆(시사)	十月(시월)	諡號(시호)	辛辣(신랄)
迅速(신속)	齷齪(악착)	軋轢(알력)	斡旋(알선)	謁見(알현)	哀悼(애도)
隘路(애로)	冶金(야금)	惹起(야기)	惹鬧(야료)	掠奪(약탈)	濾過(여과)
役割(역할)	恬然(염연)	厭惡(염오)	領袖(영수)	囹圄(영어)	誤謬(어류)
嗚咽(오열)	惡寒(오한)	訛傳(와전)	渦中(와중)	瓦解(와해)	歪曲(왜곡)
猥濫(외람)	窯業(요업)	凹凸(요철)	聳動(용동)	容喙(용훼)	遊說(유세)
流暢(유창)	隱匿(은닉)	吟味(음미)	凝結(응결)	罹患(이환)	溺死(익사)

湮滅(인멸)	一括(일괄)	一切(일체)	孕胎(잉태)	孜孜(자자)	藉藉(자자)
綽綽(작작)	箴言(잠언)	這間(저간)	沮喪(저상)	詛呪(저주)	積阻(적조)
塡充(전충)	傳播(전파)	點睛(점정)	正鵠(정곡)	稠密(조밀)	造詣(조예)
措置(조치)	躊躇(주저)	駐車(주차)	蠢動(준동)	浚渫(준설)	櫛比(즐비)
憎惡(증오)	眞摯(진지)	桎梏(질곡)	叱責(질책)	斟酌(짐작)	執拗(집요)
斬新(참신)	懺悔(참회)	擅斷(천단)	闡明(천명)	喘息(천식)	穿鑿(천착)
鐵槌(철퇴)	尖端(첨단)	涕泣(체읍)	憔悴(초췌)	忖度(촌탁)	撮影(촬영)
追悼(추도)	醜態(추태)	秋毫(추호)	贅言(췌언)	衷心(충심)	熾烈(치열)
蟄居(칩거)	稱頌(칭송)	綻露(탄로)	彈劾(탄핵)	耽讀(탐독)	攄得(터득)
慟哭(통곡)	洞察(통찰)	推敲(퇴고)	派遣(파견)	破綻(파탄)	辦得(판득)
稗官(패관)	覇權(패권)	敗北(패배)	沛然(패연)	膨脹(팽창)	平坦(평탄)
閉塞(폐색)	褒賞(포상)	暴惡(포악)	捕捉(포착)	輻輳(폭주)	標識(표지)
分錢(분전)	風靡(풍미)	跛立(피립)	虐政(학정)	汗衫(한삼)	割引(할인)
陜川(합천)	行列(항렬)	肛門(항문)	降伏(항복)	降將(항장)	偕老(해로)
楷書(해서)	解弛(해이)	諧謔(해학)	享樂(향락)	絢爛(현란)	孑孑(혈혈)
嫌惡(혐오)	荊棘(형극)	豪宕(호탕)	渾然(혼연)	忽然(홀연)	花瓣(화판)
廓然(확연)	滑走(활주)	恍惚(황홀)	賄賂(회뢰)	灰燼(회신)	膾炙(회자)
橫暴(횡포)	嚆矢(효시)	嗅覺(후각)	薨去(훙거)	毁損(훼손)	麾下(휘하)
恤兵(휼병)	欣快(흔쾌)	屹然(흘연)	恰似(흡사)	洽足(흡족)	

ㄱ

佳 아름다울 가(佳人)
住 살 주(住宅)
往 갈 왕(往來)

刻 새길 각(彫刻)
核 씨 핵(核心)
該 그 해(該當)

干 방패 간(干城)
于 어조사 우(于先)

幹 줄기 간(基幹)
斡 구를 알(斡旋)

鬼 귀신 귀(鬼神)
蒐 모을 수(蒐集)

減 덜 감(減少)
滅 멸망할 멸(滅亡)

甲 첫째천간 갑(甲乙)
申 펼 신(申告)
由 말미암을 유(理由)

鋼 굳셀 강(鋼鐵)
綱 벼리 강(綱領)
網 그물 망(魚網)

儉 검소할 검(儉素)
險 험할 험(險難)

檢 검사할 검(點檢)

件 물건 건(要件)
伴 짝 반(同伴)

建 세울 건(建築)
健 건강할 건(健康)

犬 개 견(猛犬)
大 큰 대(大將)
丈 어른 장(方丈)
太 클 태(太極)

決 결단할 결(決定)
快 쾌할 쾌(豪快)

競 다툴 경(競爭)
兢 삼갈 긍(兢戒)

更 고칠 경(變更)
吏 벼슬 리(吏房)

計 셈할 계(計算)
訃 부음 부(訃音)

戒 경계할 계(警戒)
戎 병기 융(戎車)

季 철 계(季節)
李 자두 리(行李)
秀 빼어날 수(優秀)

ㄴ

苦 괴로울 고(苦難)
若 만약 약(萬若)

孤 외로울 고(孤獨)
狐 여우 호(白狐)

困 곤할 곤(疲困)
囚 가둘 수(囚人)
因 인할 일(因緣)

科 과정 과(科目)
料 헤아릴 료(料量)

勸 권할 권(勸善)
權 권세 권(權利)

貴 귀할 귀(富貴)
責 꾸짖을 책(責望)

斤 근 근(斤量)
斥 무리칠 척(排斥)

己 몸 기(自己)
已 이미 이(已往)

瓜 오이 과(木瓜)
爪 손톱 조(爪牙)

ㄴ

納 들일 납(納入)
紛 어지러울 분(紛爭)

奴 종 노(奴隷)
如 같을 여(如一)

ㄷ

短 짧을 단(短劍)
矩 법 구(矩步)

端 단정할 단(端正)
瑞 상서로울 서(瑞光)

旦 일찍 단(元旦)
且 또 차(且置)

代 대신할 대(代用)
伐 칠 벌(討伐)

待 기다릴 대(期待)
侍 모실 시(侍女)

貸 빌릴 대(轉貸)
賃 품삯 임(賃金)

徒 걸어다닐 도(徒步)
徙 옮길 사(移徙)

卵 알 란(鷄卵)
卯 토끼 묘(卯時)

剌 고기뛰는소리 랄(潑剌)
刺 찌를 자(刺戟)

輪 바퀴 륜(輪廻)
輸 실어낼 수(輸出)

理 다스릴 리(倫理)
埋 묻을 매(埋葬)

栗 밤 률(栗木)
粟 조 속(粟豆)

末 끝 말(末路)
未 아닐 미(未來)

昧 어두울 매(三昧)
味 맛 미(味覺)

免 면할 면(免除)
兎 토끼 토(兎皮)

眠 쉴 면(睡眠)
眼 눈 안(眼目)

鳴 울 명(悲鳴)
嗚 탄식할 오(嗚咽)

沐 목욕할 목(沐浴)
休 쉴 휴(休息)

母 어미 모(母情)
毋 말 무(毋論)

戊 다섯째천간 무(戊時)
戌 수자리 수(戌樓)
戌 개 술(甲戌年)

迫 핍박할 박(逼迫)
追 쫓을 추(追憶)

飯 밥 반(白飯)
飮 마실 음(飮料)

番 차례 번(番號)
審 살필 심(審査)

罰 벌줄 벌(罰金)
罪 죄 죄(犯罪)

普 넓을 보(普通)
晋 나라 진(晋州)

貧 가난할 빈(貧弱)
貪 탐할 탐(貪慾)

氷 얼음 빙(解氷)
永 길 영(永久)

士 선비 사(紳士)
土 흙 토(土地)

仕 벼슬 사(奉仕)
任 맡길 임(任務)

使 부릴 사(使用)
便 편할 편(簡便)

師 스승 사(恩師)
帥 장수 수(將帥)

思 생각할 사(思想)
惠 은혜 혜(恩惠)

捨 버릴 사(取捨)
拾 주을 습(拾得)

社 모일 사(會社)
祀 제사 사(祭祀)

査 조사할 사(調査)
杳 아득할 묘(杳然)

雪 눈 설(殘雪)
雲 구름 운(雲霧)

涉 건널 섭(干涉)
陟 오를 척(三陟)

損 덜 손(缺損)
捐 기부 연(義捐金)

送 보낼 송(放送)
迭 바꿀 질(更迭)

恕 용서할 서(容恕)
怒 성낼 노(怒氣)

析 쪼갤 석(分析)
折 꺾을 절(折枝)

晳 밝을 석(明晳)
哲 밝을 철(哲學)

惜 아낄 석(惜別)
借 빌 차(借用)

宣 베풀 선(宣傳)
宜 마땅할 의(便宜)

書 글 서(書房)
晝 낮 주(晝夜)
畵 그림 화(畵家)

衰 쇠할 쇠(衰退)
衷 속마음 충(衷心)
哀 슬플 애(哀惜)
表 드러날 표(表現)

塞 변방 새(要塞)
寒 찰 한(寒食)

撒 뿌릴 살(撒布)
徹 관철할 철(貫徹)

粹 순수할 수(精粹)
碎 부술 쇄(粉碎)

授 줄 수(授受)
援 구원할 원(救援)

遂 이룩할 수(完遂)
逐 쫓을 축(驅逐)

須 반드시 수(必須)
順 순할 순(順從)

膝 무릎 슬(膝下)
勝 이길 승(勝利)
騰 오를 등(騰落)

識 알 식(識見)
織 짤 직(織物)
職 맡을 직(職位)

失 잃을 실(失敗)
矢 화살 시(嚆矢)
夭 일찍죽을 요(夭折)

深 깊을 심(夜深)
探 더듬을 탐(探究)

ㅇ

沿 좇을 연(沿革)
治 다스릴 치(政治)

緣 인연 연(因緣)
綠 초록빛 록(草綠)

營 경영할 영(經營)
螢 반딧불 형(螢光)

汚 더러울 오(汚染)
汗 땀 한(汗蒸)

謁 아뢸 알(謁見)
揭 들 게(揭示)

仰 우러를 앙(信仰)
抑 누를 억(抑制)

厄 재앙 액(厄運)
危 위태할 위(危險)

冶 쇠불릴 야(陶冶)
治 다스릴 치(政治)

與 줄 여(授與)
興 일어날 흥(興亡)

瓦 기와 와(瓦解)
互 서로 호(相互)

宇 집 우(宇宙)
字 글자 자(文字)

熊 곰 웅(熊膽)
態 태도 태(世態)

園 동산 원(庭園)
圍 주위 위(周圍)

威 위엄 위(威力)
咸 다 함(咸集)

遺 남길 유(遺物)
遣 보낼 견(派遣)

幼 어릴 유(幼年)
幻 허깨비 환(幻想)

玉 구슬 옥(珠玉)
王 임금 왕(帝王)
壬 북방 임(壬辰)

剩 남을 잉(剩餘)
乘 탈 승(乘車)

ㅈ

暫 잠시 잠(暫時)
漸 점점 점(漸次)
慙 부끄러울 참(無慙)

亭 정자 정(亭子)
享 누릴 향(享樂)
亨 형통할 형(亨通)

子 아들 자(子孫)
孑 외로울 혈(孑孑)

杖 지팡이 장(短杖)
枚 낱 매(枚擧)

睛 눈동자 정(眼睛)
晴 갤 청(晴天)

帝 임금 제(帝王)
常 항상 상(常識)

兆 조짐 조(前兆)
北 북녘 북(北極)

早 일찍 조(早起)
旱 가물 한(寒害)

照 비출 조(照明)
熙 빛날 희(熙笑)

潮 조수 조(潮流)
湖 호수 호(湖畔)

措 둘 조(措處)
借 빌 차(借款)

尊 높을 존(尊敬)
奠 드릴 전(釋奠)

ㅊ

捉 잡을 착(捕捉)
促 재촉할 촉(督促)

責 꾸짖을 책(責望)
靑 푸를 청(靑史)

悤 바쁠 총(悤悤)
忽 소홀히할 홀(疏忽)

蓄 쌓을 축(貯蓄)
畜 기를 축(家畜)

充 가득할 충(充滿)
允 허락할 윤(允許)

側 곁 측(側近)
測 헤아릴 측(測量)
惻 슬퍼할 측(惻隱)

坦 평평할 탄(平坦)
但 다만 단(但只)

湯 끓일 탕(湯藥)
渴 목마를 갈(渴症)

弊 폐단 폐(弊端)
幣 비단 폐(幣帛)
蔽 가릴 폐(隱蔽)

爆 터질 폭(爆發)
瀑 폭포 폭(瀑布)

恨 한탄할 한(怨恨)
限 한정할 한(限界)

肛 똥구멍 항(肛門)
肝 간 간(肝腸)

幸 다행할 행(幸福)
辛 매울 신(辛辣)

護 보호할 호(保護)
穫 거둘 확(收穫)
獲 얻을 획(獲得)

會 모을 회(會談)
曾 일찍 증(曾祖)

吸 마실 흡(呼吸)
吹 불 취(鼓吹)
次 버금 차(次席)

	국 사		세계사	
B.C	약70만년전 구석기문화		전설 3황5제(三皇五帝), 요, 순, 하	
	6000	신석기문화	3000	이집트문명, 메소포타미아문명 시작
	2333	단군, 아사달에 도읍, 고조선 건국 (삼국유사)	2500	인더스문명, 황하문명
			1800	함무라비왕 메소포타미아 통일
	1122	8조금법(八條禁法) 제정	1600	탕왕(湯王) 박에서 은(殷)왕조 창건
			1400	미케네문명 전성기
			1050	은왕조 멸망, 서주(西周)시대 시작
	1000	청동기문화의 전개, 고조선의 발전	770	동주시대의 시작 (춘추전국시대)
	800	고조선의 수도 : 왕검성	563	석가 탄생 (~483)
	300	철기문화의 보급	551	공자탄생 (~479)
	194	위만, 고조선의 왕	525	페르시아 오리엔트 통일
	108	고조선 멸망, 한(漢)사군 설치	403	전국시대의 시작
	59	해모수 북부여 건국	334	알렉산더 대왕 동방원정
	57	신라 혁거세 거서간 즉위	221	진의 중국통일
	37	주몽 고구려 건국 (~A.D. 608)	202	전한 건국(~AD 8)
	28	고구려 부위염, 북옥저 병합	27	로마, 제정시작
	18	온조 하남위례성 백제 건국 (~A.D. 660)	4	그리스도 탄생
	5	백제, 한산(漢山)으로 천도		
A.D	3	고구려 졸본에서 국내성으로 천도	25	후한의 건국 (~220)
	8	백제 마한 병합	166	로마 사절 중국에 옴
	42	김수로왕 금관가야 건국	220	후한 멸망, 삼국시대 시작(~280)
	194	고구려 진대법 실시	280	진의 중국 통일
	209	고구려 환도성(丸都城)으로 천도		
	260	백제 고이왕 16관등과 공복 제정		
	313	고구려 낙랑군 멸망시킴	316	5호 16국 시대
	372	고구려 불교전래, 태학설치 백제, 동진에 사절 파견	317	동진의 성립(~420)
			325	니케아 공의회
	384	백제불교 전래	375	게르만 족의 대이동
			392	그리스도 교 로마국교로 승인
			395	로마제국 동, 서로 분열
	427	고구려 평양 천도	420	송(宋)을 건국(~479)
			439	중국 남북조 성립(~589)
			479	제(齊)를 건국(~502)
			476	서로마 제국 멸망
	494	부여 · 고구려에 복속	486	프랑크 왕국 건국

	502	신라 우경 실시		
	503	신라 국호와 왕호 정함		
	512	신라 이사부 우산국 정벌		
	520	신라 율령 반포, 백관의 공복 제정		
	527	신라 불교를 공인, 이차돈 순교		
	532	금관가야, 신라에 항복하여 멸망		
	536	신라 연호 사용		
	538	백제 사비 천도		
	562	신라 대가야 멸함	570	마호메트 탄생
	576	신라 원화(源花)제도 시작	589	수 중국통일(~618)
	598	고구려 수문제 30만 대군 침공	590	교황권 확립
	612	고구려 을지문덕 살수대첩 (수나라)		
	645	고구려 안시성 싸움 승리 (당나라)	618	당의 건국 (~907)
	646	고구려 천리장성(千里長城) 완성	622	마호메트 헤지라(이슬람의 기원원년)
	660	백제 멸망 황산벌전투	642	사산 조 페르시아 멸망
A	668	고구려 멸망 (나당연합군)	645	일본 다이아 개신
·	676	신라 삼국통일	661	옴미아드 조 성립(~750)
D	685	9주 5소경 설치	690	무주혁명 (武周革命 측천무후)
	698	대조영 발해의 건국		
	722	신라 정전 지급	705	무후 사망, 중종 복위
	723	혜초 왕오천축국전	755	당 안사의 난(~763), 안녹산이 반란
	788	독서 삼품과 설치	771	카롤로스 대제, 프랑크왕국 통일
	828	장보고 청해진 설치	829	잉글랜드 왕국 성립
			843	베르뎅 조약
			862	노브고로트 공국 건국
			870	메르센 조약
			875	황소의 난(~884)
	900	견훤 후백제 건국	901	남조(南朝) 멸망
	901	궁예 후고구려 건국	907	당 멸망, 5대 10국(~960)
	918	왕건 고려 건국(~1392)	911	노르망디 공국 성립(~960)
	926	발해 멸망	916	거란족, 요의 건국
	935	신라 멸망	960	조광윤(趙匡胤) 송의 건국(~1279)
	936	고려 후삼국 통일		가즈니 조 성립(~1186)
	956	노비 안검법 실시	962	신성 로마제국 탄생(~1806)
	958	고려 과거제도 실시	979	송, 북한(北漢)을 멸하고 중국 통일
	976	전시과 실시	987	프랑스 카페왕조 시작
	1009	강조의 정변	1037	셀주크 투르크 건국(~1157)
	1019	귀주대첩	1066	노르망디 공 윌리엄, 잉글랜드 정복
	1033	고려, 천리장성 축조(~1044)	1069	왕안석의 변법실시
	1076	전시과 개정, 관제개혁	1077	카노사의 굴욕
	1097	주전도감 설치	1095	클레르몽 공의회
			1096	십자군 전쟁(~1270)

A.D			
1107	윤관 여진정벌	1115	여진족, 금의 건국(~1234)
1126	이자겸의 난	1127	북송 멸망, 남송 시작(~1276)
1135	묘청의 서경천도 운동	1130	양시칠리아 왕국건설(~1860)
1170	무신정변	1192	일본 가마쿠라 막부 세움
1196	최충헌의 집권		
1198	만적의 난		
1219	몽고와 통교	1206	징기스 칸 몽고통일(~1368)
1231	몽고의 제1차 침입	1215	영국 대헌장 제정
1232	강화 천도	1243	킵차크 한국 건설(~1502)
1270	개경으로 환도, 삼별초의 대몽항쟁	1256	대공위 시대(~1273)
1274	여, 원 제1차 일본원정	1271	원 제국 성립(~1393)
		1299	오스만 제국(~1922)
1359	홍건적의 침입(~1361)	1302	프랑스 삼부회 성립
1376	최영 왜구정벌	1309	아비뇽 유수(~1377)
1377	최무선 화통도감 설치	1328	발루아 조 성립(~1389)
1388	위화도 회군	1338	영국, 프랑스 백년전쟁(~1453)
1389	박위 쓰시마 섬 정벌	1368	원 멸망, 명 건국(~1644)
1392	고려 멸망, 조선 건국	1381	와트 타일러의 난
1394	한양 천도		
1402	호패법 실시, 무과 설치	1405	정화 남해원정(~1433)
1403	주자소 설치	1414	콘스탄츠 공의회(~1418)
1411	한양에 5부 학당 설치	1453	비잔틴 제국 멸망
1418	세종대왕 즉위	1455	장미전쟁(~1485)
1433	4군 설치	1480	에스파냐 왕국 성립
1437	6진 설치	1492	콜럼버스 아메리카 항로 발견
1443	훈민정음 창제	1498	바스코 다 가마 인도항로 발견
1466	훈민정음 반포, 직전법 실시		
1510	3포 왜란	1517	루터의 종교개혁
1512	임신약조	1519	마젤란, 세계일주(~1522)
1519	향약 실시	1524	독일의 농민전쟁(~1525)
1554	비변사 설치	1526	무굴제국 건설(~1858)
1555	을묘왜변	1536	칼뱅의 종교개혁
1592	임진왜란, 한산도대첩	1562	위그노 전쟁(~1598)
1593	행주 대첩	1571	레판토 해전
1597	명량해전 승리	1588	영국, 무적함대 격파
		1598	낭트칙령 발표
1608	경기도에 대동법 실시	1600	영국, 동인도 회사 설립
1609	일본과 기유약조 체결	1603	일본, 에도 막부 세움
1623	인조 반정	1613	로마노프 왕조 성립(~1917)
1624	이괄의 난	1616	후금(->청)의 건국
1627	정묘호란	1618	독일 30년 전쟁(~1648)
1628	벨테브레, 제주도 표착	1628	영국, 권리청원 제출

	1636	병자호란	1642	청교도 혁명(~1649)
	1653	하멜, 제주도 표착	1644	명 멸망, 청 중국 통일
	1678	상평통보의 주조	1648	베스트팔렌 조약
	1696	안용복, 독도에서 일인 쫓아냄	1651	크롬웰 항해조례 발표
			1688	명예혁명
			1689	청,러 네르친스크 조약
				영국 권리장전 발표
	1708	대동법 전국 실시	1701	프로이센 성립
	1712	백두산 정계비 건립	1727	캬흐타 조약 체결
	1725	탕평책 실시	1733	미국에 13 식민지 성립
	1784	이승훈의 천주교 전도	1740	오스트리아 계승 전쟁
	1785	대전통편 완성	1757	플라시 싸움
	1786	서학을 금함	1776	미국 독립선언
			1789	프랑스혁명, 인권선언
			1796	백년 교도의 난(~1804)
A.D			1801	영국 아일랜드 병합
			1804	나폴레옹 황제 즉위
			1806	신성 로마제국 멸망
	1801	신유박해	1814	빈 회의(~1815)
	1811	홍경래의 난(~1812)	1830	프랑스 7월 혁명
	1839	기해박해	1834	독일 관세동맹 성립, 대륙 봉쇄령 포고
			1838	차티스트 운동
			1840	아편전쟁(~1842)
			1848	프랑스 2월 혁명
	1860	최제우, 동학 창시	1850	태평천국의 난(~1864)
	1862	임술민란	1853	크림 전쟁(~1856)
	1863	고종즉위, 흥선대원군 집권	1854	일본 개국
	1866	병인박해, 병인양요	1856	애로 호 사건(~1860)
	1871	신미양요	1957	세포이 항쟁(~1858)
	1875	운요 호 사건	1858	무굴제국 멸망
	1876	강화도 조약 체결	1860	베이징 조약
	1881	신사유람단 및 영선사 파견, 별기군 창설	1861	미국 남북전쟁(~1865), 이탈리아 왕국 성립(~1946)
	1882	임오군란, 미·영·독 등과 통상조약 체결	1862	양무운동 시작
	1883	전환국설치, 태극기 사용	1863	링컨 노예해방 선언
	1884	우정국 설치, 갑신정변	1868	일본 메이지유신
	1885	거문도 사건, 배재학당 설립, 서울—인천 간 전신개통, 광혜원 설립	1871	독일제국 성립
			1877	인도제국 성립, 러 · 투 전쟁(~1878)
			1878	베를린 회의
	1886	이화학당 설립	1882	삼국 동맹 성립
	1889	함경도에 방곡령 실시	1884	펑 · 프랑스 전쟁

A.D				
	1894	동학 농민운동, 갑오개혁 실시	1885	청·일 톈진조약 체결, 인도 국민회의파 창립
	1895	을미사변, 유길준 서유견문 지음	1887	프령 인도차이나 성립
	1896	독립협회 설립, 아관파천	1894	청·일 전쟁
	1897	대한제국의 성립	1898	청, 무술정변, 파쇼다 사건
	1898	만민공동회 성립	1899	헤이그 평화회의, 의화단 운동
	1899	경인선 개통		
	1903	YMCA 발족	1902	영·일 동맹
	1904	한·일 의정서 맺음, 경부선 준공	1904	러·일 전쟁
	1905	을사조약, 천도교 성립	1905	중국 혁명동지회 결성
	1906	통감부 설치		제1차 모로코사건
	1907	국채 보상운동, 헤이그 특사 파견, 고종황제 퇴위, 군대해산, 신민회 설립	1906	인도, 스와데시, 스와라지 운동
	1909	안중근 이토히로부미 사살, 나철 대종교 창시	1907	삼국협상 성립
	1910	국권 피탈	1911	신해혁명
	1912	토지 조사사업 시작(~1918)	1912	중화민국의 성립
	1914	대한 광복군 정부 수립	1914	제1차 세계대전
	1919	3·1운동, 대한민국 임시정부 수립, 대한 애국 부인회 조직	1915	중국 문화혁명
			1917	러시아혁명
			1918	윌슨 14개조 평화원칙 발표
			1919	베르사유 조약, 5·4운동
	1920	김좌진 청산리대첩	1920	국제연맹 발족
	1922	어린이날 제정	1921	워싱턴회의
	1926	6·10 만세운동	1924	중국 제1차 국·공 합작
	1927	신간회 조직	1926	중국 북벌시작
	1929	광주학생 항일 운동	1929	세계 경제공황
	1932	이봉창, 윤봉길 의거	1931	만주사변
	1934	진단학회 조직	1936	에스파냐 내란
	1938	일제, 한글교육 금지	1937	중·일 전쟁
			1938	뮌헨 회의
			1939	제2차 세계대전

각국의 수도

(☆각 주(洲)별 가나다 순)

나라	수도	나라	수도
아시아		카타르	도하
네팔	카트만두*	캄보디아	프놈펜*
대한민국	서울	쿠웨이트	쿠웨이트*
라오스	브양트얀*	키프러스	니코시아
레바논	베이루트*	타이	방콕
말레이시아	쾰라룸푸르*	파키스탄	이슬라마바드*
몰디브 공화국	말레	필리핀	마닐라*
몽고	울란바토르*		
바레인	마나마	**아프리카**	
방글라데시	다카	가나	아크라
미얀마(구 버마)	양곤(랭구운)	가봉	리브레빌*
베트남	하노이(사이공이 아님)*	감비아	반줄
부탄	푸나카·팀푸	기니	코나크리
사우드 예멘	알샤브	기니비소	모디나도보예
사우디아라비아	리야드·제다*	나미비아	뷘트후크
스리랑카	콜롬보*	나이지리아	라고스*
시리아	다마스쿠스*	남아프리카공화국	프리토리아(행정)·케
싱가포르	싱가포르*	니제르	이프타운(입법)
아랍에미레이트	아부다비*	레소토	니아메이
아프가니스탄	카불*	르완다	마세루
예멘	사나*	리베리아	키갈리
오만	머스켓	리비아	먼로비아
요르단	암만	말라가시	트리폴리*
이라크	바그다드*	말라위	타나나리보
이란	테헤란	말리	릴롱구에
이스라엘	예루살렘·텔아비브	모로코	바마코
인도	뉴델리*	모리셔스	라바트
인도네시아	자카르타*	모리타니	포트 루이스
일본	도쿄	모잠비크	노아코트
대만	타이베이*	베닌	마푸토
중국	베이징*		

나라	수도	나라	수도
아프리카		루마니아	부쿠레슈티*
베닌	포르토노보	룩셈부르크	룩셈부르크*
보츠와나	가보로네	리히텐슈타인	바두츠
브라자빌콩고	브라자빌*	모나코	모나코시
부룬디	부줌부라	바티칸	바티칸시티*
세네갈	다카르	벨기에	브뤼셀*
세이셸	빅토리아	불가리아	소피아*
소말리아	모가디슈	산마리노	산마리노*
수단	카르툼	러시아	모스크바
스와질랜드	엠바단	스웨덴	스톡홀롬*
시에라리온	프리타운	스위스	베른*
알제리	알지에*	스페인	마드리드*
앙골라	루안다*	아이슬란드	레이캬비크
오트볼타	와가두구	안도라	안도라
우간다	캄팔라*	알바니아	티라나
에티오피아	아디스아바바*	아일랜드	더블린*
이집트	카이로*	영국	런던
잠비아	루사카	유고	베오그라드*
적도기니	말라보	오스트리아	빈*
중앙아프리카	방기	이탈리아	로마*
짐바브웨	하라레	체코	프라하*
차드	엔자메나	터키	앙카라*
카메룬	야운데	포르투갈	리스본*
케냐	나이로비*	폴란드	바르샤바*
케이프 베르데	프라이아	프랑스	파리
코모로	모로니	핀란드	헬싱키*
코트디브와르	아비잔	헝가리	부다페스트*
탄자니아	다르네스살람		
토고	로메	오세아니아	
유럽		나우루	나우루
그리스	아테네*	뉴질랜드	웰링턴*
네덜란드	암스텔담*	서사모아	아피아
노르웨이	오슬로*	솔로몬군도	호니아라
덴마크	코펜하겐*	오스트레일리아	캔버라*
독일	베를린*	통가	누쿠알로파
		파푸아뉴기니	포트 모레스비
		피지	수바

나라	수도
아메리카	
가이아나	조지타운
과테말라	과테말라시티
그레나다	세인트 조지스
니카라과	마나과
멕시코	멕시코시티
미국	워싱턴
베네수엘라	카라카스*
볼리비아	라파스
브라질	브라질리아*
수리남	파라마리보
아르헨티나	부에노스아이레스*
아이티	포르토 프랭스
에콰도르	키토
엘살바도로	산살바도르*
온두라스	테구시갈파
우루과이	몬테비데오
자메이카	킹스턴
칠레	산티아고*
캐나다	오타와*
코스타리카	산호세
콜롬비아	보고타*
쿠바	아바나*
파나마	파나마시티
파라과이	아순시온
페루	리마*

UN 관련기구

1. UN 주요기관

기구	구성	기능	기타
총 회	• 전 가입국(정기총회 – 매년 9월 셋째 화요일)	• UN최고기구 • UN헌장의 범위에 속하는 문제 토의·권고(구속력 없음) • 각종 이사국 선출	• 주요의제사항 – 투표참가국 2/3 • 일반의제사항 – 투표참가국 과반수
안전보장 이사회	• 상임이사국 5개국(미, 영, 프, 러, 중) • 비상임이사국 10개국(임기 – 2년, 총회에서 선출)	• UN의 실질적 주요기능 담당	• 주요의제사항 – 5개상임이사국을 포함하여 9개국 찬성 • 일반의제사항 – 9개국 이상 찬성
경제사회 이사회	• 54개국(총회가 선출, 임기 – 3년, 매년 1/3개선)	• 경제·사회·문화교육 연구	• 의결 – 출석한 이사국 과반수로 의결
신탁통치 이사회	• 5개국(신탁통치시정국인 미국, 안보상임이사국인 영, 프, 러, 중)	• 신탁통치문제와 관련한 감독, 청원심의	• 의결 – 출석한 이사국 과반수로 의결
국제사법 재판소	• 재판관 15인(임기 – 9년, 총회와 안전보장이사회에서 선출)	• UN헌장 및 조약 해석 • 국제분쟁의 법적 해결	• 본부 – 네덜란드 헤이그
사무국	• 사무총장(안전보장이사회에서 건의로 총회임명)	• UN 각 기관의 운영에 관한 사무처리	• 임기 – 5년 • 사무국직원 – 치외법권

2. UN 전문기구

기 구	기 능	한국가입	비 고
국제개발협회 (IDA)	• 세계은행(IBRD)의 보조기관 • 융통성 있게 자금공여	1961년	본부 – 미국(워싱턴)
국제금융공사 (IFC)	• 개발도상국의 경제부흥을 위한 융자	1961년	본부 – 미국(워싱턴)
국제노동기구 (ILO)	• 필라델피아에 입각하여 노동조건을 개선하여 사회정의 확립에 노력	1991년	본부 – 스위스(제네바)
국제민간항공기구 (ICAO)	• 국제민간항공기의 안전 운행	1952년	본부 – 캐나다(몬트리올)
국제부흥개발은행 (IBRD)	• 개도국의 부흥을 위해 낮은 장기 대부	1955년	본부 – 미국(워싱턴)
국제전기통신연합 (ITU)	• 전기통신의 개설과 기술발달	1952년	본부 – 제네바(스위스)
국제통화기금 (IMF)	• 국제통화에 협조	1955년	본부 – 미국(워싱턴)
국제해사기구 (IMO)	• 해상의 안전 • 해수오염방지	1961년	본부 – 영국(런던)
만국우편연합 (UPU)	• 국제우편업무의 발전과 국제간 정보교환	1897년	본부 – 스위스(베른)
세계기상기구 (WMO)	• 세계기상사업의 조정 및 정보교환	1956년	본부 – 스위스(제네바)
세계보건기구 (WHO)	• 국제보건사업의 지도, 조정 발전을 위한 원조	1949년	본부 – 스위스(제네바)
세계지적재산권기구 (WIPO)	• 전세계의 지적인 재산보호를 증진시키기 위해 가맹국간의 행정적 협조	1979년	본부 – 스위스(제네바)
유엔공업개발기구 (UNIDO)	• 개발도상국의 공업개발을 위한 조사	1967년	본부 – 오스트리아(빈)
유엔교육과학문화기구 (UNESCO)	• 과학 · 교육 · 문화를 통한 각 국민간의 화합	1950년	본부 – 프랑스(파리)
유엔식량농업기구 (FAO)	• 모든 국민의 영양기준 개선 및 생활향상	1949년	본부 – 이탈리아(로마)

- **경제협력개발기구***(OECD; Organization for Economic Cooperation and Development) : 선진국간의 경제그룹, 세계 경제의 안정성장과 무역의 확대·가맹국에 의한 개도국 원조의 촉진도모, 1996년 우리나라 가입

- **관세협력이사회**(CCC) : 본부(런던), 민주주의 발전, 서방 19개국 정치지도자들이 발족

- **국제에너지기관**(IEA) : 본부(파리), 에너지조정그룹(ECG)이 IEA를 OECD내에 설치. 에너지선진소비국 회의

- **국제올림픽위원회***(IOC; International Olympic Committee) : 본부(스위스 로잔느), 1894년 파리에서 쿠베르탱의 제창으로 설립

- **국제사면위원회***(AI) : 정치범·사상범의 구제 목표, 민간유지의 국제단체

- **국제상업위성통신기구***(INTELSAT) : 본부(워싱턴), 세계 상업통신위성의 우주부문 업무의 제도화, 태평양(IV호 위성), 인도양·대서양(V호 위성)

- **국제신문발행인협회**(FIEJ) : 본부(파리), 신문의 권익보호

- **국제신문인협회**(IPI; International Press Institute) : 본부(취리히), 언론자유의 수호

- **국제의회연맹**(IPU; International Parliamentary Union) : 의원 친목과 의회 민주주의 발전

- **국제자유노동조합총연맹**(ICFTU) : 본부(브뤼셀), 노동자의 사회보장 확립

- **국제적십자사***(IRC; International Red Cross) : 국제적십자위원회, 적십자사연맹 및 각국 적십자사로 구성

- **국제항공운송협회**(IATA) : 세계정기 항공회사 단체

- **국제형사경찰기구***(Interpol) : 본부(파리), 우리나라 가입, 국제범죄의 예방·검거, 정보교환

- **국제펜클럽***(PEN; International PEN) : 여류작가 스코트에 의해 창설, 문학과 언론

의 자유 및 국제친선 도모

■ **대공산권수출조정위원회**(COCOM) : 본부(파리), NATO(북대서양조약기구)와 협력, 공산권에 군수물자 수출 금지

■ **동남아국가연합***(ASEAN) : 본부(자카르타), 회원국(말레이시아·필리핀·태국·싱가포르·인도네시아84년 보루네이 가입), 동남아 지역 국가간의 경제적·사회적 협력 도모

■ **로마클럽***(RC; Rome Club) : 본부(로마), 인류의 미래분석, 국제적 문제 중재, 서구의 경제·학계 지도급 인사들의 민간단체

■ **미주개발은행**(IDB) : 본부(워싱턴), 미주 내의 경제·사회 개발 프로젝트에 융자

■ **미주기구***(OAS; Organization of American States) : 본부(워싱턴), 아메리카 대륙의 평화안전 협력기구

■ **바르샤바조약기구***(WTO; 우호협력 상호원조 조약) : 가맹국(소련·폴란드·체코·동독·헝가리·루마니아·불가리아, 알바니아는 탈퇴: 7개국), NATO에 대응하는 소련·동구권 군사 방위조약 기구. 1991년 7월 공식 해체

■ **북대서양조약기구**(NATO; North-Atlantic Treaty Organization) : 본부(브뤼셀), 가맹국(16개국), 소련 및 동구권을 대상으로 한 군사방위 조약기구

■ **사회주의 인터내셔널**(The Socialist International) : 코민포름(유럽공산당 정보기관, 56년 해체)에 대항하기 위하여 국제사회주의자회의 위원회(COMISCO)를 발전적으로 해체하고 설립한 기구

■ **석유수출기구***(OPEC; Organization of the Petroleum Exporting Countries) : 본부(오스트리아 빈), 이란·이라크·사우디아라비아·쿠웨이트·베네수엘라 5대 산유국 등 13개 회원국의 산유국 카르텔

■ **선진국 수뇌회의**(Summit) : 국제무역, 석유 등 에너지 대책, 인플레 극복 등 서방측 선진국 상호협력 도모, 1975년 당시 프랑스의 지스카르 대통령이 제창.

■ **세계관광기구**(WTO; World Tourism Organization) : 국가간 및 국내관광 촉진

■ **세계노동조합연맹**(WFTU) : 본부(프라하), 1944년 세계노동조합대회의 설립 결정,

공산계 국제노동 조합조직연맹

- **세계반공연맹***(WACL) : 본부(서울), 세계 자유국민의 단합과 반공투쟁

- **아시아개발은행**(ADB; Asian Development Bank) : 본점(마닐라), 우리나라 가입, 아시아 제국의 경제협력, 개발도상국에 대한 장기저리융자

- **아시아생산성기구***(APO; Asian Productivity Organization) : 본부(동경), 아시아 제국의 생산성 향상

- **아시아신문재단**(PFA) : 본부(마닐라), 아시아 언론계의 복지향상

- **아시아태평양경제사회위원회**(ESCAP) : 본부(방콕), 우리나라 등 아시아·대양주 소속 회원국의 경제문제에 대해 경제사회위원회 보좌

- **아랍석유수출기구**(OAPEC) : 본부(쿠웨이트), 쿠웨이트, 사우디아라비아·리비아 3국이 설립, 가맹국간의 석유정책 협의

- **아랍연맹**(Arab League) : 본부(튀니스; 튜니지), 이집트·이라크 등 21개국과 팔레스타인 해방기구, 중동의 평화와 안전도모

- **아프리카개발기금**(AFDF; African Development Fund) : 본부(아비잔), AFDB(아프리카개발은행)의 활동 지원, 차관제공. 출자국은 우리나라를 비롯하여 역외 25개국

- **아프리카개발은행**(AFDB; Africa Development Bank) : 아프리카 지역의 경제·사회 개발에 자금 지원

- **아프리카단결기구**(OAU; Organization of African Unity) : 본부(아디스아바바), 아프리카 제국의 통일과 단결의 촉진

- **앤저스조약기구**(Anzus Council) : 본부(워싱턴), 미국·호주·뉴질랜드 3국이 태평양안전보장조약에 조인, 조약국의 위험에 공동 대처

- **OECD원자력기관**(NEA) : 본부(파리), 구주 원자력 공동체와 협력하여 원자력의 군사적 이용 금지, 구주경제협력기구(OEEC) 이사회에서 구주원자력기관헌장 채택

- **유럽공동체***(EC; European communities) : 본부(브뤼셀), 유럽경제공동체·석탄 철강공동체·원자력 공동체의 3기관 통합, 1967년 발족, 1994년 EU(European Union)

로 공식명칭을 바꿈

- **유럽자유무역연합**(EFTA) : 본부(제네바), EEC(유럽 경제협력기구) 제국의 경제 발전 도모

- **중미공동시장**(CACM) : 사무국(과테말라), 엘살바도르·과테말라·니카라과 3개국으로 발족, 역내 공동시장 실현 목적

- **중미기구**(OCAS) : 엘살바도르·과테말라·코스타리카·니카라과·온두라스 등 중미 5개국의 상호원조기구

- **77개국 그룹**(Group of 77) : 우리나라는 창립 멤버, 1964년 UN무역개발회의(UNCTAD)에서 개발도상국의 경제·사회발전을 위해 공동선언기초·발족

- **콜롬보계획**(colombo plan) : 본부(실론 콜롬보), 우리나라 가입, 1950년 콜롬보에서 개최된 영연방외상회의에서 설립 결정, 역내 수익국의 경제개발 촉진 도모

31 단위명사

명 칭	수량 단위	명 칭	수량 단위
갈이	소 한 마리가 하루에 갈 수 있는 넓이	접	과일이나 채소 100개
땀	바늘을 한 번 뜬 그 눈	제	탕약 20첩
바리	마소에 실은 짐을 세는 단위	죽	버선 10장 또는 옷 10벌
갓	굴비 따위의 10마리, 고사리, 고비 따위의 10 모숨	채	인삼 100근
거리	오이나 가지의 수효를 셀 때 50개를 통틀어 가리키는 말	모태	떡판에 놓고 한차례에 칠만한 떡의 분량
꾸러미	달걀 열 개를 꾸리어 싼 것	강다리	쪼갠 장작의 100개
동	먹 열장이나 붓 열 자루	톳	김 100장 묶음이나 40장 묶음
두름	물고기를 두 줄로 10마리 씩 엮은 20마리	쾌	북어 20마리나 엽전 열 냥
마지기	논·밭의 넓이의 단위로 대개 논은 200~300평, 밭은 100평 안팎	태	나무꼬챙이에 꿴 말린 명태 20마리
		담불	벼 100섬을 단위로 이르는 말
마장	주로 5리나 10리가 못 되는 몇 리의 거리를 일컫는 단위	손	고등어 따위 생선 2마리
섬	한 말의 열 곱절	뭇	생선 10마리, 미역 10장, 자반 10개를 이르는 단위
발	두 팔을 잔뜩 벌린 길이	촉	난초를 세는 단위
오리	실, 가는 대 같은 것을 세는 단위	모	두부나 묵의 수효를 세는 말
톨	밤이나 마늘 등의 낱낱의 알을 세는 단위	고리	소주를 사발에 담은 것을 묶어 세는 단위로서 한 고리는 소주 10사발을 이른다
쌈	바늘 24개	타래	사리어 뭉쳐 놓은 실이나 고삐, 노끈 따위의 뭉치를 세는 단위
필	명주 40자	켤레	신, 버선, 양말, 방망이 따위의 짝이 되는 두개를 한 벌로 세는 단위
통	광목 60자	매	젓가락 한 쌍을 말함. 또 종이나 널빠지 따위를 세는 단위
우리	기와 2,000장		

■ 가격지수 $= \dfrac{\text{비교시의 가격}}{\text{기준시의 가격}} \times 100$

■ 가처분소득(DI)=개인소득(PI)−개인세(직접세)=소비+저축

■ 개인소득(PI)=국민소득(NI)−법인유보−법인세+이전소득

■ 경제성장률 $= \dfrac{\text{금년도 } GNP - \text{전년도 } GNP}{\text{전년도 } GNP} \times 100$

■ 경제성장률 $= \dfrac{\text{금년도 국민소득의 증가액}}{\text{전년도의 국민소득}}$

■ 공급탄력성 $= \dfrac{\text{공급변동률}}{\text{가격변동률}}$

■ 교역조건 $= \dfrac{\text{수출상품의 물가지수}}{\text{수입상품의 물가지수}}$

■ 교환방정식 $P = \dfrac{MV + M'V'}{T}$

■ 국민소득(NI)=국민순생산액(NNP)−간접세+정부보조금

■ 국민순생산액(NNP)=GNP−감가상각비=소비+순투자=국민소득(NI)+간접세−보조금

■ 국민총생산액=총생산액−중간생산물=소비+총투자=국민순생산액(NNP)+감가상각비

■ 물가지수 $= \dfrac{\text{개별 가격지수의 합계}}{\text{상품의 수량}}$

■ 소비성향= $\dfrac{소비(C)}{소득(Y)}$ =1 - 저축성향

■ 수요탄력성= $\dfrac{수요 변동률}{가격 변동률}$

■ 수요의 소득탄력성= $\dfrac{수요의 증가율}{소득의 증가율}$

■ 실질소득= $\dfrac{명목 소득}{소비자 물가지수}$ ×100

■ 엥겔계수= $\dfrac{음식물비}{총생계비}$ ×100

■ 외화가득률= $\dfrac{수출액 - 원료 수입액}{수출액}$ ×100

■ 저축성향= $\dfrac{저축(S)}{소득(Y)}$ =1 - 소비성향

■ 총통화=통화량+저축성 예금

■ 통화량=민간화폐보유액+통화성 예금(요구불예금)=현금통화+예금통화=본원적 통화+파생통화

■ 투자승수 효과= $\dfrac{투자액}{1 - 한계소비성향}$

■ 패리티 지수= $\dfrac{농가수취(판매)가격지수}{농가지불(구입)가격지수}$

■ 한계소비 성향= $\dfrac{소비증가분(\Delta C)}{소득증가분(\Delta Y)}$ =1 - 한계저축성향

■ 한계저축성향$=\dfrac{저축증가분(\Delta S)}{소득증가분(\Delta Y)}=1-$한계소비성향

■ 한계효용균등의 법칙☞

　화폐의 한계효용$=\dfrac{A재의 한계효용}{A재의 가격}=\dfrac{B재의 한계효용}{B재의 가격}$

■ 노동생산성$=\dfrac{(생산된)생산량}{(투입된)노동량}$

■ 통화량=①화폐 민간보유고+요구불예금(통화성예금)
　　　　②현금통화+예금통화
　　　　③본원적 통화+파생통화

■ 유효수요=소비재 수요+투자재 수요

■ 실질임금$=\dfrac{명목임금}{물가지수}\times100$

■ GNP=총생산액−중간생산물=소비+총투자=NNP+감가상각비

■ 1인당 국민소득$=\dfrac{GNP}{인구수}$

■ 실업률$=\dfrac{취업자수}{노동력 인구}\times100$

■ 인구증가율$=\dfrac{비교연도인구-기준연도인구}{기준연도의 인구}\times100$

■ 조세부담률$=\dfrac{조세총액}{GNP}\times100$

(☆ABC순)

- AA그룹(Asian-African Group)**: 아시아·아프리카 그룹

- AA제(Automatic Approval System): 수입 자동승인제

- AA회의(Asian-African Conference)*: 아시아·아프리카 회의☞ 반둥회의

- AAA(Asia, Africa, Latin-America)*: 아시아·아프리카·라틴 아메리카

- ABC(Argentine, Brazil, Chile)*: 아르헨티나·브라질·칠레

- ABC(Audit Bureau of circulations)*: 발행부수공사기구

- ABM(Anti-Ballistic Missile)*: 탄도탄 요격 미사일

- AC(Atlantic Charter): 대서양 헌장

- ADB(Asian Development Bank)*: 아시아 개발은행

- AE카메라(Automatic Exposure control Camera)*: 자동노출조정카메라

- AF카메라(Auto Focus Camera)*: 자동 초점조절카메라

- AFAN(Armed Forces Assistance to Korea): 대한(對韓)군사원조

- AFL-CIO(American Federation of Labor and Congress of Industrial Organization)*: 노동총연맹·산업별조합회의(미국)

- AFKN(American Forces Korean Network)*: 주한미군 방송망

- AFP(Agence France Press): <프> 프랑스 통신사

- **Agrément** **: <프>아그레망, 정부가 특정 인물을 외교사절로 파견할 때 접수국 정부에 미리 연락을 타진하는 의사표시.

- AID(Agency for International Development): 미국국제개발처

- AIDS(Acquired Immune Deficiency Syndrome)*: 후천성면역결핍증

- AMM(Anti-Missile Missile): 미사일 격추용 미사일

- Anachronism: 시행착오

- Animism: 정령설, 자연물에 영혼이 있다는 신앙

- ANC(African National Congress)*: 아프리카 민족회의

- Anzus(Australia, New Zealand, The United States): 태평양방위체, 오스트레일리아·뉴질랜드·미국의 3국 동맹

- AP(Associated Press)*: 연합통신사(미국)

- ARS(Audio Response System)*: 음성자동응답시스템

- ASEAN(Association of South-East Asian Nations)**: 동남아국가연합

- ASM(Air-to-Surface Missile): 공대지(空對地) 미사일

- ASPAC(Asian and Pacific Council): 아시아·태평양 각료이사회

- AV 교육(Audio-Visual education): 시청각교육

- AWACS(Airborne Warning And Control System)**: 공중조기경보통제기구

- Bank Loan: 저개발국에 대한 민간경제협력차원의 은행간 차관

- BBC(British Broadcasting Corporation)*: 의형제·자매운동

- BCG(Bacille de Calmette et GuÈrin)*: <프>결핵예방 주사약

- B/E(Bill of Exchange): 환어음

- Bed Town*: 대도시 주변의 주택지구(例☞광명시, 안양시, 성남시 등)

- Benelux(Belgium, Netherlands & Luxemburg): 벨기에·네덜란드·룩셈부르크 3국

- Biotechnology*: 생물공학

- BIS(Bank for International Settlement): 국제결제은행

- B/L(Bill of Lading)*: 선하(船荷)증권

- Blue Belt: 수자원보전지역

- Blue color: 육체노동자 계층

- Boat People: 해상난민

- BOD(Biochemical Oxygen Demand): 생물화학적 산소요구량

- B/S(Balance Sheet)*: 대차대조표

- C/A(Capital Account): 자본계정(=Current Account:당좌계정)
- CAD·CAM(computer Aided Design·Computer Aided Manufactured): 컴퓨터 설계제작 시스템
- Caricature*: 풍자만화
- Casting-Vote*: 가부동수인 경우 의장이 던지는 결재투표
- Cape Kennedy*: 미국 우주로켓발사기지
- Catch Phrase*: 이목을 끄는 문구
- CATV(Community Antenna Television): 방송국과 가입자간에 케이블을 통해 방송프로그램을 내보내는 통신방식
- CBS(Columbia Broadcasting System)*: 미국 콜럼비아 방송사
- CCTV(Closed Circuit Television)*: 폐쇄회로 텔레비전
- CD(Certificate of Deposit)*: 양도성 예금증서
- CD(Cash Dispenser)*: 현금자동지급기
- CD-ROM(Compact Disk Read Only Memory)*: 콤팩트디스크를 읽어내는 전용 메모리
- CENTO(Central Treaty Organization): 중앙조약기구
- CEO(Chief Executive Officer)*: 기업의 최고경영책임자
- CF(Commercial Film)*: 광고 선전용 영화
- CG(Computer Graphics)*: 컴퓨터 그래픽스
- Chauvinism*: <프> 광신적·호전적 애국주의
- CI(Composite Index): 경기종합지수
- CI(Corporate Identity)*: 기업의 이미지 통합 전략
- CIA(Central Intelligence Agency)*: 미국중앙정보국
- CIF(Cost, Insurance and Freight)*: 보험료 및 운임 포함 가격
- CM(Commercial Message)*: 광고방송
- CMA(Cash Management Account)*: 어음관리구좌

- COCOM(Coordinating Committee for Export to Communist Area)*: 대공산권 수출통제위원회

- COMECON(Council for Mutual Economic Assistance): 동유럽 경제상호원조회의

- CP(Commercial Paper)**: 상업어음, 기업어음(단기융통 무담보어음)

- CPA(Certified Public Accountant)*: 공인회계사

- CPI(Consumer's Price Index)*: 소비자물가지수

- CPS(Consumer's Price Survey): 소비자 가격조사

- CPU(Center Processing Unit)*: 컴퓨터의 중앙연산처리장치

- CTS(Central Terminal Station)*: 원유나 공업원료의 비축기지

- CVS(Convenience store)*: 편의점

- **Détente**   <프> 데탕트. 국제긴장완화

- D.C.(District of Columbia)*: 컬럼비아 특별구. 워싱턴 D.C.

- DDD(Direct Distance Dialing)*: 장거리 자동전화

- DH(Designated Hitter)*: 야구의 지명타자

- DI(Diffusion Index): 경기확산지수 * Discomfort Index☞ 불쾌지수

- DIN(Deutsch Industrie Norm)*: 독일 공업표준규격

- DNA(Deoxyribo Nucleic Acid)*: 디옥시리보핵산

- DMZ(Demilitarized Zone)*: 비무장지대

- DPA(Deutsche Press-Agenture): <독> 독일의 통신사

- DP&E(Developing Printing & Enlargement): (필름의) 현상·인화확대

- DPT(Dest Top Publishing)*: PC를 이용한 전자출판시스템

- DPRK(Democratic People's Republic of Korea)*: 조선민주주의인민공화국(북한)의 영문약자

- DR(Depository Receipts)*: 주식예탁증서

- ECA(Economic Commission for Africa): 아프리카 경제위원회(국제연합

경제사회이사회의 지역하부기관)

- ECAFE(Economic Commission for Asia and the Far East): 아시아 극동경제위원회(국제연합 경제사회이사회의 지역하부기관)

- EC(European Community)*: 유럽공동체

- ECE(Economic Commission for Europe): (국제연합의) 유럽경제위원회

- ECLA(Economic Commission for Latin America): 라틴 아메리카 경제위원회

- ECM(European Common Market): 유럽공동시장

- Ecumenism*: 세계교회주의

- EDC(European Defense Community): 유럽방위공동체

- EDPS(Electronic Data Processing System)**: 전자정보처리장치

- EDTV(Extended Definition Television)*: 고화질 텔레비전

- EEC(European Economic Community)**: 유럽경제공동체

- EMA(European Monetary Agreement): 유럽통화협정

- EPC(European Political Community): 유럽정치공동체

- EPU(European Payment Union): 유럽지불동맹

- ESC(Economic and Social Council): (국제연합의) 경제사회이사회

- ET(Extra-Terrestrial)*: 지구 외의 생물, 즉 우주인

- Euratom(European Atomic Energy Community): 유럽원자력 공동체

- Euro-Communism*: 서구 공산당

- EURECA(European Research Coordination Action)*: 유럽판 스타워즈 기술 개발을 위한 프랑스의 계획

- EEZ(Exclusive Economic Zone)*: 배타적 경제수역

- FA(Factory Automation)*: 공장자동화

- Factoring*: 금융기관이 기업의 외상 매출채권을 인수하는 기업금융의 일종

- FAO(Food and Agriculture Organization)*: (국제연합의) 식량농업기구

- Favorite son: 인기후보자

- FAS(Free Alongside Ship)*: 선측인도가격(船側引渡價格)

- FBI(Federal Bureau of Investigation)*: 연방수사국(미국)

- FCA(Foreign Currency Authorization): 외화(外貨) 승인

- FDA(Food and Drug Administration)**: 식품·의약국(미국)

- FF방식(Front Engine Front Drive System)*: 자동차의 전륜구동방식

- FFHC(Freedom From Hunger Campaign): 기아해방운동

- FIEJ(Federation Internationale des Editeurs de Joumaux et Publications): <프> 국제신문발행인협회

- FIFA(Federation Internationale de Football Association)*: 국제축구연맹

- FSX(Fighter Support Experimental)*: 일본 차기지원전투기

- FM(Frequency Modulation)*: 주파수 변조방식

- FMS(Foreign Military Sale): 대외(對外) 군사판매

- FOB(Free On Board)*: 본선인도 가격(本船引渡價格)

- Food Chain*: 식료품 연쇄점

- Franchise*: 시민권·참정권

- FRB(Federal Reserve Bank)*: 연방 준비은행(미국)

- FY(Fiscal Year)*: 회계년도(會計年度)

- G10: 선진 10개국 재무장관회의

- GA(General Assembly): 유엔총회

- GATT(General Agreement on Tariffs and Trade)*: 관세 및 무역에 관한 일반협정

- GDP(Gross Domestic Product)*: 국내총생산

- GD마크(Good Design Mark): 우수디자인 마크

- GOP(Grand Old Party): 미국 공화당의 별칭

- GI(Government Issue)*: 미군 사병

- GMT(Greenwich Mean Time)*: 그리니치 표준시

- GNP(Gross National Product)**: 국민총생산액

- GSP(Generalized System of Preference)**: 일반특혜관세

- Gun-ship*: 중무장 헬리콥터

- 4H(Head, Heart, Hand and Health)**: 농촌 청소년 운동

- Hardware: 기계로서의 컴퓨터 본체

- Hat trick*: 축구경기에서 한 게임에서 한 선수가 세 골을 득점하는 것

- HBO(Home Box Office): 三영화와 스포츠 프로그램을 주종으로하는 하는 미국 최대의 케이블 네트워크

- HDTV(High Definition Television)*: 고선명 TV

- Head Line: 신문기사 제목

- Hi Fi(High Fidelity)**: 음향재생장치

- Hot Corner*: 야구의 3루

- HR(Human Relations): 일하는 사람의 인간관계

- Hunger-strike: 단체교섭을 촉진시키기 위한 단식투쟁행위

- IAAF(International Amateur Athletic Federation)*: 국제 아마추어 경기연맹

- IAEA(International Atomic Energy Agency): 국제원자력기구

- IARU(International Amateur Radio Union): 국제 아마추어 무선연맹

- IBF(International Boxing Federation)*: 국제복싱연맹(WBA나 WBC보다 권위가 떨어진다)

- IBM(International Business Machines Corporation)*: 세계 최대의 전자계산기 메이커(미국)

- IBRD(International Bank for Reconstruction and Development)*: 국제부흥개발은행(세계은행)

■ IC(Integrated Circuit)**: 집적회로(集積回路)

■ ICAO(International Civil Aviation Organization)*: 국제민간항공기구

■ ICBM(Inter-Continental Ballistic Missile)*: 대륙간탄도탄

■ IC카드(Identity Card): 신분증명서

■ ICC(International Chamber of Commerce): 국제상공회의소

■ ICJ(International Court of Justice): 국제사법재판소

■ ICPO(International Criminal Police Organization)*: 국제형사경찰기구

■ ICRC(International Committee of Red Cross)*: 국제적십자위원회

■ IDA(International Development Association)*:
  국제개발협회(제2세계은행)

■ Identity*: 동일성

■ Ideology*: 관념체제

■ IDO(International Disarmament Organization): 국제 군비축소기구

■ IFC(International Finance Corporation)*: 국제금융공사

■ IGY(International Geophysical Year): 국제지구관측년

■ I/L(Import Licence): 수입승인

■ ILO(International Labor Organization)*: 국제노동기구

■ IMF(International Monetary Fund)*: 국제통화기금

■ IMO(International Meteorological Organization=WMO): 국제기상기구

■ INS(Immigration and Naturaligation Service): 미국 이민귀화국

■ INS(Inertial Navigation System): 관성항법장치

■ INP(Index Number of Prices): 물가지수

■ INTELSAT(International Telecommunications Satellite Organization):
  통신위성에 의한 국제상업통신망의 확립을 위해 1964년 설립된
  국제통신위성기구

■ IOC(International Olympic Committee)**: 국제올림픽위원회

- IOJ(International Organization of Journalists): 국제저널리스트기구

- IPI(International Press Institute)*: 국제신문편집자협회

- IPU(International Parliamentary Union)*: 국제의원연맹

- IQ(Intelligence Quotient)*: 지능지수

- IRA(Irish Republican Army): 아일랜드 공화국

- IRC(International Red Cross)*: 국제적십자사

- Iron Woman: 뛰어나게 힘이 센 여자

- ISO(International Standardization Organization): 국제표준화기구

- ISBN(International Standard Book Number)*: 국제표준도서번호

- ISDN(Integrated Services Digital Network): 종합정보통신망

- ITC(International Trade Commission): 국제무역위원회(미국)

- ITO(International Trade Organization): 국제무역기구

- ITU(International Telecommunication Union)**: 국제전기통신연합

- KAIST(Korea Advanced Institute of Science and Technology)*:
  한국과학기술원

- KBS(Korean Broadcasting System): 한국방송공사

- KDFC(Korea Development Finance Corporation): 한국개발금융공사

- KDI(Korea Development Institute)*: 한국개발연구원

- KEDI(Korean Educational Development Institute): 한국교육개발원

- KEDO(Korean Peninsula Energy Development Organization)*:
  한반도에너지개발기구

- KFP(Korea Fight Program): 한국의 차세대 전투기 구매 및 생산계획

- KFX(Korean Foreign Exchange): 한국정보 보유 외환

- KGB(Komissija Gosudarstvennoj Bezopasnosti)*: 국가안보위원회(구
  소련)

- KKK(Ku Klux Klan)*: 백인 그룹의 비밀테러단(미국)

- KOC(Korean Olympic Committee)*: 한국올림픽위원회

- KOTRA(Korea Trade-Investment Promotion Agency)*: 대한무역투자진흥공사

- KR(Kennedy Round)*: 관세인하협상

- KRC(Korean Red Cross): 한국적십자사

- KS(Korean Industrial Standard)*: 한국공업표준규격

- LAN(Local Area Network): 근거리통신망(기업내 정보통신망)

- L/C(Letter of Credit)*: 신용장

- L/G(Letter of Guarantee): 지불보증표

- LNG(Liquefied Natural Gas)*: 액화천연가스

- LPG(Liquefied Petroleum Gas)*: 액화석유가스

- LSD(Lysergic Acid Diethylamide): 색·맛·냄새가 없고 극히 적은 양으로도 정신분열증과 비슷한 증상을 일으키는 화합물

- LSI(Large Scale Integration): 대규모집적회로

- LTD(Limited=Ltd.)*: 유한(회사)

- M&A(Merger and Acquisition)v: 기업의 매수·합병

- March*: 2박자 또는 4박자의 경쾌한 곡으로 행진곡에 많이 쓰임

- MBA(Master of Business Administration)*: 경영학 석사학위 또는 동학위 취득자

- MBO(Management By Objectives)*: 경영관리기법(인간적 측면에 바탕을 둔) 효율적 경영관리체제)

- MC(Master of Ceremony)*: 사회자

- METO(Management East Treaty Organization)*: 경영정보 시스템

- MIT(Massachusetts Institute of Technology): 매사추세츠 공과대학

- MLF(Multilateral Nuclear Force): (NATO의) 다각적 핵전력

- MMU(Manned Maneuvering Unit)*: 유인(有人) 조종 장치(우주 유영에

사용)

- MOL(Manned Orbiting Laboratory): 유인(有人) 우주실험실

- Mono drama*: 1인칭 희곡

- Monorail: 단궤철도

- Mook: Magazine(잡지)+Book(북), 비정기 간행물

- MRA(Moral Re-Armament)**: 도덕재무장(운동)

- MVP(Most Valuable Player)**: 최우수선수

- NASA(National Aeronautics and Space Administration)*: 미국항공우주국

- NAFTA(North America Free Trade Agreement): 북미자유무역협정

- NATM 공법(New Austrian Tunneling Method): 신오스트리아 터널굴착 공법

- NATO(North Atlantic Treaty Organization)*: 북대서양조약기구

- NBA(National Basketball Association): 미국프로농구협회

- NBC병기(Nuclear, Biological, Chemical Weapon): 핵·생물·화학병기

- NEATO(North East Asia Treaty Organization): 동북아시아조약기구

- NICS(New Industrialized Countries)*: 신흥공업국

- NNP(Net National Product)*: 국민순생산액

- Non Fiction**: 기록문학

- NSC(National Security Council): 국가안전보장회의(미국)

- NTSC(National Television System Committee): 미국의 텔레비전 방송위원회

- OA(Office Automation)*: 사무자동화(워드 프로세스, 퍼스널 컴퓨터, 팩시밀리, 오피스 컴퓨터, 온라인, 터미널 등이 있다)

- OAEC(Organization for Asian Economic Cooperation): 아시아경제협력기구

- OAPEC(Organization of the Arab Petroleum Exporting Countries)*:
아랍석유수출국기구

- OAS(Organization of American States): 미주(美洲) 기구

- OAU(Organization of African Unity)*: 아프리카 통합기구

- OECD(Organization for Economic Cooperation and Development)*:
(서방선진국으로 구성된) 경제협력개발 기구

- OEEC(Organization for European Economic Cooperation)**:
유럽경제협력기구

- OEM(Original Equipment Manufacturing)*: 상대방 상표제품

- OGL(Open General Licence System): 총괄수입허가제

- OJT(On the Job Training): 직무를 수행하면서 이를 통해 실시되는 교육
훈련

- Online(Online Realtime System)*: 컴퓨터의 단말장치를 통신회선에
연결한 것.

- OPEC(Organization of Petroleum Exporting Countries)*:
석유수출국기구

- OR(Operation Research)*: 수요예측(LP 시뮬레이션, PERT, 게임이론
등이 이용된다)

- OTC(Organization for Trade Cooperation): 국제무역협력기구

- OTH 레이더(Over-The-Horizon raider)*: 초(超) 수평선 레이더

- PATA(Pacific Area Travel Association)*: 태평양지역관광협회

- PATO(Pacific Asian Treaty Organization): 아시아·태평양조약기구

- PB상품(Private Brand): 유명 백화점의 독자적인 상품

- PCS(Personal Communication System): 개인휴대통신

- PEN(International Association of Poets, Playwrights, Editors,
Essayists and Novelists)**: 국제 펜클럽

- PKO(Peace Keeping Operations of the UN): 유엔평화유지활동

- PH(Potential of Hydrogen): 수소이온지수

- PI(Price Index)*: 물가지수

- PLO(Palestine Liberation Organization)**: 팔레스타인 해방기구

- POP광고(Point Of Purchase Advertisement): 구매시점 광고

- POS(Point Of Sale): 판매시점 정보관리

- PPM(Parts Per Million): 100만분의 1을 나타내는 단위

- PPP(Polluter Pays Principle): 오염자부담원칙

- POST(Pacific Ocean Security Treaty): 태평양안전보장조약

- POW(Prisoner(S) Of War): 전쟁포로

- PQS(Percentage Quantity System): 비례할당제(比例割當制)

- Prologue: 서문·서편·서막

- PR(Public Relations)*: 홍보(弘報) 활동, 선전

- PST(Pacific Standard Time): 태평양 표준시

- QC운동(Quality Control): 품질관리운동

- R&D(Research and Development): 연구개발

- RAM(Random Access Memory): 기억과 판독이 자유자재인 기억소자

- RG(Red Guard): 홍위병(중국)

- RIMPAC(Rim of the Pacific Exercise): 태평양해군합동훈련

- ROTC(Reserve Officers' Training Corps)*: 학도군사훈련단

- RSC(Referee Stop Contest)*: (권투) 심판의 시합중지(프로권투에서는
  TKO; Technical Knock Down)

- SAINT(Satellite Inspector): 인공위성 추적용 비행체

- SALT(Strategic Arms Limitation Talks)*: (미국·소련간의) 전략무기
  제한회담

- SDI계획(Strategic Defense Initiative)*: 우주전략방위계획.
  스타워즈(별들의 전쟁)계획

■ SDR(Special Drawing Rights)*: (IMF의) 특별인출권

■ SEATO(South-East Asia Treaty Organization): 동남아시아조약기구

■ SFX(Special Effects): 괴기·SF영화 등에서 많이 쓰이는 특수시각효과

■ SIBOR(Singapor Inter Bank Offered Rate): 싱가포르 금융시장에서
  은행간 거래에 적용되는 금리

■ Silk Road*: 비단길(동서무역의 교통로)

■ SLSI(Super Large Scale Integration): 초대규모 집적회로

■ SOFA(Status Of Forces Agreement): 한·미행정협정

■ SLBM(Submarine Launching Ballistic Missile): 잠수한 적재미사일

■ Smog**: Smoke+Fog, 연무현상

■ Soap Opera: 멜로드라마

■ Socialist International: 국제 사회주의자

■ Software*: 데이터처리 시스템의 운용에 관계하는 컴퓨터 프로그램의 총칭

■ SONAR(Sound Navigation and Ranging)*: 수중초음파 탐지기

■ SSA(Social Security Act): 사회보장법

■ Stagflation*: 불황 속의 인플레이션

■ START(Strategic Arms Reduction Talks)**: 전략무기감축협상(SALT
  II의 변경 명칭)

■ SUNFED(Special United Nations Fund for Economic Development):
  유엔경제개발특별기금

■ Super Bowl*: 「미식축구」 의 최강자를 가리는 승부

■ TAC(Technical Assistance Committee): (유엔의) 기술원조위원회

■ TASS(Telegrafnoie Agenstvo Sovietskayo Soyuza): <러>
  소련국영통신사

■ TC(Traveler's Check)*: 여행자수표

■ TGV(Train A Grande Vitesse): 프랑스의 고속전철

- TOEFL(Testing of English as a Foreign Language): 토플
- TOEIC(Test of English for International Communication): 국제 커뮤니케이션을 위한 영어 능력 테스트
- TVA(Ten nesse Valley Authority)**: 테네시강 유역 개발공사
- UCC(Universal Copyright Conention): 세계저작권조약
- ULSI(Ultra Large Scale Intergration): 극초대규모 집적회로
- UN(United Nations): 국제연합
- UNAC(United Nations Atomic Commission): 유엔 원자력위원회
- UNCHE*: 유엔 인간환경회의
- UNCIO(United Nations Conference on International Organization): 유엔 국제기구회의
- UNCTAD(United Nations Conference on Trade And Development)*: 유엔 무역개발회의
- UNESCO(United Nations Educational, Scientific and Cultural Organization)*: 유엔 교육과학문화기구
- UNGA(United Nations General Assembly): 국제연합총회
- UNICEF(United Nations International Children's Emergency Fund)*: 유엔 국제아동구호기금
- UNSC(United Nations Security Council): 유엔 안전보장이사회
- UPI(United Press International)*: 국제합동통신사(미국)
- UPU(Universal Postal Union)*: 만국우편연합
- USIS(United States Informations Service): 미국 해외공보처(USIA)의 현지기관인 미국공보원 또는 미국문화원
- USSR(the Union of Soviet Socialist Republics)*: 소비에트 사회주의 공화국 연방(구 소련)
- USTR(Office of the United States Trade Representative): 미국통상대표부

- VAN(Value Added Network): 부가가치통신망

- VAT(Value Added Tax): 가치공학

- Velodrome*: 트랙이 경사진 사이클 경기장

- Venture Capital*: 창조적 기업의 모험자본

- Veto*: 거부권

- VHF(Very High Frequency): 초단파

- VIC(Very Important City): (공격목표로서의) 최중요 도시

- VIP(Very Important Person)**: 중요인물·국빈·내빈

- Visa*: 입국허가증, 입국사증

- VLSI(Very Large Scale Integration): 초대규모집적회로

- VOA(Voice Of America)*: 「미국의 소리」방송

- VP(Vice-President): 부통령

- VRS(Video Response System): 화상응답시스템

- VTR(Video Tape Recording)*: 녹화재생장치

- Wall Street*: 미국 경제·금융의 심장부인 동시에 세계 금융의 중심가

- WACL(World Anti-Communist League)*: 세계반공연맹

- WASP(Whit with Anglo Saxon Protestant): 현대 미국사회의 주류를
  형성하는 정통적 미국인을 지칭하는 말

- WBA(World Boxing Association)*: 세계 권투협회

- WBC(World Boxing Council): 세계권투평의회

- WFTU(World Federation of Trade Unions): 세계노동조합연맹

- White Color*: 신중간층 봉급생활자

- WHO(World Health Organization): 세계보건기구

- WIPO(World Intellectual Property Organization): 세계지적소유권기구

- WMO(World Meteorological Organization): 세계기상기구

- WTO(World Trade Organization): 세계무역기구

- WTO(Warsaw Treaty Organization): 바르샤바조약기구

- WVF(World Veterans Federation): 세계재향군인연맹

- YMCA(Young Men's Christian Association)*: 기독교청년회

- YWCA(Young Women's Christian Association)*: 기독교여자청년회

- ZD운동(Zero Defects)*: 무결점운동(無缺點運動)

2. 숫자정리

■ 3자정리

- **3B정책**　베를린, 비잔티움, 바그다드를 연결하는 철도 부설 정책
- **3C정책**　영국의 제국주의 정책으로 카이로, 케이프타운, 캘커다를 연결하는 아프리카 종단정책
- **3C혁명**　계산(Computation), 제어(Control), 통신(Communication)
- **3D업종**　Dirty, Difficult, Dangerous
- **3F**　여성(Femail), 감성(Feeling), 가상(Fiction)
- **3I산업**　지적산업(Intellectual), 복합산업(Integration), 정보산업(Information)
- **3R**　우루과이라운드(UR), 그린라운드(GR), 테크놀로지라운드(TR)
- **3S운동**　생산성 향상운동의 하나. 표준화(standardization) · 단순화(simplification) · 전문화(specialization)
- **3강**　군위신강, 부위자강, 부위부강
- **3고(高)현상**　고유가, 고달러, 고금리
- **3권분립**　입법, 행정, 사법
- **3대 교향곡**　베토벤〈운명〉, 슈베르트〈미완성교향곡〉, 차이코프스키〈비창〉
- **3저 현상**　저유가, 저금리, 저달러
- **3정승**　영의정, 좌의정, 우의정
- **3통정책**　통상, 통행, 통신을 요구하는 정책
- **3포**　제포, 부산포, 염포
- **3학사**　윤집, 오달제, 홍익환
- **3현(絃)**　거문고, 가야금, 당비파
- **국민의 3대의무**　납세의 의무, 국방의 의무, 교육의 의무
- **노동3권**　단결권, 단체교섭권, 단체행동권
- **노동3법**　근로기준법, 노동조합법, 노동쟁의조정법
- **당3역**　사무총장, 원내총무, 정책위원장
- **도시문제의 3P**　Population(인구), Poverty(빈곤), Poullution(오염)
- **르네상스시대 3대발명품**　나침반, 화약, 인쇄술
- **민주정치의 3대원리**　국민주권, 입헌주의, 권력분립
- **붓글씨 서체의 3체**　해서, 행서, 초서

- **삼경**　시경(詩經), 서경(書經), 주역(周易)
- **색의 3원색**　빨강, 노랑, 파랑
- **색채의 3속성**　명도, 채도, 색상
- **생산의 3요소**　토지, 노동, 자본
- **세계 3대 강풍**　태풍, 허리케인, 사이클론
- **세계 3대 단편소설가**　에드거 앨런 포우, 모파상, 안톤 체홉
- **세계 3대 박물관**　대영박물관, 루부르박물관, 바티칸박물관
- **세계 3대 법전**　함부라비법전, 유스티아누스법전, 나폴레옹법전
- **세계 3대 사막**　사하라, 아라비아, 고비
- **세계 3대 섬**　그린란드, 뉴우기니, 보르네오
- **세계 3대 성인**　예수, 석가, 공자
- **세계 3대 영화제**　베니스 영화제, 베를린 영화제, 칸느 영화제
- **세계 3대 유종(油種)**　서부텍사스 중질유, 브렌트유, 두바이유
- **세계 3대 종교**　그리스도교, 불교, 이슬람교
- **세계 3대 해협**　마젤란, 지브로올터, 몰타
- **소설의 3요소**　주제, 구성, 문체
- **야구의 3관왕**　수위타자, 홈런왕, 타점왕
- **연극의 3요소**　배우, 희곡, 관객
- **우리나라 3대 단편 작가**　현진건, 이효석, 김동리
- **우리나라 3대 섬**　제주도, 거제도, 진도
- **우리나라 3대 악성**　옥보고, 우륵, 백결
- **우리나라의 3대 시조집**　청구영언, 해동가요, 가곡원류
- **운동의 3가지 법칙**　관성의 법칙, 가속도의 법칙, 작용ㆍ반작용의 법칙
- **인류의 3대 발명품**　화폐, 문자, 케네의 경제표
- **자유주의 3대 원칙**　사유재산제도, 영리주의, 자유경쟁제도
- **조선시대 3대 화가**　안견(초기), 김홍도(중기), 장승업(후기)
- **주식회사의 3대 기관**　주주총회, 감사, 이사회
- **청록파 3시인**　박목월, 박두진, 조지훈
- **칸트의 3대 비판서**　순수이성 비판, 판단력 비판, 실천이성 비판
- **판소리의 3요소**　고수, 광대, 청중
- **프랑스 혁명의 3대 정신**　자유, 평등, 박애
- **현악3중주**　바이올린, 비올라, 첼로
- **힘의3요소**　크기, 방향, 작용점

■ 4자 정리

- **4D**   Dirty, Difficult, Dangerous, Distant
- **4F시대**   식량(Food), 무기(Fire), 연료(Fuel), 비료(Fertilizer)
- **4H**   두뇌(Head), 손(Hand), 마음(Heart), 건강(Health)
- **4차 산업**   정보, 의료, 교육, 서비스 산업 등 지식집약산업의 총칭
- **MRA(도덕재무장운동)의 4대 목표**   절대 무사, 절대 애정, 절대 정직, 절대 순결
- **경기변동의 4국면**   호경기, 쇠퇴기, 불경기, 회복기
- **경영관리면에서 4M**   사람(Man), 돈(Money), 재료(Material), 기계(Machine)
- **경제 4단체**   대한상공회의소, 전국경제인연합회, 한국무역협회, 중소기업협동조합중앙회
- **경제의 4측면**   생산, 분배, 교환, 소비
- **국민의 4대 의무**   납세의 의무, 국방의 의무, 교육의 의무, 근로의 의무
- **노인의 4고(苦)**   고독, 질병, 빈곤, 무위
- **동양화의 4군자**   매화, 난초, 국화, 대나무
- **맹자의 4단**   측은지심(惻隱之心), 수오지심(羞惡之心), 사양지심(辭讓之心), 시비지심(是非之心)
- **문방사우**   붓, 먹, 벼루, 종이
- **미국의 4대 방송회사**   NBC, CBS, ABC, MBS
- **사물놀이에 쓰이는 4가지 악기**   꽹과리, 징, 북, 장구
- **생산의 4요소**   자연, 노동, 자본, 경영
- **선거의 기본4원칙**   보통선거, 평등선거, 비밀선거, 직접선거
- **세계 4대 문명 발상지**   황하문명, 인더스문명, 메소포타미아문명, 이집트문명
- **세계 4대 어장**   북대서양어장, 뉴펀들랜드어장, 북태평양동안어장, 북태평양서안어장
- **세계 4대 통신사**   AP, UPI, AFP, reuters
- **셰익스피어의 4대 비극**   리어왕, 맥베스, 오셀로, 햄릿
- **스미스의 조세의 4원칙**   공평의 원칙, 명확의 원칙, 경비절약의 원칙, 편의의 원칙
- **신문의 4대 기능**   보도, 해설, 비판, 계도
- **신품4현**   김생, 탄연, 최우, 유신
- **언론의 4이론**   권위주의 이론, 자유주의 이론, 소비에트공산주의이론, 사회책임주의이론
- **예산의 4단계 절차**   예산편성 → 예산심의 → 예산집행 → 회계감사
- **외교의 4C**   신뢰(Credit), 자신(Confidence), 배려(Consideration), 타협

(Compromise)

- **제4공포**   핵, 전쟁, 암, AIDS
- **조선시대의 4대 사화**   무오사화, 갑자사화, 기묘사화, 을사사화
- **중국의 4대 기서**   삼국지연의, 서유기, 수호지, 금병매
- **플라톤의 4주덕**   지혜, 용기, 절제, 정의
- **현대사회의 4Mass**   대량생산, 대량판매, 대량소비, 대량전달
- **현악4중주**   제1바이올린, 제2바이올린, 비올라, 첼로

■ 5자 정리

- **근대 5종 경기**   마술, 펜싱, 사격, 수영, 육상
- **세속5계**   사군이충(事君以忠), 사친이효(事親以孝), 교우이신(交友以信), 임전무퇴(臨戰無退), 살생유택(殺生有擇)
- **5고(苦)**   인생의 다섯가지 괴로움, 생(生), 노(老), 병(病), 사(死), 옥(獄)
- **5경(經)**   시경(詩經), 서경(書經), 주역(周易), 예기(禮記), 춘추(春秋)
- **5대 사회악**   궁핍, 질병, 무지, 불결, 태만
- **오대양**   태평양, 대서양, 인도양, 남빙양, 북빙양
- **5곡**   궁핍, 질병, 무지, 불결, 태만
- **5색**   청색, 황색, 백색, 적색, 흑색
- **5군영**   훈련도감, 어영청, 총융청, 수어청, 금위영
- **북한의 5대 혁명 가극**   〈피바다〉, 〈꽃 파는 처녀〉, 〈금강산의 노래〉, 〈당의 참된 딸〉, 〈밀림아 이야기 하라〉
- **여자 5종 경기**   (1일) 포환던지기, 높이뛰기, 200미터경주, (2일) 800미터 허들, 넓이뛰기
- **남자 5종 경기**   넓이 뛰기, 창던지기, 200미터 경주, 원반던지기, 1,500미터 경주

■ 기타

- **육법(六法)**   헌법, 민법, 형법, 상법, 민사소송법, 형사소송법
- **육각(六角)**   북, 장구, 해금, 피리 및 태평소 한 쌍
- **육친(六親)**   부(父), 모(母), 형(兄), 제(弟), 처(妻), 자(子)
- **7정**   희(喜), 노(老), 애(哀), 락(樂), 애(愛), 오(惡), 욕(欲)
- **칠거지악**   아내를 내쫓는 이유의 일곱가지. 불순구고(不順舅姑), 무자(無子), 음행(淫行), 질투(嫉妬), 악질(惡疾), 구설(口舌), 도절(盜竊)
- **팔도(八道)**   경기도, 충청도, 경상도, 전라도, 강원도, 황해도, 평안도, 함경도
- **팔절(八節)**   입춘, 춘분, 입하, 하지, 입추, 추분, 입동, 동지

3일만에 끝내는
단골출제
상식

TEST

2

01 EU에 속하는 나라가 아닌 것은? | 근로복지공단

① 영 국 ② 스웨덴
③ 스위스 ④ 프랑스

02 레임덕 현상이란? | 대구지하철

① 군소정당의 이합집산현상
② 선진국과 후진국 사이에 나타나는 경제적 갈등현상
③ 집권자의 임기후반에 나타나는 정치적 약화현상
④ 외채상환이 어렵게 된 후진국의 경제혼란현상

》》》레임덕 현상이란 '임기말 권력 누수현상'을 말합니다. 레임 덕(lame duck) 즉 '절름발이 오리'라는 뜻에서 임기(任期)가 남아 있는 낙선(落選) 의원이나 임기 만료를 앞둔 대통령에게 나타나는 현상입니다. 이는 미국 남북전쟁 때부터 사용된 말로서, 재선에 실패한 현직 대통령이 남은 임기 동안 마치 뒤뚱거리며 걷는 오리처럼 정책집행(政策執行)에 일관성이 없다는 데서 생겨난 말입니다.

03 선거구에서 인구 10만과 인구 40만이 각각 1명의 의원을 선출하면, 선거의 어떤 원칙에 위배되는가?

① 보통선거 ② 평등선거
③ 직접선거 ④ 비밀선거

》》》보통선거는 만 20살이 되면 누구나 선거에 참여할 수 있는 선거제도를 말하고, 평등선거는 모든 성인에게 한표씩 선거권을 주는 선거제도 혹은 모든 투표의 가치를 차별없이 동일하게 인정하는 원칙이며, 직접선거는 선거권을 가진 모든 국민이 직접 입후보자들에게 투표를 하는 원칙을 말합니다. 비밀선거는 투표를 한 사람이 누구에게 투표하였는지 모르게 투표하는 선거제도를 의미합니다. 따라서 설문의 경우 인구수가 많은 40만의 투표권의 가치가 10만의 투표권의 가치보다 더 열등하게 되므로 투표의 가치에 차별을 두는 결과가 되어 평등선거에 어긋납니다.

04 2004년 4월 15일날(선거당일) 선거운동을 할 수 있는 사람은? | 국민연금

① 지방의원
② 미성년자
③ 국내에 거주하지 않는자
④ 정무직공무원

〉〉〉지방의원과 국회의원을 제외한 정무직공무원은 선거운동을 할 수 없습니다.

05 정당과 압력단체에 대한 설명으로 옳은 것은?　　　| 국민연금

① 정당은 정책결정권이 있고, 압력단체는 없다.
② 정당과 압력단체는 혼란을 야기시킬 수 있다.
③ 정당은 정치적 책임이 있고, 압력단체는 없다.
④ 정당은 국가 전체의 이익을 위해, 압력단체는 특정집단 목표 위해 일한다.

〉〉〉이익집단(압력단체)과 정당의 가장 큰 차이점은 이익집단은 집단의 특수이익의 추구에 관심이 있지 정권획득에는 관심이 없다는 점이고 정당은 사회 성원들에게 영향을 끼치는 모든 쟁점과 문제 영역에 관심을 갖고 정권을 획득하는 것을 목표로 한다는 점에 있습니다. 따라서 압력단체에 정책결정권이 인정되지 않습니다. 아래표를 통해 정당과 이익집단을 비교하여 볼 수 있습니다.

참고

구 분	이익집단(압력단체)	정 당
목적	자신들이 추구하는 특수한 이익 실현	정권의 획득
기능	사회의 다양한 이익을 표출	국민의 뜻 대변하여 전체 국민 위한 정책 마련
정치적 책임	없음	있음
예	노동조합, 대한약사회, 대한 변호사협회, 전국 경제인 연합회, 상공 회의소 등	민주당, 민주노동당, 자유선진당, 한나라당 등

1.③　2.③　3.②　4.①　5.①

01 국가적 공권은?　　　　　　　　　　　　　　　| 국민연금

① 선거권　　　　　　　　② 국민투표권
③ 청원권　　　　　　　　④ 공용징수권

>>>공권(公權)이란 공법상의 권리를 말하고 크게 국가적 공권과 개인적 공권으로 구별됩니다. 국가적 공권은 국가나 공공 단체가 가지는 공권으로 형벌권, 경찰권, 공용징수권 등이 있고, 개인적 공권이란 개개의 국민이 가지는 공권으로 자유권, 수익권, 참정권 등이 있습니다.

02 정당의 해산을 헌법재판소에 제소할 수 있는 기관은?　　　| 국민연금

① 정 부　　　　　　　　② 법 원
③ 중앙선관위　　　　　　④ 헌법재판소

>>>헌법에는 정당의 설립은 자유이고 정당은 그 목적·조직·활동이 민주적이어야 하며, 법률이 정한 바에 의하여 국가의 보호를 받습니다. 다만 정당의 목적이나 활동이 민주적 기본질서에 위배될 때에는 정부는 헌법재판소에 그 해산을 제소할 수 있고, 정당은 헌법재판소의 판결에 의하여 해산된다고 규정하였습니다.

03 대통령의 권한 중 동의가 필요하지 않는 것은?　　　　　| 대구지하철

① 계엄선포　　　　　　　② 국군의 해외파견
③ 외국군대의 주둔　　　　④ 국채모집

>>>계엄선포는 국회에 동의 사항이 아니라 통고사항입니다. 대통령의 권한 중 동의가 필요한 것은 1) 대법원장·국무총리·헌법재판소장·감사원장·대법관의 임명시 2) 긴급 명령권 및 긴급 재정·경제 처분 및 명령권 3) 국채 모집 4) 예비비 설치 5) 예산 외의 국가 부담이 될 계약의 체결 6) 국군의 해외 파견 7) 외국 군대의 국내 주둔시에 동의가 필요합니다.

04 헌법재판소에 대한 설명으로 틀린 것은?　　　　　　　| 대구지하철

① 법관자격 9인의 재판관으로 구성된다.
② 임기는 6년이며 연임가능하다.
③ 탄핵, 금고 이상의 형을 당하지 않는 한 임기 중 파면할 수 없다.
④ 모든 명령은 국회의 제소에 따라 출석위원 6인 이상의 찬성이 있어야 한다.

>>> 재판관은 9인으로 구성되어 있고, 헌법재판소 재판관의 임기는 6년으로 하며, 법률이 정하는 바에 의하여 연임할 수 있습니다. 헌법재판소 재판관은 탄핵 또는 금고 이상의 형의 선고에 의하지 아니하고는 파면되지 아니합니다(헌법 제113조).

05 소액사건 심판가액이 얼마인가?

① 2,000만원 ② 1,000만원
③ 3,000만원 ④ 5,00만원

>>> 단독사건 가액 5,000만원, 소액심판의 소가는 2,000만원 이하입니다.

06 장기 5년 미만인 징역에 해당하는 공소시효는?

① 1년 ② 3년
③ 5년 ④ 7년

>>> 형사소송법 제249조 (공소시효의 기간);2008년 형사소송법 개정
  1. 사형에 해당하는 범죄에는 25년
  2. 무기징역 또는 무기금고에 해당하는 범죄에는 15년
  3. 장기10년 이상의 징역 또는 금고에 해당하는 범죄에는 10년
  4. 장기10년 미만의 징역 또는 금고에 해당하는 범죄에는 7년
  5. 장기5년 미만의 징역 또는 금고, 장기10년이상의 자격정지 또는 다액 1만원 이상의 벌금에 해당하는 범죄에는 5년
  6. 장기5년 이상의 자격정지에 해당하는 범죄에는 3년
  7. 장기5년 미만의 자격정지, 다액 1만원 미만의 벌금, 구류, 과료 또는 몰수에 해당하는 범죄에는 1년

07 사형에 해당하는 범죄의 공소시효는?

① 25년 ② 15년
③ 10년 ④ 7년

>>> 1. 사형에 해당하는 범죄에는 25년

1.④ 2.① 3.① 4.④ 5.① 6.③ 7.①

01 사인의 공법행위가 아닌 것은?　

① 공무원임명에 동의
② 국유재산매각
③ 혼인신고
④ 공용징수행위

>>>사인의 공법행위의 종류에 대해 살펴보면, 1) 지위에 따라 분류하면, ⅰ) 투표, 소득세 원천징수, 별정우체국장, 상선의 선장의 행위와 같은 '행정주체의 기관으로서의 행위'가 있으며, ⅱ) 각종 신고, 신청, 청원, 동의와 같은 '행정주체의 상대방으로서의 지위'에서의 행위가 있습니다. 2) 행위의 성질에 따라 분류하면, ⅰ) 수개의 의사가 결합되어 하나의 의사표시를 구성하는가에 따라 단순행위(신고·신청)와 합성행위(투표)로 나눌 수 있으며, ⅱ) 하나의 의사표시에 의하는가 아니면 2개 이상의 의사표시의 합치에 의하여 성립하는가에 따라 단독행위(출생신고·혼인신고·의사의 개업신고 등)와 쌍방행위(공법상의 계약, 합동행위)로 나눌 수 있습니다. 3) 독자적으로 법적 효과를 발생하는가의 여부에 따라, 자체완성적 공법행위와 행정요건적 공법행위로 나눌 수 있습니다. ⅰ) 자체완성적 공법행위는 사인의 공법행위가 그 자체로서 법률효과를 완성시키는 것이지만(투표행위, 신고, 합동행위), ⅱ) 행정요건적 공법행위는 행정주체가 어떤 공법행위를 행하기 위한 동기·요건이 되거나 또는 일방당사자의 의사표시에 그치는 경우(신청, 출원, 동의, 승낙, 협의)를 말합니다. 따라서 설문에서 국유재산 매각행위는 사인의 공법행위에 해당하지 않습니다.

02 원칙적으로 무효인 법률행위가 아닌 것은?　

① 사회질서에 반하는 행위
② 금치산자의 행위
③ 통정허위표시
④ 불공정한 행위

>>>원칙적 무효인 법률행위란 의사무능력자의 법률행위, 사회질서행위(민법 제103조), 통정허위표시(제108조), 불공정행위(제104조) 등 사법상 무효행위를 말합니다. 그러나 행위무능력자인 금치산자의 법률행위는 취소의 대상일 뿐 원칙상 무효행위는 아닙니다.

03 등기를 할 수 없는 것은?　

① 권리질권
② 임차권
③ 지상권
④ 부동산 유치권

>>>유치권은 등기부에 등기할 수 없는 권리로서 사실상 부동산을 유치함으로써 성립되는 권리입니다.

04 우리나라에서 의원내각제적 요소가 아닌 것은? | 국민연금

① 대통령의 국회 해산권
② 대통령의 법률안 제안권
③ 대통령의 법률안 거부권
④ 대통령의 국군통수권

>>>국회에서 법률을 통과시키려면 법률을 만들어서 통과시켜달라고 제출하는(이걸 법률안 제출권이라고 해요.) 사람들이 있어야겠지요? 원래 미국과 같은 대통령 중심제 국가에서는 국회의원만 그걸 합니다. 그런데 우리나라는 대통령에게도 법률안 제출권이 있습니다. 의원내각제 국가에서는 내각(우리나라 행정부)에게도 법률안 제출권이 있지요. 그러니까 우리나라 대통령 중심제는 의원내각제의 요소도 함께 있는 것입니다. 이것 외에도 의원내각제적 요소로 들 수 있는 것은 1) 국무총리 제도 2) 각료의 국회발언권 3) 각료 임명동의권 4) 국회의 국무총리 국무위원 해임 건의가능 5) 국회에 탄핵소추를 발동할 수 있는 권한 부여 6) 군통수권 역시 의원내각제하의 수상의 권리등 입니다.

05 다음 중 항고가 아닌 것은? | 코바코

① 재 심   ② 준항고
③ 비약상고   ④ 긴급항소

>>>재심은 확정된 판결(종국판결)에 대하여 일정한 사유가 있을 때에 당사자 및 기타 청구권자의 청구에 의하여 그 판결의 당부(當否)를 다시 심리하는 절차를 말합니다. 항고는 종국판결(終局判決) 전의 재판을 말합니다.

06 선진국형 인구모형은? | 근로복지공단

① 종 형   ② 방추형
③ 표주박형   ④ 피라미드형

>>>종형은 선진국형이고, 방추형은 인구 감소형입니다.

1.② 2.② 3.④ 4.③ 5.① 6.①

01 우리나라에서 최초로 시행한 보험은?　　　　　　　　　　| 근로복지공단

① 산재보험　　　　　　　② 국민연금
③ 고용보험　　　　　　　④ 건강보험

>>>산재보험은 1963년도에 도입된 이래, 사업장에서 업무수행의 사고를 당한 경우에 사업주를 대신하여 국가가 보상해주는 방식의 가장 오래된 보험입니다.

02 국제기구 이름 중 틀린 것은?　　　　　　　　　　　| 근로복지공단

① UNESCO – 국제연합교육과학문화기구
② IAEA – 국제원자력기구
③ ICPO – 국제민간항공협회
④ WIPO –국제지적재산권협회

>>>ICPO는 국제형사경찰기구입니다. 국제민간항공기구는 ICAO입니다.

03 부모의 돈으로 흥청망청하는 오렌지족과는 달리 자기힘으로 벌어서 알뜰하게 소비생활을 즐기는 유형은?　　　　　　| 대구지하철

① 우피족　　　　　　　② 댄디족
③ 체리족　　　　　　　④ 딩크족

>>>댄디족은 오렌지족과는 달리 부모의 돈이 아니라 자기가 벌어 센스있는 소비생활을 즐기는 젊은 남자들을 말합니다. 주로 20-30대의 방송 · 광고 · 이벤트프로듀서, 컴퓨터 그래픽 디자이너 같은 전문직 종사자들이 대부분입니다. 체리족은 여자와 마주 앉으면 어찌할 바를 모르는 여자 기피증에 시달리는 남자로 손만 대면 툭 하고 터질 것만 같은 체리에 비유하여 그 나약함을 꼬집은 별칭입니다. 우피(Woopie)족은 자식들에게 신세지지 않고 자신들이 벌어 놓은 돈으로 풍족한 노후 생활을 하는 노인들을 일컫습니다. 딩크족은 정상적인 부부생활을 영위하면서 의도적으로 자녀를 두지 않는 맞벌이부부를 일컫는 용어입니다.

04 칼 마르크스가 말하는 산업예비군은 오늘날 어떤 실업 유형과 가장 가까운가?　　　　　| 근로복지공단

① 불완전 실업　　　　　　② 기술적 실업
③ 계절적 실업　　　　　　④ 잠재적 실업

>>>칼마르크스의 산업예비군이란 일자리가 없어서 실업한 사람 즉 자본주의적 사업에서 기계의 도입
및 개량의 결과로 생긴 실업 노동자군으로, 과잉노동인구를 말합니다. 즉 산업기술의 발달에 따라
서 발생하는 실업인 기술적 실업과 유사한 개념입니다.

05 우수두뇌를 국가예산으로서 유치하여 대학 등에 투자해서 연구소에 파견을
보내는 것은?

① 브레인 풀　　　　　　　② 석좌제도
③ 싱크탱크　　　　　　　④ 브레인 스카웃

>>>정부주도로 해외 고급두뇌를 끌어오기 위한 제도를 '브레인 풀'이라고 합니다.

06 파업시 직권조정의 대상 아닌 것은?

① 철 도　　　　　　　　② 병 원
③ 건설회사　　　　　　　④ 가스, 수도

>>>직권중재제도에서 직권중재란 철도(지하철 포함)·수도·전기·가스·정유·병원·통신·한국은행
등 국민생활에 중대한 영향을 끼치는 필수공익사업장에서 노동쟁의가 발생할 경우 노동위원회가
직권으로 중재에 회부하는 제도입니다. 중재에 회부되면 그 날부터 파업이 금지될 뿐 아니라 노동
위원회의 중재안을 무조건 받아들여야 하므로 사실상 합법적 파업이 불가능해 노동계에서는 그동
안 불법파업을 양산하는 악법조항이라고 폐지를 주장해왔습니다. 설문에서 건설회사는 직권중재의
대상이 아닙니다.

07 산업구조가 고도화되고 기술 혁신이 급격해 짐에 따라 낮은 기술 수준의 기
능인력에 대한 수요가 적어지고 직장을 잃는 것은?

① 구조적 실업　　　　　　② 마찰적 실업
③ 경기적 실업　　　　　　④ 비자발적 실업

>>>산업구조 고도화에 따른 실업을 구조적 실업이라고 하고 이는 칼 마르크스의 산업예비군 개념과
유사합니다.

1.① 　2.③ 　3.② 　4.② 　5.① 　6.③ 　7.①

01 노인의 4고(苦)가 아닌 것은?　　　　　　　　　　　　　| 국민연금

① 무 지　　　　　　　　② 빈 곤
③ 질 병　　　　　　　　④ 고 독

》》》노인 4고는 빈곤, 질병, 고독, 역할상실입니다.

02 손에 기름을 묻히는 것도 아니고, 서류에만 매달리는 것도 아닌 컴퓨터 세대
를 일컫는 말은?　　　　　　　　　　　　　　　　　　| 근로복지공단

① 논칼라 세대　　　　　　② 블루칼라 세대
③ 골드칼라 세대　　　　　④ 화이트칼라 세대

》》》보통 노동자 그룹을 블루칼라라고 합니다. 골드칼라 세대는 두뇌와 정보로 정보화사회를 이끄는 고
도 전문직 종사자로 창의적인 일로 부가가치를 낳는 인재를 통칭하는 말입니다. 화이트칼라는 사무
직 세대를 통칭해 일컫습니다.

03 산의 높이를 표시할 때 해발 몇 M 라고 표시한다. 그럼 우리나라의 해발기
준점은?　　　　　　　　　　　　　　　　　　　　| 대구지하철

① 목 포　　　　　　　　② 속 초
③ 부 산　　　　　　　　④ 인 천

》》》높이의 기준면을 설정하기 위하여 1914년부터 1916년까지 인천항에서 조위측정을 시행하여 평균
해수면을 선정하여 이를 기준으로 수준깃점(인천광역시 남구 용현동 253번지 인하공업전문대학내)
의 높이를 결정하여 잠정적으로 국토의 표고 기준차로 이용하고 있습니다.

04 태풍위원회에서는 2000년도부터 각 나라로부터 태풍의 명칭을 적어내라 하
였는데 이때 북한이 처음으로 제출한 순우리말인 태풍이름은?| 대구지하철

① 개 미　　　　　　　　② 제 비
③ 기 러 기　　　　　　④ 나 리

》》》북한이 제출한 태풍이름은 기러기, 도라지, 갈매기, 매미, 메아리, 소나무, 버드나무, 봉선화, 민들
레, 날개 등 10개 이름이며 이중 북한이 처음으로 제출한 것은 기러기 입니다.

05 GMO 규제와 관련한 의정서는?

| 서울시 농수산물 공사

① 교토의정서　　　　　　② 몬트리올 의정서
③ 코펜하겐　　　　　　　④ 생명공학안정의정서

>>> 생명공학안정의정서의 표시기준은 2000년 1월 UN의 생물다양성협약특별당사국총회에서 채택된 〈생명공학안전의정서〉에 유전자변형농산물의 국가간 교역시 유전자변형농산물의 포함가능성을 표시토록 하고 있어 이에 부합하는 표시기준을 마련하였습니다. 교토의정서는 기후변화협약에 따른 온실가스 감축목표에 관한 의정서입니다. 코펜하겐은 몬트리올 의정서 4차회의를 말합니다.

06 환경계의 노벨상은?

| 근로복지공단

① 글로벌 500　　　　　　② 람사협약
③ 환경영향평가제도　　　④ 런던협약

>>> 글로벌 500은 유엔환경계획(UNEP)이 선정하는 환경사절 위촉제도입니다. 람사협약은 물새서식지로 중요한 습지보호에 관한 협약이고, 런던협약은 폐기물의 해양투기를 방지하기 위한 국제협약입니다. 지문에는 없지만 골드만상 역시 환경 노벨상으로 불립니다.

07 도심의 기온이 주변온도보다 높은 현상은?

| 대구지하철

① 열섬현상　　　　　　　② 오존현상
③ 백화현상　　　　　　　④ 부영양화현상

>>> 열섬현상은 인공열이나 대기오염으로 인해 도시의 기온이 교외보다 높아지는 현상을 지칭합니다.

08 환경관련 국제 협약과 잘못 연결된 것은?

| 인천국제공항공사

① 몬트리올 의정서 – 오존층 파괴물질의 규제에 관한 국제협약
② 바젤협약 – 유해폐기물의 국가간 이동 및 처리에 관한 국제협약
③ 람사협약 – 물새 서식지로서 특히 국제적으로 중요한 습지에 관한 협약
④ 런던협약 – 세계적으로 멸종 위기에 처한 야생 동·식물의 상업적인 국제거래를 규제하고 생태계를 보호하기 위하여 채택된 협약

>>> ④의 내용은 워싱턴 협약(CITES)입니다. 런던협약은 폐기물이나 다른 물질의 투기를 규제하는 해양오염 방지조약입니다.

1.① 　2.① 　3.④ 　4.③ 　5.④ 　6.① 　7.① 　8.④

01 고구려 역사를 중심으로 서술 한 역사서로 고구려의 역사를 만주지역까지 확대하여 반도중심 사관을 극복한 학자와 그 연결이 맞는 것은? | 근로복지공단

① 박은식 – 한국통사 　　② 서기 – 사마천
③ 이종휘 – 동사 　　　　④ 정약용 – 경세유표

>>> 이종휘는 〈동사〉에서 고조선과 삼한, 부여와 고구려 계통의 역사와 문화를 기전체로 정리하였습니다. 이 책에서 그는 부여와 고구려 등 만주에 세웠던 나라들을 단군의 후예로 인식하고 발해를 고구려의 후계자로 인정하였습니다.

02 신민회와 관련 없는 것은? | 근로복지공단

① 애국계몽운동
② 105인 사건
③ 비밀결사단체
④ 민족주의, 사회주의의 결합

>>> 민족주의 사회주의의 결합은 좌우합작으로 알려진 신간회에 관한 설명입니다.

03 독서삼품과의 설명으로 틀린 것은? | 대구지하철

① 통일신라시대의 관리등용으로 독서출신과라고도 한다.
② 원성왕 때에 대학감 내에 설치한 제도이다.
③ 골품제도 때문에 제기능을 발휘하지 못했다.
④ 학생들의 독서능력에 따른 능력본위의 선발제도이다.

>>> 원성왕 4년에 유교정치사상에 입각한 정치운영을 목적으로 국학(國學) 내에 설치하였습니다.

04 삼별초가 아닌 것은? | 한국전력공사

① 별기군 　　　　② 좌별초
③ 우별초 　　　　④ 신기군

>>> 별기군은 조선 후기에 두었던 신식군대를 말합니다.

05 정약용이 지은 저서 중 관료의 지침이 되는 책은? 근로복지공단

① 목민심서 ② 경세유표
③ 흠흠신서 ④ 마과회통

>>>마과회통은 조선 후기에 간행된 마진(麻疹)에 관한 의서로 6권 3책입니다. 1798년(정종 22)에 정약용에 의하여 편술되었습니다. 이 책은 우리나라 마진학의 최고봉이라는 평을 들었는데, 마진치료에 대한 수준이 상당히 발전되어 있었다는 것은 자랑할 만합니다. 목민심서는 목민관, 즉 수령이 지켜야 할 지침(指針)을 밝히면서 관리들의 폭정을 비판한 정약용의 저서입니다. 지방 수령이 백성을 다스리는 방법과 갖추어야 할 기본 자세를 조목조목 적고 있습니다.
경세유표(經世遺表)에서 '경세' 란 극가 제도의 골격을 세워 운영함으로써 나라는 새롭게 하겠다는 뜻이며 '유표'는 신하가 죽으면서 임금에게 올리는 글이라는 의미입니다. 즉 경세유표는 다산의 학문을 총 결집한 국가개혁론이라고 할 수 있습니다. 흠흠심서는 우리 나라 최초의 법률 연구서이며, 동시에 살인사건 재판 실무지침서라 할 수 있다. 따라서 관료의 지침이되는 책은 목민심서입니다. 호치민은 죽을 때 관에 목민심서를 묻어달라고 할 만큼 이 책을 애독했다고 합니다.

06 갑신정변, 동학혁명, 갑오개혁의 공통 개혁사항은? 근로복지공단

① 세재개혁 ② 경찰제 개혁
③ 토지분작 ④ 과거제 폐지

>>>약간씩 차이는 있지만 신분제를 폐지해야 한다는 것이 공통점이라고 볼수 있습니다. 갑신정편은 문벌폐지, 사민평등을 주장했고 동학농민운동은 노비문서 소각, 지벌폐지, 7종천인차별 개선을 주장했으며 갑오개혁은 문벌, 과거제 폐지, 노비해방, 사민평등을 주장했습니다. 갑신정변과 갑오개혁의 공통점은 경찰제의 실시, 재정의 일원화의 주장을 들 수 있고 동학농민운동과 갑오개혁의 공통점은 과부의 개가 허용, 무명잡세의 일체 폐지를 들 수 있습니다. 따라서 설문에서 셋의 공통점을 찾자면 세재개혁이라고 볼 수 있습니다.

07 우리나라 최초의 것들 중 틀린 것은? 서울시 농수산물 공사

① 최초의 장편소설 – 무정
② 최초의 철도 – 경인선
③ 최초의 헌법 – 홍범14조
④ 최초의 조약 – 제물포 조약

>>>최초의 조약은 강화도 조약(1876년)입니다. 제물포 조약은 1882년(고종 19년) 임오군란으로 발생한 일본측의 피해보상문제 등을 다룬 조선과 일본 사이의 조약입니다.

1.③ 2.④ 3.② 4.① 5.① 6.① 7.④

01 미국과 관계없는 지역은? | 근로복지공단

① 거 창 ② 제암리
③ 매향리 ④ 노근리

>>> 제암리는 3·1운동 직후 수원 제암리교회에 불을 지르고 수십 명을 살해한 일본의 만행입니다. 따라서 미국과 관련있는 곳은 아닙니다.

02 D8 그룹에 속하지 않는 나라는? | 대구지하철

① 미얀마 ② 방글라데시
③ 나이지리아 ④ 파키스탄

>>> 이슬람권 8개 개발도상국가가 발족시킨 경제무역 협력기구입니다. 1997년 6월15일 터키, 인도네시아, 말레이시아, 이집트, 이란, 방글라데시, 파키스탄, 나이지리아 등 8개국 정상들이 터키의 보스포러스 북쪽 옛 오스만제국 궁전에서 D8 그룹을 창설하는 이스탄불 선언에 공식 서명했죠.

03 WTO 농산물 협상의제 중 세이프 가드(Safe Guard)란? | 대구지하철

① 수입관세 ② 수입개방
③ 긴급수입제한 ④ 긴급수입품목

>>> 세이프 가드는 외국으로부터의 수입이 급증해 자국 동종 업체들이 중대한 손해를 보게 될 경우 발동하는 긴급수입제한조치입니다.

04 한계소비성향의 크기는? | 대구지하철

① $-\infty <$ 한계소비성향 $< +\infty$
② $-1 <$ 한계소비성향 $< +1$
③ $0 <$ 한계소비성향 < 1
④ $-1 <$ 한계소비성향 $< +\infty$

>>> 소득 중에서 소비에 쓰이는 비율을 소비성향, 저축에 들어가는 비율을 저축성향이라고 하는데 한계소비성향이란 새로 늘어난 소득 중에서 소비에 향하는 비율을 가리킵니다. 일반적으로 소득의 증가분을 Y, 소비의 증가분을 C로 하여 C/Y로 나타냅니다. 따라서 이 값은 0과 1사이의 값을 갖게 됩니다.

05 금융기관들의 자율협약에 따라 신용불량자를 구제해주는 제도는? | 대구지하철

① 개인워크아웃
② 개인파산제도
③ 개인회생제도
④ 배드뱅크

>>>개인워크아웃제도는 2002년 11월 1일부터 시행됐으며 금융기관들의 자율협약에 따라 신용불량자
를 구제하는 것으로 일종의 사적 화의라고 볼 수 있습니다. 모든 채무에 대해 포괄적으로 구제하는
개인회생제도와 달리 개인워크아웃은 신협이나 사채에서 빌린 돈은 구제 대상에서 제외됩니다.

06 용어설명 중 맞는 것은? | 대구지하철

① 머니론더링 – 은행차관
② 모라토리엄 – 지불유예
③ 모럴해저드 – 돈세탁
④ 뱅크론 – 조직상실

>>>머니론더링이란 위법 행위로 얻은 「더러운 자금」이 구좌를 전전하는 가운데 「깨끗한 돈」으로 세탁
(laundering)된다고 하는 의미로 사용됩니다. 모라토리엄은 채무상환을 일시적으로 유예하여 주는
것으로 지불유예가 맞고 뱅크론은 정부나 기업이 개발도상국의 정부나 기업에 대해 대출하는 차관
과는 달리, 개발도상국에 대한 민간경제협력방식의 하나로서 한 나라의 은행이 다른 나라의 금융기
관에 융자하여 상대국의 금융기관으로 하여금 책임을 지고 자국의 기업에 대해 그 자금을 대부하
는 방식을 의미합니다.

07 절대적 희소가치의 박탈상태보다 오히려 전반적 생활수준이 호전되는 상황
에서 생기는 기대수준의 상승에 견주어 상대적 박탈감이 크게 느껴질수록 과
격한 사회적 갈등과 근본적인 구조변동이 발생할 개연성이 크다는 사실에 주
목하여 'J곡선이론'을 전개한 사회이론가는? | 근로복지공단

① 막스 베버　　　　　　② 랄프 다렌돌프
③ 타일러　　　　　　　④ 로렌츠

>>>상대적 박탈감(relative deprivation)이라는 사회심리적 요인이 촌락사회 대중의 사회적 동원 가능
성을 극적으로 높이는 주요 계기로 보는 관점에 대하여는 J.C. Davies가 J 곡선 혁명 이론을 제안
한 바 있고 랄프 다렌도프가 이와 같은 관점에 서있습니다.

1.② 　2.① 　3.③ 　4.③ 　5.① 　6.② 　7.②

01 일정수량한도를 넘으면 관세를 고율로 부과하는 관세는? | 국민연금

① 할당관세 ② 계절관세
③ 탄력관세 ④ 조정관세

〉〉〉할당관세(tariff quota)란 원활한 물자수급을 위하여 특정물품을 수입할 필요가 있는 경우에 일정한 수량까지 수입된 분에 대하여 기본관세율에서 100분의 40에 상당한 율을 감한 율의 범위 내에서 또는 특정한 물품의 수입을 억제할 필요가 있는 경우 일정한 수량을 초과하여 수입되는 분에 대하여 기본관세율에서 100분의 40에 상당한 율을 가산한 율의 범위 내에서 관세를 부과할 수 있도록 한 것입니다.

02 가전제품에 유해전자파를 억제하는 장치가 부착되었다는 품질인정 마크는? | 대구지하철

① SD ② GP
③ EMI ④ GD

〉〉〉EMI(electromagnetic interference)마크는 가전제품에서 발생하는 유해전자파를 억제하는 장치가 부착되었다는 표시입니다. 세탁기·냉장고 등 정보통신부가 심사한 후 합격필증을 붙입니다. GP(good package) 마크는 포장이 뛰어난 상품에 부착하는 마크입니다. GD(good design) 마크는 KS, 품, 검 마크를 얻은 제품 중 디자인이 뛰어난 것에 한국디자인포장센터가 주는 표시입니다.

03 도메인 이름의 구성요소가 아닌 것은? | 대구지하철

① 소속국가 ② 소속기관의 성격
③ 사용자 ID ④ 컴퓨터 이름

〉〉〉도메인 이름의 구성요소는 컴퓨터 이름, 기관 이름, 기관 종류, 국가 등이 구성요소입니다. 예를 들어 www.lawnbook.co.kr 이란 도메인 네임이 있다면 www는 world wide web이란 인터넷 서비스 혹은 컴퓨터 서버의 이름, lawnbook은 법률출판사란 기관 이름, co는 company 혹은 corporate의 약자로 기관이름, kr은 korea의 약자로 국가를 나타냅니다.

04 언제 어느 매체를 통해서나 메시지를 확인할 수 있는 것은? | 국민연금

① SMS ② VMS
③ UMS ④ FMS

>>>UMS(Unified Messaging System)는 음성, 팩스, 전자우편, 이동통신기기를 이용한 다양한 통신 요구를 하나의 시스템에서 전달·저장·통지하는 한편, 각 매체의 고유 형식을 자유로이 변환해 전자우편을 음성·팩스 혹은 문자호출기, PCS의 단문 서비스로 제공할 수 있습니다. SMS는 휴대전화 이용자들이 별도의 부가장비 없이도 짧은 문장을 주고받을 수 있는 문자 서비스로, 단문메시지 서비스라고도 한다.

05 웹 메일(Web mail)의 특징이 아닌 것은? | 국민연금

① 이동이 많은 사람이 사용하기 유리하다.
② 가입해야 하고, 이용요금을 부담해야 한다.
③ 일반 브러우저를 통해 이용할 수 있다.
④ 메일서버와 같은 환경을 설정해 줄 필요가 없다.

>>>한메일이나 라이코스 메일 같은 것을 생각하시면 됩니다.

06 비행기, 차, 열차 등에 유무선으로 연결해서 날씨 등의 정보를 주는 무선데이터서비스는? | 국민연금

① 네비게이션   ② 텔레메틱스
③ 텔레미터링   ④ GPS

>>>텔레메틱스(Telematics)라는 말 자체의 정의는 통신(Telecommunication)과 정보과학(Infomatics)의 합성어로 차량, 항공, 선박 등 운송장비에 내장된 컴퓨터와 무선통신기술, 위성항법장치, 인터넷에서 문자신호와 음성신호를 바꾸는 기술 등에 의해 정보를 주고 받을 수 있는 무선 데이터 서비스를 의미합니다. 네비게이션은 자동항법장치를 이용한 길안내서비스 등을 의미하고, GPS는 Global positioning system이라 해서 인공위성을 통한 위치 추적 시스템을 의미합니다.

07 뉴스그룹이나 그와 비슷한 토론의 장에서, 올려진 메시지에 대해 올라간 일련의 응답을 무엇이라 하나? | 국민연금

① posting   ② thread
③ hierarchy   ④ overroll

>>>스레드/멀티스레딩(thread/multithreading)이란 유즈넷의 뉴스그룹이나 그와 비슷한 토론의 장에서, 스레드라는 초기에 올려진 메시지에 대해 올라간 일련의 응답들을 의미합니다. 스레드는 수없이 많은 뉴스그룹내의 각각의 토론들을, 추후에 관련 있는 것끼리 찾아서 이해하거나 또는 그 토론에 참여하는데 도움을 줍니다. hierarchy는 말 그대로 정보의 구조체계를 의미합니다.

1.①   2.③   3.③   4.③   5.②   6.②   7.②

01 기타 학교를 나타내는 최근 도입된 도메인은? | 국민연금

① es　　　　　　② ms
③ hs　　　　　　④ sc

》》》es는 elementary school, ms는 middle school, hs는 high school을 의미하고 sc는 단순히 school의 약자로 기타학교를 의미합니다.

02 다음 중 객체 지향 언어가 아닌 것은? | 상반기 한국수자원공사

① pascal　　　　② C++
③ JAVA　　　　　④ 델파이

》》》객체지향언어는 객체 지향 프로그래밍 환경에서 사용되는 프로그램 언어의 총칭입니다. 대표적인 예로는 시뮬레이션 언어 시뮬라, 스몰토크 80, 자바스크립트와 ASP, C++입니다

03 컴퓨터에서 자신을 복제하고 컴퓨터 시스템을 파괴하거나 작업을 지연 또는 방해하는 악성프로그램은? | 상반기 한국수자원공사

① 바이러스　　　② 웜바이러스
③ 새 서　　　　　④ 베이글

》》》'웜 바이러스'는 엄밀히 따지면 컴퓨터 바이러스와는 별개의 종류입니다. 우리는 흔히 컴퓨터의 시스템을 파괴하거나 작업을 방해하여 의도적으로 피해를 입히기 위해 작성된 프로그램들을 일 컬어 컴퓨터 바이러스라고 말하지만 엄밀히 따지면 컴퓨터 바이러스라는 것도 악성 프로그램의 한 종류일 뿐입니다. 이러한 악성 프로그램으로는 '웜', '컴퓨터 바이러스', '트로이목마' 등이 있습니다. 다시 말해서 '웜'이나 '트로이목마'는 컴퓨터 바이러스에 포함되지 않습니다. 그런데 도 그냥 '웜'이라고 하지 않고 '웜 바이러스'라고 하는 이유는 나쁜 의도로 만들어진 프로그램 이라는 것을 일반인들에게 쉽게 인식시키기 위해서입니다.

04 광통신 디지털 통신이 가능한 정보통신망의 종류는? | 근로복지공단

① WAN　　　　　② LAN
③ ISDN　　　　　④ VAN

》》》WAN은 광역통신망이고, LAN은 근거리 통신망입니다. VAN은 부가가치통신망입니다..

05 핵에 관한 설명 중 틀린 것은?　　　　　　　　　　　　　　　| 근로복지공단

① 레이저분리
② 분리기술
③ 우리나라가 상용한 방법
④ 핵폭탄의 주원료는 우라늄 238이다.

>>>핵폭탄의 주원료는 우라늄 235와 플루토늄입니다.

06 아시아 국가에서 처음으로 대체복무제를 인정한 나라는?　　| 근로복지공단 응용

① 중 국　　　　　　　　② 대 만
③ 싱가포르　　　　　　④ 이스라엘

>>>징병국 가운데 양심적 병역거부자를 위해 대체복무제를 도입한 나라는 독일, 대만, 이스라엘, 이탈
리아, 스페인, 노르웨이, 폴란드 등 유럽국가가 많습니다.

07 우리의 기술로 설계하여 건조한 국내최초의 대잠, 대함작전이 가능한 한국형
구축함은?　　　　　　　　　　　　　　　　　　　　　　　| 대구지하철

① 장수왕함　　　　　　② 진흥왕함
③ 광개토대왕함　　　　④ 근초고왕함

>>>광개토대왕함은 1996년 10월 대우중공업 옥포조선소에서 진수된 한국산 1호 구축함입니다. 총톤
수 3,200t급, 순항속력 18kn, 최대속력 30kn, 승선인원은 286명이며, 한국이 보유한 최대 국산함
정인 호위함(FF급 1,500t)의 2배 규모에 이릅니다.

08 남북분단 상황과 관계없는 것은?　　　　　　　　　　　　　| 대구지하철

① NLL　　　　　　　　② JSA
③ DMZ　　　　　　　　④ NMD

>>>NLL은 북방한계선, JSA는 판문점 공동경비구역, DMZ는 비무장지대입니다. NMD는 국가미사일방
어체제로 미국과 관련 있습니다.

1.④　2.①　3.②　4.③　5.④　6.②　7.③　8.④

01 종교분쟁지역이 아닌 곳은?

① 러시아와 체첸 – 이슬람
② 북아일랜드 – 청교도
③ 중국 위구르도 – 이슬람교
④ 영국 – 기독교

》》》북아일랜드는 카톨릭입니다.

02 세속오계가 아닌 것은?

① 붕우유신   ② 사군이충
③ 살생유택   ④ 임전무퇴

》》》붕우유신은 벗 사이에 지켜야 할 도리는 믿음에 있다는 인륜의 실천덕목인 오륜(五倫)의 하나입니다. 세속오계는 사군이충 · 사친이효 · 교우이신 · 임전무퇴 · 살생유택입니다.

03 사서, 삼경, 삼강, 오륜 가운데 틀린 것은?

① 사서 – 논어, 대학, 중용, 맹자
② 삼경 – 춘추, 시경, 서경
③ 삼강 – 군위신강, 부위자강, 부위부강
④ 오륜 – 부자유친, 군신유의, 부부유별, 장유유서, 붕우유신

》》》사서삼경
　사서 – 《대학(大學)》《논어(論語)》《맹자(孟子)》《중용(中庸)》
　삼경 – 《시경(詩經)》《서경(書經)》《주역(周易)》
　삼강오륜
　삼강 – 군위신강(君爲臣綱) · 부위자강(父爲子綱) · 부위부강(夫爲婦綱)
　오륜 – 부자유친(父子有親) · 군신유의(君臣有義) · 부부유별(夫婦有別) · 장유유서(長幼有序) · 붕우유
　　　　신(朋友有信)

04 맹자의 이론으로 틀린 것은?

① 인(仁) – 측은지심
② 의(義) – 수오지심

③ 예(禮) – 사양지심
④ 신(信) – 시비지심

>>>인(仁)에서는 측은지심(惻隱之心)이 우러나옵니다. 남을 불쌍히 여기는 마음입니다.
의(義)에서는 수오지심(羞惡之心)가 우러나옵니다. 의롭지 못한 일을 보면 부끄러워하고 분노하는
마음입니다.
예(禮)에서는 사양지심(辭讓之心)이 우러나옵니다. 남을 공경하고 사양할 줄 아는 마음입니다.
지(智)에서는 시비지심(是非之心)이 우러나옵니다. 옳고 그름을 분별하는 마음입니다.

05 지행합일 주창자는 누구인가?
| 서울시 농수산물 공사

① 왕수인 ② 주 자
③ 맹 자 ④ 노 자

>>>왕수인은 왕양명입니다.

06 야구용어 "알파"는?
| 근로복지공단

① 프로야구에서 시즌 종료 후 다음 시즌에 들어가기 전에 선수와 구단
간에 벌이는 연봉협상기간
② 수비수가 서로 공을 양보하다가 놓치는 안타
③ 장타를 잘 치는 타자
④ 먼저 수비한 팀의 득점이 9회초에서 더 많아 9회말을 할 필요가 없이
승부가 가려지게 된 경우

>>>①은 스토브리그 ② 신시내티 히트 ③ 슬러거입니다.

07 올림픽과 아시아 경기대회가 처음으로 열린 곳은?
| 근로복지공단

① 로마 – 뉴델리 ② 로마 – 방콕
③ 아테네 – 방콕 ④ 아테네 – 뉴델리

1.② 2.① 3.② 4.④ 5.① 6.④ 7.④

01 4년마다 개최되는 대회가 아닌 것은? | 근로복지공단

① 올림픽 ② 아시아 경기대회
③ 월드컵 ④ 유니버시아드

>>>유니버시아드는 2년마다 개최됩니다.

02 골프경기 한 홀 표준 타수는 무엇인가? | 대구지하철

① 버 디 ② 파
③ 홀 ④ 알바트로스

>>>파는 골프경기에서 표준타수를 의미합니다. 버디는 각 홀의 규정타수보다 한 타 적게 쳤을 때를 말합니다.

03 올림픽에 관련된 설명 중 틀린 것은? | 근로복지공단

① 아테네올림픽 – 28회
② 입장순서 – 로마 알파벳 순
③ 아테네 올림픽 마스코트 – 페보스
④ 1988년 올림픽 순위 – 한국 4위

>>>주최국이 쓰는 언어의 알파벳 순으로 입장합니다.

04 E. H. Carr의 〈20년의 위기〉 지문과 관련 없는 것은? | MBC 종합교양

① 팍스 아메리카나 ② EU
③ 신성로마 제국 ④ 문명의 충돌

>>>팍스아메리카나(Pax Americana)는 미국의 지배에 의해 세계평화가 유지되는 상황을 표현하는 용어입니다. 지문은 '영토'를 기반으로 한 세력 확장이나, 팍스아메리카나는 영토개념이 비교적 약합니다. 신성로마제국, EU 등은 영토를 기반으로 합니다.

05 새뮤얼 헌팅턴의 〈문명의 충돌〉에 알맞은 사건? | MBC 종합교양

① 이라크–이란 전쟁 ② 6 · 25

③ 베트남 전쟁   ④ 9 · 11 테러

>>>문명의 충돌은 새뮤얼 헌팅턴의 저서로 제4부에 해당하고 냉전이후의 전 세계에서 일어나는 분쟁
은 이데올로기를 둘러싼 투쟁이 아니라 문명충돌의 양상을 띨 것이라는 주장을 하여 전 세계의 언
론과 학계에서 찬반을 불러일으켰습니다. 현대 세계정치의 핵심을 분석하고 인류에게 문명에 대한
새로운 시각을 제공하였다는 점에서 높이 평가되는 책이죠. 즉 문명의 충돌은 종교와 같은 문화적
갈등을 문명 충돌 원인으로 보는 견해입니다. 따라서 이슬람–기독교간 대립의 일면을 보여주는
9.11테러가 이에 해당합니다.

06 9 · 11 테러 이후 지문 채취 주관 부서는?　　　　　　　| CBS 종합교양

① FBI   ② INS
③ DHS   ④ CIA

>>>INS(International News Service)는 1909년 W.R.허스트가 허스트 계열 신문에 뉴스를 공급하기
위하여 창간한 민간통신사입니다. DHS(Department of Homeland Security)는 국토안전부로 미
국의 대테러 업무 담당기관이며 2003년 3월에 신설되었습니다. CIA(Central Intelligence
Agency)는 미국의 중앙정보국입니다.

07 간도 문제와 유사한 분쟁이 없는 지방은?　　　　　　　| MBC 종합교양

① 센카쿠열도   ② 지브롤터
③ 카시미르   ④ 바스크 지방

>>>지브롤터, 센카쿠열도, 카시미르 므두 영유권 분쟁중인 곳입니다. 바스크 지방은 분리 독립 문제로
갈등을 겪고 있습니다.

08 유럽을 배경으로 신자유주의 반대운동을 펼치고 있는 대중적인 시민운동 조
직은?　　　　　　　| CBS 종합교양

① 시에라 클럽   ② 그린피스
③ 유럽 사회 포럼   ④ 로마 클럽

>>>시에라 클럽은 가장 오래된 미국의 환경단체이고, 유럽 사회 포럼은 맹목적인 시장 논리에 맞서 집
단적 권리를 지켜 나가야 한다고 강조하며 신자유주의 반대를 표방합니다.

1.④　2.②　3.②　4.①　5.④　6.①　7.④　8.③

01 양심의 자유에 관련된 것 중 틀린 것은? | MBC 종합교양 응용

① 재판에서 증언을 거부하는 것도 양심의 자유다.
② 침묵의 자유는 다수 국민의 안전과 국가 안전에 위협을 할 때는 제한받는 상대적 권리이다.
③ 신문보도 자료 제공자 등에 대해 말하지 않을 권리가 있다.
④ 양심적 병역거부자의 양심의 자유가 국방의 의무보다 우월한 가치라고 할 수 없다.

〉〉〉증인은 증언을 거부할 수 없습니다. 다만 자기 가족의 형사상 책임과 관련된 사실일 경우에만 증언 거부권이 인정될 뿐입니다.

02 의결정족수가 3분의 2 이상을 요하지 않는 경우는? | CBS 종합교양 응용

① 헌법개정안 의결
② 의원제명
③ 대통령에 대한 탄핵소추의결
④ 계엄해제요구

〉〉〉계엄해제요구는 재적의원 과반수의 찬성으로 의결합니다.

03 소설 속에 빠지는 신드롬은? | MBC 종합교양

① 스탕달 신드롬
② 다 빈치 신드롬
③ 스톡홀름 신드롬
④ 리마 신드롬

〉〉〉스탕달 신드롬은 역사적인 걸작 미술품을 감상할 때 순간적으로 느끼는 정서적 압박감을 말합니다. '적과 흑'의 작가 스탕달이 미켈란젤로의 작품을 관람한 후 격렬한 흥분과 두려움을 느꼈다고 말한 것에서 유래되었습니다. 1871년 스탕달은 산타 크로체 교회에 진열된 미술 작품을 관람한 뒤 전시관 계단을 내려오는 도중 심장이 뛰고 무릎에 힘이 빠지는 특이한 경험을 했는데, 이를 치료하는데 1개월 이상이 걸렸다는 이야기가 전해집니다. 이는 감수성이 예민한 사람들이 뛰어난 예술품을 감상한 뒤 받은 흥분에서 생기는 현상입니다.

04 여자의 직장 생활의 어려움에 대한 글에서 "㉠뭐든지 잘해야만 할 것 같은 슈퍼우먼 엘리트를 지향하는 직업여성들에게서 볼 수 있는 스트레스 증후군 ㉡여성들의 사회에서 겪는 어려움 즉, 승진이 막힐 거 같은 것 ㉢여성은 남성 위주의 고위직 대열에 합류하고 있는데, 실상 여성은 회사가 어려움에 처해 있을 때에만 고위직에 임명된다"의 내용 순서대로 적은 것은?

| MBC 종합교양 응용

|　　㉠　　　　　　㉡　　　　　㉢
① 슈퍼우먼 신드롬 – 유리천장 – 유리절벽
② 슈퍼우먼 신드롬 – 유리절벽 – 유리천장
③ 유리절벽 – 슈퍼우먼 신드롬 – 유리천장
④ 유리천장 – 슈퍼우먼 신드롬 – 유리절벽

>>>슈퍼우먼 신드롬은 슈퍼우먼 엘리트를 지향하는 직업여성들에게서 볼 수 있는 스트레스 증후군입니다. 유리천장(Glass Ceil-ing)은 〈다양성의 실현〉의 저자인 마릴린 로덴이 만들어낸 신조어로 여성들이 직장에서 부딪히게 되는 장벽입니다. 특히 최고에 오르려는 여성들이 겪게 되는 어려움을 설명하기 위해 사용됩니다. 유리절벽은 사회적 약자인 여성은 성차별의 벽인 '유리천장'을 깨뜨려 나가며 남성위주 고위직 대열에 합류하고 있는데, 실상 여성은 회사가 어려움에 처해 있을 때에만 고위직에 임명되고 있어 결국 '유리절벽'이라는 또 다른 성차별의 벽에 위태로이 서 있다는 데서 유래합니다.

05 5세기의 고구려 상황으로 틀린 것은?

| MBC 종합교양

① 중국은 위진남북조였다.
② 후연과는 적대관계였다.
③ 평양성으로 옮겼다.
④ 나제동맹을 맺었다

>>>광개토대왕은 후연이 내분으로 붕괴되자 속국으로 인정하였습니다. 위진남북조(221~589)는 6세기 말까지 지속되었으니 5세기의 고구려와 맞물립니다. 나제동맹(433년)은 삼국시대에 신라와 백제가 고구려의 남진(南進)을 막기 위해 체결한 동맹입니다.

1. ①　2. ④　3. ①　4. ①　5. ②

출제상식

01 조선의 정치 변화 순서는?　　　　　　　　　　　　　　| CBS 종합교양

① 당쟁 – 사화 – 세도정치 – 환국정치
② 당쟁 – 세도정치 – 환국정치 – 사화
③ 사화 – 당쟁 – 세도정치 – 환국정치
④ 세도정치 – 당쟁 – 환국정치 – 사화
⑤ 사화 – 당쟁 – 환국정치 – 세도정치

>>> 붕당정치의 전개과정을 보면 사화 → 붕당정치의 성립 → 환국정치 → 탕평정치 → 세도정치로 변천됩니다.

02 광해군과 관련하여 틀린 것은?　　　　　　　　　　　| MBC 종합교양 응용

① 명에 파병을 거부했다.
② 호패법을 시행하였다.
③ 서인(西人) 일파가 광해군을 몰아내고 인조를 왕으로 옹립하였다.
④ 후금의 누루하치가 명(明)나라의 출병요구가 있을 때 강홍립·김경서를 스파이로 보내어 명군을 원조하게 하면서 형세를 보아 향배(向背)를 정하라는 당부를 하였다.

>>> 실리외교 혹은 중립외교 정책을 편 것으로 알려진 광해군은 외교에 있어서는 실패한 왕으로 인정되지는 않습니다. 명나라가 조선에 지원군 파병을 요청했을 때 광해군은 명의 요구를 즉각 들어주지 않고 이 핑계 저 핑계를 대면서 파병을 미루기만 하다가 1년이 지난뒤 어렵게 파병결정을 하지요. 물론 파병된 지원군은 적극적으로 전쟁에 임하지 않았습니다. 따라서 명에 파병을 거부한 것은 틀린 지문입니다. 파병을 하긴 했으니까요.

03 시대 순대로 바르게 배열된 것은?　　　　　　　　　| CBS 종합교양

① 삼국간섭 – 시모노세키 조약 – 명성황후시해사건 – 단발령
② 삼국간섭 – 시모노세키 조약 – 단발령 – 명성황후시해사건
③ 시모노세키조약 – 삼국간섭 – 명성황후 시해사건 – 단발령
④ 시모노세키 조약 – 단발령 – 명성황후시해사건– 삼국간섭

>>> 청일전쟁(1894-5) 후 시모노세키강화조약 ⇒ 삼국 간섭으로 일본 세력 약화, 개혁의 중단 : 민씨 일파에 의해 박영효 제거 : 친러 내각 성립 을미사변(명성황후 시해 사건) ⇒ 친일 내각 성립 ⇒ 단발령 발표

04 모스크바 3상회의와 관련된 설명 중 잘못된 것은?

| MBC 종합교양

① 평양에서 개최됐다.
② 소련의 입장에서 나온 것이다.
③ 우리나라 민주진영은 찬탁을, 김구 계열은 반탁을 주장
④ 미소공동위원회

〉〉〉평양이 아니라 1차는 덕수궁에서, 2차는 서울과 평양에서 공동으로 개최하였습니다.

05 일본과 미국의 조선, 필리핀 지배에 관한 조약은?

| CBS 종합교양

① 시모노세키 조약
② 카쓰라-태프트 밀약
③ 샌프란시스코 조약
④ 포츠머스 강화조약

〉〉〉1905년 (광무 9년) 7월 29일 당시 일본 수상인 가쓰라와 미국 루즈벨트대통령의 특사 태프트 (William Howad Taft 1857-1930) 육군장관 사이에 이루어진 밀약으로서 태프트는 필리핀 여행을 하는 동안 일본에 들러 카쓰라와 회담하고, 비밀각서를 교환하였습니다. 이는 미국이 일본의 조선지배를 묵인하는 대신에 일본은 필리핀에 대한 침략의도가 없다는 것을 다짐케하는 것이었습니다.

06 명품 백을 줬더니 좋아하다가 다음엔 구두를 줬더니 별로 안 좋아하는 것과 관련된 법칙은?

| MBC 종합교양

① 뫼스바우어 법칙
② 앙페르의 법칙
③ 베버-페히너의 법칙
④ 매슬로우 욕구단계이론

〉〉〉G.T. 페히너는 베버의 법칙을 확장하여 감각량과 자극량 사이에 로그함수의 관계가 있다는 가설을 이끌어내었습니다. 이것을 <베버-페히너의 법칙> 또는 <페히너의 법칙>이라 합니다. 이 법칙은 자극의 세기를 높여가면 감각의 세기는 처음에는 급격히 변화하지만, 점차 증가율이 완만해지는 직관적 사실에 대응됩니다. 즉 명품 백을 주었을 때 강한 자극을 받지만, 반응이 점차 완만해진 결과 구두를 줬을 때 큰 반응을 보이지 않게 되는 것입니다.

1.⑤   2.①   3.③   4.①   5.②   6.③

01 케인즈의 유동성 함정 이론에 의하면 콜금리를 내리고 있는데도 경제가 여전히 침체되는 현상을 어떻게 풀어나가야 하는가?

| MBC 종합교양 응용

① 소비세 인하   ② 소비세 인상
③ 콜금리 추가 인하   ④ 정부 채권 매입

》》》유동성 함정(liquidity Trap)이란 금리인하(은행에서 돈을 푼다)나 재정확대조치(정부에서 직접 돈을 푼다)로 경기를 더 이상 부양할 수 없는 통화 재정정책의 한계를 말합니다. 쉬운 말로 돈을 아무리 풀어도 경기가 살아나지 않는 현상을 말합니다. 보통 싼 이자로 은행에서 돈을 빌릴 수가 있다면 창업이나 투자가 많아지고 그로 인해 고용이 증가하여서 근로자의 수입이 늘어나서 소비가 증가하고 그래서 경기가 살아나는 것이 일반적인 이론입니다. 이것도 안되면 정부가 공공사업을 일으켜서 노동자 고용을 증가시켜서 소비를 늘리는 것입니다. 흔히 경기부양조치라고도 말합니다. 유동성함정은 소비자의 소비력을 넘어서는 과잉생산에서 벌어지는 현상입니다. 즉 경기가 수축기에 들어갔다는 것을 나타내는 것입니다. 이것의 대안은 소비자의 소비력을 증대시키는 것에 있습니다. 따라서 소비세 인하가 정답입니다.

02 단기적 투자를 통해 경제 불안정을 막기 위한 세금의 종류는?

| CBS 종합교양

① 미르달세   ② 종합소득세
③ 토빈세   ④ BIS세

》》》토빈세의 이론은 노벨 경제학상을 수상한 미국 예일대학교의 제임스 토빈(James Tobin)이 1978년에 주장한 이론으로 토빈은 단기성 외환거래에 세금을 부과할 경우 연간 수천 억 달러의 자금을 확보할 수 있다고 주장하였는데, 이 제도는 일반 무역거래, 장기 자본거래, 그리고 실물경제에는 전혀 지장을 주지 않으면서 투기성 자본에만 제약을 가한다는 것이 특징이며 각국의 중앙은행은 자신들의 실정에 맞게 독립적인 금리정책을 시행할 수 있게 되므로 국가 재정수입도 늘어나는 효과가 있습니다.

03 GNP 계산에 포함되는 것은?

| CBS 종합교양

① 국내기업이 해외에 건설한 주택
② 암시장 거래된 밀수품
③ 집주인이 자기집 마당의 잔디를 깎는 일
④ 로또 당첨금
⑤ 해외기업이 국내에서 생산한 제품

》》》국민총생산은 GNP라고 부르며 Gross National Product의 약어입니다. 국적상 한 나라 국민에 속하는 사람들이 자국 국경 안에서 번 돈과 해외에서 번 돈을 계산한 거죠. 국민총생산, 곧 GNP는

'한나라 국민이' 자국 국경 안은 물론이고 외국에서 번 돈까지 모두 계산에 넣습니다. 한 나라 국민이 번 돈이라면 자국 국경 안이든 밖이든 상관하지 않죠. 그래서 '국민총생산'이라고 합니다. 따라서 지문에서 1번이 GNP에 해당합니다.

04 1년 후 105만원 상환, 현재 이자율 5%, 현재 가격은? | CBS 종합교양

① 100만원 미만 ② 100만원
③ 100-105만원 ④ 105-110만원
⑤ 110만원 초과

>>> 1년후 상환 금액은 현재 가격에 1년치의 이자가 붙은 금액입니다. 따라서 이자율 5%가 붙은 결과 105만원을 상환해야한다면 현재 가격은 100만원입니다.

05 방송이 통신과 융합된 것이 아닌 것은? | MBC 종합교양

① 케이블방송이 인터넷망 사업을 한다.
② 핸드폰으로 축구를 본다.
③ 인터넷으로 홈쇼핑을 방송한다.
④ 방송사 홈페이지에서 VOD를 본다.

>>> 단순한 확장사업입니다.

06 IT관련 대용량 파일을 저장할 수 있어 이동 중에 동영상을 볼 수 있는 기기를 총칭하는 용어는? | MBC 종합교양

① PPA ② PDA
③ PDP ④ PMP

>>> PMP는 퍼스널 멀티미디어 플레이어입니다. 즉 동영상도 되고, mp3 등도 플레이할 수 있는 휴대용 멀티미디어 기기입니다. 카메라가 달려 촬영도 가능합니다. 그야말로 다재다능한 멀티미디어 기기입니다.

1.① 2.③ 3.① 4.② 5.④ 6.④

01 IT 관련 설명 중 틀린 것은?

① P2P - 개인간 자료 교환
② MP3, OGG - 음악 파일
③ FITH - 가정까지 광섬유 포설
④ MIDI - 압축 표준

>>>압축표준은 MPEC이고, MIDI는 musical instrument digital interface의 약자로 전자 키보드나 컴퓨터와 악기로 만든 음악의 규약입니다.

02 온라인 게임이 아닌 것은?

| MBC 종합교양

① 리니지　　　　　② 심시티
③ 스타크래프트　　④ 마비노기

>>>심시티는 온라인게임이 아니고 전략시뮬레이션 게임입니다.

03 김영하의 〈당신의 나무〉가 비유한 개념은?

| MBC 종합교양

① 에로스　　　　　② 에토스
③ 로고스　　　　　④ 파토스

>>>김영하의 〈당신의 나무〉는 캄보디아의 앙코르와트를 배경으로 나무와 돌에 대한 상상력을 사랑의 본질과 연계시킨 작품입니다. 인간의 나약함과 정화의식을 심리 상담자와 정신과 환자, 시간 거슬러 올라가기, 유적지 여행 등의 장치를 빌려 형상화했지요. 나무의 뿌리와 사암의 관계에서 삶의 파장을 감지해낸 내면탐구가 탁월하다는 평을 받았습니다. 소설의 결말부분을 보면「당신은 한 여자에게 전화를 건다. 자신이 뿌리를 내려 머리를 두 쪽으로 쪼개버린 한 여자에게 말이다. 네 몸이 그립다. 안고 싶고 빨고 싶고 네 속으로 들어가 또아리를 틀고 싶다. 나무와 부처처럼 서로를 서서히 깨뜨리면서, 서로를 지탱하면서 살고 싶다」. 결국 〈당신의 나무〉에서 '나무'의 비유는 에로스의 개념에 가깝다고 볼 수 있습니다.

04 김영하의 〈당신의 나무〉의 논리적 모순과 유사한 철학적 개념? | MBC 종합교양

① 헤겔 - 변증법
② 데리다 - 차연
③ 프로이트 - 쾌락충동
④ 니체 - 권력의지

>>>데리다의 차연은 부재(不在)와 현존 사이의 모순관계에 대해 지적하였습니다.

05 이황의 주리론과 관련하여 맞는 것은?

| MBC 종합교양 응용

① 실학파의 형성에 영향을 끼쳤다.
② 일본에 영향을 미쳤다.
③ 기호학파로 계승됐다.
④ 성학십도, 주자서절요 등을 썼다.

>>>실학 형성과 일본에 영향을 미치고 기호학파로 계승된 것은 율곡 이이의 주기론입니다.

06 공 속도를 빠른 순서대로 놓은 것은?

| MBC 종합교양

① 셔틀콕 – 화살 – 퍽 – 야구공
② 셔틀콕 – 퍽 – 야구공 – 화살
③ 화살 – 퍽 – 야구공 – 셔틀콕
④ 셔틀콕 – 퍽 – 화살 – 야구공

>>>셔틀콕은 배드민턴에 쓰이는 깃털 콕입니다. 최고속도가 약 300㎞정도 됩니다. 화살은 230km 정도입니다. 퍽은 180km 정도이죠. 야구공은 투수가 던지는 것을 의미하겠죠. 매 경기에서 약 140에서 120정도가 되죠.

07 한 · 미 · 일 공통 프로야구 마스코트는?

| MBC 종합교양

① 호랑이　　　　② 사 자
③ 쌍둥이　　　　④ 독수리

>>>한국의 기아타이거즈, 미국의 디트로이트 타이거즈, 일본의 한신타이거즈

1.④　2.②　3.①　4.②　5.④　6.①　7.①

01 〈태양은 외로워〉의 감독? | MBC 종합교양

① 베르나르도 베르톨루치
② 미켈란젤로 안토니오니
③ 페데리코 펠리니
④ 루키오 바스콘티

>>>〈태양은 외로워〉는 1962년 작으로 미켈란젤로 안토니오니 감독의 작품입니다. 알랭 들롱과 모니카 비티 주연의 영화입니다. 한국에서는 1962년 개봉되었습니다.

02 촬영과 관련하여 말 달리는 사진을 찍은 사람은? | MBC 종합교양

① 앙리 카르티에 브레송
② 마이브리지
③ 드게르
④ 노부요시

>>>영화사 초기에 있어서, 1823년 프랑스의 N.니에프스와 다게르 등에 의해 사진술이 발명되었고, 1878년 미국인 E.마이브리지가 24장의 달리는 말(馬)의 모습을 촬영한 데 이어, 프랑스인 J.E. 마레이가 사진총을 고안해냈으며, G.이스트먼이 셀룰로이드에 의한 '롤 필름(roll film)'을 제조한 데 힘입어 에디슨이 혼자서 움직임을 볼 수 있는 키네토스코프를 1889년에 발명하였습니다.

03 영화 〈감사용〉과 같은 소재의 영화가 아닌 것은? | MBC 종합교양

① 내추럴   ② 리멤버 타이탄
③ 더 팬   ④ 루 키

>>>〈리멤버 타이탄〉은 축구(football)을 소재로 합니다. ①③④는 야구영화입니다.

04 영화 〈메멘토〉, 〈첫키스만 50번째〉의 주인공의 병과 같은 원리는? | MBC 종합교양

① RAM   ② ROM
③ 플래시메모리   ④ 캐시메모리

>>>램의 단점은 전원이 나가면 기억되어 있던 모든 데이터가 지워진다는 점이고 영화〈메멘토〉, 〈첫키

스만 50번째〉 역시 이러한 기억 상실증을 소재로 하고 있습니다.

05 영화와 사건의 시간적 간극이 가장 큰 것?　　　　　　　　| MBC 종합교양

① 그 섬에 가고 싶다 – 긴급 조치 1호
② 실미도 – 제7대 대통령
③ 꽃잎 – 미국 문화원 방화 사건
④ 오발탄 – 한미국교정상화

〉〉〉① 그 섬에 가고 싶다(1950) – 긴급 조치 1호(1974) ② 실미도(1971) – 제7대 대통령(1971) ③ 꽃잎(1980.5) – 미국 문화원 방화사건(1982.3) ④ 오발탄(6.25 전쟁 직후) – 한일국교정상화(1965)

06 〈세상의 중심에서 사랑을 외치다〉의 여주인공과 같은 병으로 주인공이 죽은 영화는?　　　　　　　　| MBC 종합교양

① 편 지　　　　　　　② 러브스토리
③ 로렌조 오일　　　　④ 노르웨이 숲

〉〉〉러브스토리 주인공 역시 백혈병입니다.

07 다음 중 맞춤법이 바른 것은?　　　　　　　　| 한국중부발전

① 소꼽놀이　　　　　② 안성마춤
③ 덥썩　　　　　　　④ 나뭇꾼
⑤ 돌멩이

〉〉〉소꼽놀이 → 소꿉놀이
안성마춤 → 안성맞춤
덥썩 → 덥석
나뭇꾼 → 나무꾼

1.② 　2.② 　3.② 　4.① 　5.① 　6.② 　7.⑤

01 대통령 선거의 선거일은 언제인가?
| 코바코

① 임기만료일전 70일 이후 첫 번째 수요일
② 임기만료일전 50일 이후 첫 번째 수요일
③ 임기만료일전 70일 이후 첫 번째 목요일
④ 임기만료일전 30일 이후 첫 번째 목요일
⑤ 임기만료일전 50일 이후 첫 번째 수요일

>>>제34조 (선거일)
① 임기만료에 의한 선거의 선거일은 다음 각호와 같다.
  1. 대통령선거는 그 임기만료일전 70일 이후 첫번째 수요일
  2. 국회의원선거는 그 임기만료일전 50일 이후 첫번째 수요일
  3. 지방의회의원 및 지방자치단체의 장의 선거는 그 임기만료일전 30일 이후 첫번째 수요일
② 제1항의 규정에 의한 선거일이 국민생활과 밀접한 관련이 있는 민속절 또는 공휴일인 때와 선거일
  전일이나 그 다음날이 공휴일인 때에는 그 다음주의 수요일로 한다.

02 다음 중 대통령에 대한 탄핵소추 의결을 할 수 있는 최소 의원수는?(재적의
원 299명)
| 코바코

① 75명　　　　　② 100명
③ 150명　　　　④ 175명
⑤ 200명

>>>대통령에 대한 탄핵소추 의결은 재적의원의 2/3 이상의 찬성이 있어야 합니다.

03 임기가 남아 있는 낙선의원이나 임기 만료를 앞둔 대통령을 이르는 말로 임
기말에 권력 누수현상을 무엇이라 하는가?
| 인천공항공사

① 섀도우 캐비닛　　　② 매카시즘
③ 똘레랑스　　　　　④ 레임덕
⑤ 이너서클

>>>섀도우 캐비닛은 정권획득에 대비하여 미리 예정된 내각을 의미하고, 매카시즘은 색깔론을 말합니
다. 똘레랑스는 프랑스의 시민정신을 대표하는 단어로 '관용'이란 뜻입니다. 공공분야에도 파업권
이 인정되는데 이들이 파업을 벌이는 것을 일반시민들이 이해하고 참아낸다는 의미로 사용됩니다.
이너서클은 핵심권력집단을 일컫는 말로 핵심권력기관의 폐쇄성, 밀행성을 특징으로 합니다.

04 국가권력에 의해 처벌당하고 억압받는 각국 정치범들을 구제하기 위해 설치된 국제기구는?

| 코바코

① AI　　　　　　　② ICJ
③ ILO　　　　　　④ ICC
⑤ WTO

>>> AI(국제사면위원회)는 정치범 석방운동, 인권보호운동을 주활동으로 하고 있습니다. 1961년 5월에 창설되었고 1972년에 한국지부가 설립되었습니다.

05 다음 헌법재판소에 관한 설명으로 바르지 않은 것은?

| 인천공항공사

① 헌법재판소는 1988년 최초로 구성되었다.
② 헌법재판에 소요되는 비용은 국가가 부담한다.
③ 법원의 제청에 의한 법률의 위헌여부를 심판한다.
④ 탄핵소추권을 갖고 있다.
⑤ 헌법재판소가 위헌결정을 할 경우 당해 법률은 그 효력을 상실하고, 소송당사자는 위헌법률의 적용을 받지 않게 된다.

>>> 탄핵소추는 국회의 권한입니다. 헌법재판소는 헌법 제6장에 의하여 위헌법률심판, 탄핵심판, 정당해산심판, 권한쟁의심판, 헌법소원심판 등 5가지의 헌법재판권한을 행사함으로써 헌법질서를 수호하고, 국민의 기본적 자유와 권리를 보호하고자 합니다.

06 합의체의 의결에서 가부(可否)가 동수인 경우에 의장이 가지는 결정권을 무엇이라 하는가?

| 에너지관리공단

① 필리버스터　　　　② 레임덕
③ 똘레랑스　　　　　④ 앙시앙레짐
⑤ 캐스팅보트

>>> 가부(可否)가 동수인 경우에는 2가지의 입법례가 있는데 부결된 것으로 보는 제도와 의장이 캐스팅보트를 가지는 제도입니다. 우리나라 헌법에서는 가부(可否)가 동수인 경우에는 부결된 것으로 봅니다(헌법 제49조).

1.① 　2.⑤ 　3.④ 　4.① 　5.④ 　6.⑤

01 국가를 상대로 민사소송을 제기할 경우, 피고인은?　　　| 에너지관리공단

① 국무총리
② 검찰총장
③ 법무부장관
④ 대통령
⑤ 대법원장

>>>국가를당사자로하는소송에관한법률 제2조는 다음과 같이 규정하고 있습니다.
　◎ 제2조 (국가의 대표자) 국가소송에 있어서는 법무부장관이 국가를 대표한다.

02 현행법상 추징금의 시효는?　　　| 한국남부발전

① 1년　　　　　② 2년
③ 3년　　　　　④ 4년
⑤ 5년

>>>추징금의 시효는 3년이고, 추징금 중 일부라도 집행이 이루어지면 새로 3년씩 추징시효가 연장됩니다.

03 다음 중 국세에 해당하는 것을 모두 고른 것은?　　　| 코바코

㉠ 부가가치세　　　　㉡ 담배소비세
㉢ 취득세　　　　　　㉣ 특별소비세
㉤ 주세　　　　　　　㉥ 재산세
㉦ 농어촌특별세

① ㉠㉡㉢　　　　　② ㉠㉡㉦
③ ㉠㉣㉤㉦　　　　④ ㉠㉢㉥㉦
⑤ ㉠㉡㉣㉥㉦

>>>담배소비세, 취득세, 재산세는 지방세입니다.

04 우리나라의 첫 번째 자유무역협정국은?　　　| 코바코

① 싱가포르　　　　　② 일 본
③ 뉴질랜드　　　　　④ 태 국
⑤ 칠 레

>>>2004년 4월 1일 한-칠레 자유무역협정(FTA)이 발효되었습니다.

05 BCG Matrix에서 Cash Cow란 무엇인가?　　　　　| 코바코

① 시장 점유율은 낮지만 성장률이 높은 분야
② 시장 성장률 · 점유율 모두 높지도 낮지도 않은 분야
③ 시장 성장률도 낮고 점유율도 낮은 분야
④ 시장 점유율도 높고 성장률도 높은 분야
⑤ 시장 성장률은 낮지만 점유율이 높은 분야

>>>Cash Cow는 현찰을 벌어들이는 소, 즉 시장 성장률은 낮지만 점유율이 높아서 안정적으로 고정
수입을 가져다주는 분야를 말합니다.

06 다음 중 경제자유구역 아닌 곳은?　　　　　| SBS

① 부 산　　　　　② 인 천
③ 광양만　　　　　④ 제주도

>>>21C 경제자유구역은 인천(송도, 청라, 영도지구), 부산 · 진해(신항만, 명지, 지사, 두동, 웅동지역),
광양만권(광양, 율촌, 신덕, 화양, 하동지구)입니다.

07 다음 중 아세안 +3에 해당하지 않는 국가는?　　　　　| SBS

① 한 국　　　　　② 중 국
③ 일 본　　　　　④ 인 도

>>>아세안 + 3은 2003년도에 설립된 아시아 채권 기금을 말합니다. 한국 · 중국 · 일본 · 홍콩 · 싱가포
르 · 타이 · 말레이시아 · 필리핀 · 인도네시아 · 호주 · 뉴질랜드가 가입하였습니다.

1.③　2.③　3.③　4.⑤　5.⑤　6.④　7.④

01 다음 중 경제활동인구는?

| 인천공항공사

① 고령자　　　　　　② 가정주부
③ 학 생　　　　　　④ 실업자
⑤ 교도소 수감자

>>> 경제활동인구는 15세 이상인 사람들 가운데 일할 능력이 있고 취업할 의사가 있는 취업자와 실업자를 모두 합한 인구를 가리킵니다.

02 어떤 한 상품이 유행하게 되면 너도나도 유행에 뒤지지 않기 위해 일제히 그 상품을 구매하는 것을 무엇이라 하나?

| 인천공항공사

① 스노브효과　　　　② 과시효과
③ 스프롤효과　　　　④ 후광효과
⑤ 밴드왜건효과

>>> 스노브효과는 다른 사람들이 어떤 상품을 많이 소비하기 때문에 자신의 소비를 중단하거나 줄이는 경우를 말하고, 과시효과는 소비자들이 뽐내고 싶어서 소비하는 경우를 말합니다. 스프롤효과는 도시의 무질서한 팽창을 의미하고, 후광효과는 어떤 요소로 인하여 다른 것까지 좋아 보이는 것을 의미합니다.

03 다음 중 직접세가 아닌 것은?

| 인천공항공사

① 등록세　　　　　　② 지방세
③ 주민세　　　　　　④ 공동시설세
⑤ 인지세

>>> 인지세는 간접세입니다.

04 다음 중 대체제 관계인 것은?

| 인천공항공사

① 커피와 녹차　　　　② 커피와 프림
③ 펜과 잉크　　　　　④ 바늘과 실
⑤ 빵과 버터

>>> 커피와 프림, 펜과 잉크, 바늘과 실, 빵과 버터는 보완제입니다.

05 모라토리엄에 대한 설명으로 바른 것은?　| 인천공항공사

① 특정한 성격을 가진 소규모의 소비자를 대상으로 판매목표를 설정하는 것이다.

② 불특정 다수인으로부터 모금한 실적 배당형 성격의 투자기금이다.

③ 채무에 대한 지급 기한을 지키지 못할 경우 지불 유예를 선언하는 것이다.

④ 농가에 있어서 농업생산활동을 의무화하지 않고 별도의 소득보장을 제시하는 것이다.

⑤ 발행한 채권의 지불 기한이 되었음에도 불구하고 원리금을 지불할 수 없는 상황이다.

>>> ①은 니치마케팅, ②는 펀드, ④는 디커플링, ⑤는 디폴트에 대한 설명입니다.

06 기업의 이미지를 통합하는 것으로 내적으로는 결속력을 높이고, 외적으로는 마케팅 효과의 극대화를 추구하는 것을 무엇이라 하는가?　| 인천공항공사

① 6 시그마　　　　　　② POS
③ CI　　　　　　　　　④ 벤치마킹
⑤ JIT

>>> 6 시그마는 백만개의 제품 중에서 3~4개의 불량품만을 생산하는 것으로 사실상 생산 공정에서 달성할 수 있는 최고 수준의 정확성이고, POS는 유통분야에 있어서 소매점의 유통정보화를 이끌고 있는 주요시스템입니다. 벤치마킹은 세계일류기업의 이념, 경영방식, 제품 등을 비교 연구하여 우수한 것이 있으면 자사에 도입하는 것이고, JIT는 생산에 투입되는 요소의 최적화된 효율적인 생산 · 운영 · 통제 시스템을 지칭하는 적시생산시스템입니다.

1.④　2.⑤　3.⑤　4.①　5.③　6.③

01 생산 면에서는 각각의 독립성을 유지하지만 판매에 있어서는 공동의 창구를 이용하는 것을 무엇이라 하는가?

| 에너지관리공단

① 백기사　　　　　　② 트러스터
③ 콘체른　　　　　　④ 신디케이트
⑤ 6시그마

>>> 신디케이트는 본래 기업연합이나 대학 이사회를 의미합니다. 하지만 보통 기업 분야에서의 신디케이트라고 함은 공동으로 출자하여 만든 판매조직을 의미합니다. 카르텔과 트러스트의 중간형태라고 할 수 있습니다.

02 필립스 곡선은 (　)과 (　)의 상관관계를 나타낸 것이다. 괄호에 알맞은 것은?

| 한국남부발전

① 시장점유율, 물가상승률
② 실업률, 물가상승률
③ 시장점유율, 시장성장률
④ 시장성장률, 임금상승률
⑤ 실업률, 임금상승률

>>> 필립스 곡선은 임금상승률과 실업률은 반비례한다는 내용입니다. 즉 경제가 좋으면 실업률이 낮아지고, 안 좋으면 실업률은 높아집니다.

03 다음 중 용어에 대한 설명으로 틀린 것은?

| 한국남부발전

① PL법 – 상품을 구입, 사용하는 과정에서 발생하는 소비자의 피해에 대해 상품 제조자가 책임을 물게 하는 법
② 블루오션 – 경쟁 없는 새로운 시장에서 싸우지 않고 대승하는 전략
③ 베어 허그 – 주식을 사들여 주가를 올려 주식 매집을 방해하는 등의 행위를 통해 기업의 인수 · 합병을 막아주는 세력
④ 6 시그마 – 백만개의 제품 중에서 3~4개의 불량품을 생산해 내는 것
⑤ 리보 – 영국에서 우량 은행끼리 단기자금을 거래할 때 적용되는 금리

>>>베어 허그(Bear Hug)는 인수자가 매수 대상 기업에 대해서 협력을 권유하는 행위를 말합니다. 기업의 인수 · 합병을 막아주는 세력을 백기사라고 합니다.

04 세계 인구 현황 보고서에 의하면 우리나라는 세계 평균 출산율보다 낮은 수치를 기록하고 있다. 이처럼 저출산국이 된 원인이 되는 삶의 형태를 무엇이라 하는가?

| 에너지관리공단

① 듀크족　　　　　　② 여피족
③ 프리터족　　　　　④ 딩크족
⑤ 슬로비족

>>>딩크족은 자녀를 갖지 않은 맞벌이 부부로 자식을 낳아 육아에 힘쓰기보다는 자신의 인생에 적극 투자하고 인생을 즐기고 싶어하는 것을 이르는 말입니다.

05 다음 중 성격이 같은 현상끼리 묶은 것은?

| 한국남부발전

> ㉠ 님비(NIMBY)현상　　㉡ 핌피(PIMFY)현상
> ㉢ 임피(IMPY)현상　　　㉣ 바나나(BANANA)현상

① ㉠㉡　　　　　　　② ㉠㉣
③ ㉡㉣　　　　　　　④ ㉠㉡㉢
⑤ ㉠㉢㉣

>>>바나나(Build Absolutely Nothing Anywhere Near Anybody), 님비(Not In My Back Yard)는 자신이 사는 지역에 유해시설이 들어서는 것을 반대하는 지역이기주의이고, 핌피(Please In My Front Yard)와 임피(In My Front Yard)는 수익성 있는 사업을 내 지방에 유치하겠다는 바나나, 님비와는 다른 형태의 지역이기주의입니다.

1.④　2.⑤　3.③　4.④　5.②

01 다음 용어들의 설명 중 틀린 것은 어느 것인가?　　　　　| 코바코

① 코쿤족 : 외부세상으로부터 도피하여 자신만의 공간에 머물려는 칩
거증후군의 사람
② 좀비족 : 거대한 조직 내에서 무사안일에 빠져 주체성 없는 로봇처
럼 행동하는 사람
③ 우피족 : 인터넷을 활용해 정보를 얻거나 쇼핑을 즐기는 20대 후반
에서 30대 초반의 젊은 주부층
④ 딩펫족 : 아이 없이 애완동물을 기르며 사는 맞벌이 부부
⑤ 프리터족 : 필요한 돈이 모일 때까지만 아르바이트로 일하는 사람

>>>우피족은 자식들에게 신세지지 않고 자신들이 벌어 놓은 돈으로 풍족한 노후생활을 하는 노인을
일컫는 말이고, ③은 웹시족의 내용입니다.

02 한 가지 일에 지나치게 몰두하다가 어느 순간 자신이 하던 일에 대해 회의를
느끼고 무기력감에 빠져 더 이상 일을 할 수 없게 되는 상태를 무엇이라 하
는가?　　　　　| 인천공항공사

① 공소 증후군　　　　　② 연소 증후군
③ LID 증후군　　　　　④ 모라토리엄 증후군
⑤ 상승정지 증후군

>>>공소 증후군은 결혼한 후 중년에 이르기까지 남편의 내조와 자녀 육아로 바쁘게 살았던 전업주부
가 중년에 이르러 더 이상 자신이 필요없다는 자책감과 회의감을 겪게 되는 심리현상이고, LID 증
후군은 핵가족화에 따른 노인들의 상실소외우울증을 말합니다. 모라토리엄 증후군은 독립된 한 사
회인으로서 활동할 수 있음에도 불구하고 사회인으로서 책무를 기피하는 증상을 말합니다. 상승정
지 증후군은 청소년·청년기부터 권력, 명예, 부에 대한 욕망이 강한 사람이 중장년층이 되어 출세
에 실패하거나 또는 출세하더라도 건강악화, 친구의 죽음, 가정불화 등으로 인하여 갑작스럽게 무
력감과 허무감에 빠지는 현상을 말합니다.

03 다음 중 성격이 다른 것은?　　　　　| 에너지관리공단

① 직장폐쇄　　　　　② 스트라이크
③ 보이콧　　　　　④ 사보타지
⑤ 피케팅

04 다음 중 환경에 관한 국제협약과 그 내용이 바르지 않은 것은? | 코바코

① 몬트리올의정서 – 지구오존층을 보호하기 위해 오존층 파괴물질 사
용규제
② 기후변화협약 – 지구 온난화 방지를 위해 온실가스의 규제
③ 생물안정의정서 – 유전자변형물질의 국제간 교역 규제
④ 바젤협약 – 유해폐기물의 국제간 교역 규제
⑤ 런던협약 – 물새서식지로 중요한 습지보호에 관한 협약

05 유전자 조작물질(GMO)의 국가간 교역을 규제하기 위한 국제환경협약은?
| 인천공항공사

① 생물안전의정서
② 런던협약
③ 코펜하겐의정서
④ 람사협약
⑤ 몬트리올의정서

1. ③   2. ②   3. ①   4. ⑤   5. ①

01 2005년 2월 <u>이 것</u>이 발효되어 1차 의무 대상국인 미국, 일본, EU 등이 2008년에서 2012년 사이에 온실가스 총 배출량을 1990년 기준으로 평균 5.2% 감축해야 한다. 기후변화협약에 따른 온실가스 감축목표에 관한 의정서인 <u>이 것</u>은?

| 에너지관리공단

① 교토의정서 ② 몬트리올의정서
③ 코펜하겐의정서 ④ 생물안전의정서
⑤ 런던의정서

〉〉〉2005년 2월 16일에 발효된 교토의정서는 기후변화협약에 따른 것으로 1차 의무대상국인 미국, 일본, EU 등은 2008~2012년까지 온실가스 배출량을 줄여야 합니다. 우리나라는 1차 의무대상국은 아니지만 2013~2017년까지 온실가스 배출량을 줄여야 하는 2차 의무대상국이 될 가능성이 높습니다.

02 빌딩과 자동차, 가로등, 네온사인 등에서 나오는 불빛이 공기와 부딪히면서 산란작용을 일으켜 밤하늘을 뿌옇게 만들어 시야에서 별이 사라지는 현상을 무엇이라 하는가?

| 에너지관리공단

① 2차 공해 ② 백화현상
③ 빌딩증후군 ④ 광공해
⑤ 부메랑 현상

〉〉〉광공해는 생태계에도 적지 않은 영향을 미쳐 광합성에 혼란을 초래하는가 하면, 곤충들의 바이오리듬에도 이상이 발생하게 합니다. 한여름 매미들이 늦은 밤까지 우는 것이 대표적 예라고 할 수 있습니다.

03 빛의 성질과 그로 인해 나타나는 현상이 바르게 짝지어지지 않은 것은?

| 코바코

① 직진 – 월식 ② 회절 – 아지랑이
③ 산란 – 노을 ④ 반사 – 거울의 상
⑤ 굴절 – 무지개

〉〉〉빛의 회절은 빛의 파동성 때문에 일어나는 현상으로 좁은 슬릿이나 장애물의 끝부분에서 빛이 새로운 파동을 만들면서 간섭현상을 일으키는 것입니다. 아지랑이는 빛의 굴절현상에 의해 나타나는 현상입니다.

04 음주측정기에 바람을 불었을 때 백금과 만나서 무엇이 생성되는가?

| SBS

① 전 류   ② 자기장
③ 황 산   ④ 탄 산

≫음주측정기는 튜브로 불어넣은 알코올을 연소시켜 발생하는 전류의 크기를 측정하는 합니다.

05 빗방울이 거의 일정한 속도로 떨어지는 것은 무엇과 관계가 있는가?

| 에너지관리공단

① 중 력   ② 마찰력
③ 원심력   ④ 관성력
⑤ 자기력

≫공기라는 유체 속을 물방울이 가속운동을 하게 되면 공기와의 마찰이 점점 강해지게 되고 이 때 생기는 마찰에 의한 공기저항의 힘이 중력과 같아지는 시점이 생깁니다. 이때의 속도를 종단속도라고 합니다. 빗방울은 이 종단속도 이상으로는 더 이상 가속이 되지 않습니다.

06 다음 중 신재생에너지에 대한 설명으로 바르지 않은 것은? | 에너지관리공단

① 신재생에너지 설비에 대하여 설치비의 일정부분을 정부에서 무상보조 지원한다.
② 화석연료로 인한 황화물, 질산화물, 미세먼지 등의 환경오염물질의 배출이 없다.
③ 우리나라는 현재 신재생에너지 중 폐기물에너지 보급률이 가장 높다.
④ 신재생에너지 보급·확대를 위해 신에너지및재생에너지개발·이용·보급촉진법이 전문개정되었다.
⑤ 우리나라는 현재 신재생에너지 보급률이 5%대를 나타내고 있다.

≫우리나라의 신재생에너지 보급률은 2004년 말 기준으로 2.3%에 그치고 있습니다. 우리나라는 2011년까지 총 1차 에너지의 5%를 신재생에너지로 공급한다는 계획을 세우고 있습니다.

1.① 2.④ 3.② 4.① 5.② 6.⑤

01 제1차 석유파동 직후, 세계 석유시장의 안정을 도모하고 석유공급 위기에 공동으로 대응하기 위해 설립된 국제적 에너지 계획기구는? | 에너지관리공단

① IEA　　　　　　　② ARF

③ ILO　　　　　　　④ PLO

⑤ OPEC

>>>IEA(International Energy Agency)의 주요 기능으로는 석유공급파동에 대한 대응체계 유지 및 개선, 대체에너지원 개발 협력 및 지원을 통한 에너지수급구조 개선, 국제 석유시장에 대한 정보시스템 운영 등입니다.

02 다음 중 원전수거물에 대한 설명으로 바르지 않은 것은? | 에너지관리공단

① 원자력발전소의 작업자가 사용했던 작업복, 휴지, 장갑과 같은 것을 중·저준위 수거물이라 한다.
② 우리나라의 고준위 수거물은 사용 후 연료밖에 없다.
③ 기체 수거물은 밀폐된 탱크에 저장한 후 방사능 농도가 기준치 이하로 떨어지면 고성능 필터를 통해 대기로 내보낸다.
④ 최근 경주가 중·저준위 수거물 부지로 확정되었다.
⑤ 우리나라는 사용 후 연료를 재활용하고 있다.

>>>현재 우리나라는 사용 후 연료를 영구처분 또는 재활용할지 국가정책이 결정되지 않아 국가정책이 결정될 때까지 안전하게 저장관리중입니다.

03 퀴리부부에 의해 발견된 방사성원소는? | 한국남부발전

① 우라늄　　　　　　② 라 듐
③ 칼 륨　　　　　　④ 루비듐
⑤ 루테듐

>>>1898년 퀴리부부에 의해 우라늄 광석에서 라듐이 발견되었습니다.

04 다음 중 노벨상에 대한 내용으로 바르지 않은 것은? | 한국남부발전

① 수상식은 스웨덴 스톡홀름에서 거행되는데 평화상만 노르웨이 오슬

로에서 거행된다.

② 처음에는 물리학, 화학, 생리 · 의학, 문학, 평화 부문으로 나누어 수
상했다가 1969년에 노벨 경제학상이 추가됐다.

③ 노벨이 스웨덴의 왕립과학아카데미에 기부한 유산의 이자를 상금에
충당한다.

④ 한 부문의 수상자가 2명 이상일 경우 해당 부문에 돌아온 상금을 나
누어준다.

⑤ 생존한 사람에게만 수여되는 상으로 후보 선정 시 생존해 있었어도
수상 전에 사망하면 노벨상을 받을 수 없다.

>>>죽은 사람은 노벨상 후보로 지명될 수가 없습니다. 그러나 후보로 지명될 당시 생존해 있다가 수상
전에 사망한 경우는 사후 수여가 가능합니다. 사후 수여자로는 스웨덴의 다그 함마르셸드(1961년
평화상) 전 유엔 사무총장과 작가 에리크 카를펠트(1931년 문학상)가 있습니다.

05 다음 자료의 단위를 큰 순서대로 바르게 나열한 것은?　　| 에너지관리공단

㉠ GB	㉡ MB
㉢ PB	㉣ TB
㉤ KB	

① ㉠ – ㉡ – ㉢ – ㉣ – ㉤
② ㉢ – ㉣ – ㉠ – ㉡ – ㉤
③ ㉣ – ㉤ – ㉠ – ㉢ – ㉡
④ ㉢ – ㉡ – ㉠ – ㉤ – ㉣
⑤ ㉣ – ㉢ – ㉡ – ㉠ – ㉤

>>>1KB(Kilo Byte) = 1,024byte
1MB(Mega Byte) = 1,024KB
1GB(Giga Byte) = 1,024MB
1TB(Tera Byte) = 1,024GB
1PB(Peta Byte) = 1,024TB

1.① 　2.⑤ 　3.② 　4.⑤ 　5.②

01 인터넷상에서 공급자와 소비자의 개념에서 벗어나 개인의 컴퓨터끼리 직접 연결하고 검색하여 모든 참여자가 공급을 하는 것과 동시에 소비를 하는 형태를 무엇이라 하는가? | 에너지관리공단

① P2P　　　　　　　② B2B
③ Y2K　　　　　　　④ B2G
⑤ T2N

>>>소리바다, 푸르나 등을 아신다면 P2P를 아주 쉽게 이해하실 수 있을 것입니다. B2B는 기업과 기업의 전자상거래를 말하고, B2G는 기업과 정부가 인터넷을 통해 물건을 사고팔거나 정보를 주고받는 것을 말합니다.

02 매년 독일의 하노버에서 개최되는 세계 최대 규모의 정보 통신 기술 전시회는? | 코바코

① NAB　　　　　　　② COMDEX
③ KISDI　　　　　　④ CeBIT
⑤ BIE

>>>NAB는 미국 방송업자들의 자율기구이고, COMDEX는 미국에서 매년 봄과 가을에 열리는 컴퓨터 관련 전시회입니다. KISDI는 정보통신정책연구원이고, BIE는 국제박람회 기구입니다.

03 다음 중 성격이 다른 하나는? | 코바코

① V3　　　　　　　　② ICQ
③ touch　　　　　　④ nate on
⑤ tachy

>>>V3는 컴퓨터 백신 프로그램이고 ICQ, touch, nate on, tachy는 인터넷 chat 프로그램입니다.

04 프로그램의 복사방지장치나 등록장치 등을 해제하여 누구나 사용할 수 있도록 만든 소프트웨어를 무엇이라 하는가? | 코바코

① 쿠키　　　　　　　② 와이브로
③ 텔레매틱스　　　　④ 와레즈
⑤ 프락시 서버

>>>쿠키는 특정 홈페이지에 접속할 때 생성되는 정보를 담은 임시파일이고, 와이브로는 2.3GHz 주파수를 사용하는 초고속 휴대인터넷을 말합니다. 텔레매틱스는 운송수단의 이동 중에 정보가 제공되는 무선데이터 서비스를 지칭하는 말입니다. 프락시 서버는 인터넷 상에서 한번 요청된 데이터를 대용량 디스크에 저장해 두고 다시 그 데이터가 요청될 경우에 디스크에 저장된 데이터를 제공해 주는 서버입니다.

05 다음 중 IT 839가 아닌 것은?

| SBS

① WAN   ② Wibro
③ DMB   ④ WCDMA

>>> • 8대 서비스
WiBro, DMB, 홈네트워크, 텔레매틱스, RFID, W-CDMA, 지상파 DTV, 인터넷전화(VoIP)

• 3대 인프라
BcN(광대역통합망), USN(u-센서 네트워크), IPv6

• 9대 신성장동력
차세대이동통신, 디지털TV, 홈너트워크, IT SOC, 차세대PC, 임베디드 SW, 디지털콘텐츠, 텔레매틱스, 지능형 서비스 로봇

06 정보에 대한 부익부 빈익빈 현상을 무엇이라 하는가?

| 인천공항공사

① 디지털 디바이드
② 유비쿼터스
③ 텔레매틱스
④ 스머핑
⑤ 디제라티

>>>유비쿼터스는 언제 어디서나 자유롭게 컴퓨터 네트워크에 접속할 수 있는 환경을 말하고, 텔레매틱스는 문자신호와 음성신호를 바꾸는 기술 등과 같은 여러 정보통신 기술을 사용하여 정보를 주고받을 수 있는 무선데이터 서비스입니다. 스머핑은 고성능 컴퓨터를 이용해 초당 엄청난 양의 접속 신호를 한 사이트에 집중적으로 보냄으로써 상대 컴퓨터의 서버를 접속 불능 상태로 만들어버리는 해킹수법이고, 디제라티는 디지털 변혁의 선봉에 선 사람을 가리키는 말입니다.

1.①   2.④   3.①   4.④   5.①   6.①

01 kr은 한국의 도메인 국가코드이다. 북한은 도메인 국가코드는? | 인천공항공사

① at　　　　　　　② fr
③ kp　　　　　　　④ uk
⑤ au

>>>at는 오스트리아, fr은 프랑스, uk는 영국, au는 호주의 도메인 국가코드입니다.

02 세계 최초의 인공위성은? | 인천공항공사

① 스푸트니크
② 미르호
③ 살류트
④ 파이어니어
⑤ 아리안

>>>미르호는 소련이 발사한 인류 최초의 우주정거장이고, 살류트는 구 소련의 유인궤도 과학우주정거
장입니다. 파이어니어는 목성탐사 무인우주선이고, 아리안은 실용위성을 쏘아 올리기 위하여 유럽
우주기구가 개발한 로켓입니다.

03 다음 중 세계 최초의 유인우주선은? | 에너지관리공단

① 선저우 6호
② 보스토크 1호
③ 아폴로 11호
④ 스푸트니크
⑤ 아리안

>>>1961년 옛 소련이 유인우주선 보스토크 1호를 발사했습니다. 중국 최초의 유인우주선은 선주우 5
호이고, 아폴로 11호는 미국 최초의 유인우주선입니다. 스푸트니크는 세계 최초의 인공위성이고,
아리안은 실용위성을 쏘아 올리기 위해 유럽우주기구가 개발한 로켓입니다.

04 과학기술위성 1호의 정식명칭은?

| 한국남부발전

① 우리별 1호
② 무궁화 3호
③ 우리별 4호
④ 무궁화 5호
⑤ 아리랑 2호

>>>과학기술위성 1호의 정식 명칭은 우리별 4호입니다. 우리별 4호는 2003년 9월 COSMOS 3M 로켓에 의해 발사되었습니다.

05 MTCR은 무엇을 의미하는 용어인가?

| 에너지관리공단

① 미사일기술수출통제
② 생물무기금지협약
③ 화학무기금지협약
④ 포괄핵실험금지조약
⑤ 대량살상무기

>>>MTCR은 미사일기술수출통제로 1987년 G7에 의해 성립된 비공식적인 협의체입니다. 수출통제지침과 통제 대상이 되는 항목을 리스트화해 회원국이 자국의 법률에 반영해 실행하도록 합니다. 우리나라도 2001년 정식 회원국으로 가입하였습니다.

06 다음 북한의 교육 중 바르지 않은 것은?

| 인천공항공사

① 북한의 보통교육은 초등교육과 중등교육으로 나뉜다.
② 12년제 의무교육을 무상교육으로 보장하고 있다.
③ 대학이상의 교육과정을 고등교육이라 한다.
④ 주체사상을 중심으로 교육에 의한 사상혁명의 중요성을 강조하고 있다.
⑤ 체제 구축의 수단으로써 교육을 계급투쟁의 무기로 사용하고 있다.

>>>북한은 제5기 4차 전원회의에서 11년간의 의무교육방침을 결정하였습니다.

1.③ 2.① 3.② 4.③ 5.① 6.②

01 KEDO의 내용이 아닌 것은? | 에너지관리공단

① 북한이 핵 프로그램을 포기하는 대신 경수로 2기를 지어준다.
② 북한 경수로 지원사업과 관련한 재원 조달과 공급, 대체에너지 공급 등을 목적으로 한다.
③ 제네바 합의에 의해 1995년 3월 한국·미국·일본 주도로 설립되었다.
④ KEDO는 경수로 제공이 끝나도 북한의 핵시설 해체를 위해 지속적인 지원을 한다.
⑤ 본부는 미국 뉴욕에 있다.

⟩⟩⟩KEDO는 경수로 제공이 끝난 후 바로 해체될 계획이었지만, 2005년 11월 KEDO사업이 종결됨에 따라 KEDO도 해체됩니다.

02 다음 중 김정일 북한 최고지도자의 직책이 아닌 것은? | 에너지관리공단

① 상임위원장　　　　② 국방위원장
③ 노동당 총비서　　　④ 인민군 총사령관
⑤ 최고인민회의 대의원

⟩⟩⟩최고인민회의 상임위원장은 김영남입니다.

03 다음 중 4차 6자회담에 관한 내용으로 바르지 않는 것은? | 에너지관리공단

① 북한은 모든 핵무기와 현존하는 핵 프로그램을 포기하기로 약속했다.
② 미국은 핵무기는 물론 재래식 무기로도 북한을 공격 또는 침공할 의사가 없음을 분명히 했다.
③ 미국은 매년 중유 50만t을 제공하기로 약속했다.
④ 한반도의 영구적 평화체제를 논의하기 위한 별도의 포럼을 운영키로 했다.
⑤ 북한은 또 이른 시일 내에 핵확산금지조약(NPT)과 국제원자력기구(IAEA)의 안전조치에 복귀키로 합의했다.

04 북한에 대한 내용으로 바르지 않은 것은?　　　　　| 한국남부발전

① 북한은 11년제 의무교육을 무상으로 보장하고 있다.
② 김일성이 사망한 해부터 주체연호를 사용하고 있다.
③ 북한의 국제공항은 순안공항 하나뿐이다.
④ 2000년 김대중 전대통령의 북한 방문당시 백화원 초대소에서 머물렀다.
⑤ 북한의 최고인민회의는 우리나라의 국회에 해당한다.

05 다음 중 우리말과 북한말의 뜻이 서로 다른 것은?　　　　　| 인천공항공

① 무지개 – 색동다리
② 스타킹 – 하루살이 양말
③ 평영 – 나비헤엄
④ 책상다리 – 올방자
⑤ 틀림없다 – 거의없다

06 정부가 사회주의계열 독립운동가인 몽양 여운형 선생에게 추서한 건국훈장의 등급은?　　　　　| 코바코

① 애족장　　　　　② 대한민국장
③ 독립장　　　　　④ 대통령장
⑤ 애국장

1.④　2.①　3.③　4.②　5.③　6.④

01 충남 예산군에 있는 '충의사'의 고 박정희 전 대통령의 친필 휘호 현판이 3 · 1절에 무단철거 돼 세 조각이 났다. '충의사'는 누구의 사당인가?

| 코바코

① 윤봉길   ② 김 구
③ 안중근   ④ 안창호
⑤ 신채호

\>\>\>충남 예산군에서 태어난 윤봉길의 사당입니다. 전 민족문제연구소 충남지부장은 수차례 친일파 박정희 현판 철거를 요청했으나 이를 거부해 직접 철거했다고 하였습니다.

02 다음 중 고려 시대의 빈민구제 제도는?

| 코바코

① 사창제   ② 의 창
③ 장생고   ④ 진대법
⑤ 환 곡

\>\>\>장생고는 고려시대 사원의 금융기구입니다.
빈민구제제도의 변화를 살펴보면 다음과 같습니다.
진대법(고구려) → 의창(고려) → 환곡(조선) → 사창제(대원군)

03 제1차 세계대전 이후 31개의 연합국과 독일이 맺은 베르사유조약이 체결된 해에 우리나라에서 발생한 사건은?

| 한국남부발전

① 동학운동
② 6 · 10 만세운동
③ 안중근의 이토히로부미 사살
④ 대한민국 임시정부수립
⑤ 고종황제 퇴위

\>\>\>베르사유조약은 1919년 프랑스 베르사유 궁전에서 31개의 연합국과 독일이 맺은 강화조약입니다.
대한민국 임시정부는 3 · 1운동 직후인 1919년 4월에 중국 상해에서 조직하여 선포한 임시정부입니다.

04 1920년대 후반에 좌우익 세력이 이념을 초월해 보다 효과적으로 항일 활동을 하기 위해 조직한 단체의 이름은?

| 에너지관리공단

① 신민회 ② 신간회
③ 독립협회 ④ 황국협회
⑤ 좌우합작운동

>>> 신간회와 신민회를 혼동하시는 분들이 많은데요, 신간회는 좌우익 세력의 합동조직이고 신민회는 개화자강파들이 반일국권회복을 목적으로 만든 비밀결사조직입니다.

05 영국은 1832년 도시의 중산층에게까지 선거권을 확대하였으나 이 개정으로 혜택을 못 받은 노동자들이 보통선거, 비밀 투표 등을 요구하며 운동을 하였다. 1838년부터 1848년까지 영국에서 노동자층을 주체로 하여 전개된 이 민중운동은 무엇인가?

| 인천공항공사

① 인클로저 운동 ② 러다이트 운동
③ 차티스트 운동 ④ 세포이 항쟁
⑤ 스와라지 운동

>>> 차티스트 운동은 영구에서 노동자층을 중심으로 전개된 정치운동입니다. 노동자들이 1837년 초에 보통선거, 비밀투표, 인구 비례에 의한 평등한 선거구 결정, 하원의원의 자격 철폐, 정기적인 선거를 내용으로 하는 인민헌장을 내건 청원운동을 전개하였습니다.

06 베트남 참전 이후 미국의 대통령이 선언한 아시아 불개입 선언 정책을 무엇이라 하는가?

| 인천공항공사

① 트루먼 독트린 ② 닉슨 독트린
③ 먼로 독트린 ④ 브레즈네프 독트린
⑤ 케네디 독트린

>>> 트루먼 독트린은 세계대전 직후 공산주의 세력의 확산을 저지하기 위해 완충지대에 놓인 국가에 대해서 미국이 경제·군사적 원조를 아끼지 않는다는 정책입니다. 먼로 독트린은 미국의 대외 불간섭 정책을 일컫고, 브레즈네프 득트린은 소련이 체코를 침공한 직후 이를 정당화하기 위해 사회주의 국가의 주권을 인정하되 사회주의 국가권 전체의 이익을 저해하지 않는 범위에서 주권을 인정한다는 정책입니다.

1.① 2.② 3.④ 4.② 5.③ 6.②

01 다음 중 영국 귀족가문 간에 왕위 계승권을 두고 벌어진 전쟁은?

| 인천공항공사

① 7년 전쟁 　　　　　 ② 크림 전쟁
③ 30년 전쟁 　　　　 ④ 장미 전쟁
⑤ 백년 전쟁

>>>7년 전쟁은 슐레지엔 영유를 둘러싸고 유럽대국들이 둘로 갈라져 싸운 전쟁이고, 크림 전쟁은 러시아와 오스만투르크·영국·프랑스·프로이센·사르데냐 연합군 사이에 일어난 전쟁이고, 30년 전쟁은 독일을 무대로 그리스도교와 가톨릭교 간에 벌어진 종교전쟁입니다. 백년전쟁은 100년 넘게 지속된 영국과 프랑스의 전쟁입니다.

02 다음 중 관계가 잘못 연결된 것?

| 국민일보

① 노동의 종말 – 리프킨
② 미디어는 메시지 – 맥루한
③ 자유론 – 밀턴
④ 세계체제이론 – 월러스틴

>>>〈자유론〉은 영국의 사상가·경제학자인 존 S. 밀의 저서입니다. 밀턴의 작품으로는 〈실낙원〉이 유명합니다.

03 다음 중 플라톤의 4주덕으로 묶인 것은?

| 인천공항공사

㉠ 지혜	㉡ 소망	㉢ 절제
㉣ 믿음	㉤ 사랑	㉥ 용기
㉦ 정의		

① ㉠㉡㉢㉣ 　　　　　 ② ㉠㉢㉥㉦
③ ㉡㉢㉤㉦ 　　　　　 ④ ㉡㉣㉥㉦
⑤ ㉢㉣㉤㉥

>>>플라톤은 지혜, 용기, 절제의 덕이 조화를 이룰 때 정의의 덕이 이루어진다고 하였습니다. 플라톤의 4주덕에 믿음, 소망, 사랑을 더하여 7주덕이라 합니다.

04 "인생은 짧고 예술은 길다."라는 아포리즘을 말한 사람은? | 인천공항공사

① 파스칼　　　　　　　② 니체
③ 소크라테스　　　　　④ 히포크라테스
⑤ 밀

>>>히포크라테스의 〈아포리즘〉 첫머리에 "인생은 짧고 예술은 길다"라는 아포리즘이 나옵니다.

05 다음 중 맹자와 관련이 없는 것은? | 인천공항공사

① 물아일체　　　　　　② 사단
③ 호연지기　　　　　　④ 성선설
⑤ 왕도정치론

>>>물아일체(物我一體)는 자연과 나는 하나라는 장자의 사상입니다.

06 '사람들은 모두 쓸모 있는 것의 쓸모는 알아도 쓸모없는 것의 쓸모는 모른다며 쓸모없다고 생각했던 것이야 말로 쓸모 있는 것'이라는 무용지용(無用之用)을 말한 사상가는? | 에너지관리공단

① 장 자　　　　　　　② 맹 자
③ 공 자　　　　　　　④ 순 자
⑤ 주 자

07 다음 중 율곡 이이와 관련이 없는 것은? | 한국남부발전

① 영남학파　　　　　　② 이통기국론
③ 주기론　　　　　　　④ 동호문답
⑤ 십만양병설

>>>이황의 문하생들이 영남학파를 형성했고, 이이의 문하생들은 기호학파를 형성했습니다.

1.④　2.③　3.②　4.④　5.①　6.①　7.①

01 이슬람 4대 단체가 아닌 것? | 국민일보

① 알 카에다 ② 하마스
③ 헤즈볼라 ④ 하시시

〉〉〉하시시는 대마초의 일종인 마약입니다.

02 프로테스탄티즘의 윤리가 아닌 것은? | 국민일보

① 신앙일치 ② 교회일치
③ 만인사제 ④ 성서주의

〉〉〉프로테스탄티즘은 권위의 통로를 성서로만 한정하여 교회가 성서에 기초하여 존재한다 하고, 교회
는 그것을 인정한 것에 불과하다고 하였습니다.

03 다음 중 성격이 다른 것은? | 코바코

① PBS ② NHK
③ AFP ④ ABC
⑤ BBC

〉〉〉PBS(미국), NHK(일본), ABC(호주), BBC(영국) 공영방송입니다. AFP는 프랑스의 국제통신사로
세계 4대 통신사 중 하나입니다.

04 A프로그램 시청률(a)과 B프로그램의 점유율(b)은 각각 얼마인가? | 코바코

◎ 텔레비전 소유 총 가구수 : 150만
◎ 텔레비전 시청 총 가구수 : 100만
◎ A프로그램 시청 총 가구수 : 21만
◎ B프로그램 시청 총 가구수 : 27만

	(a)	(b)
①	6%	18%
②	21%	27%

③ 14%   27%
④ 14%   6%
⑤ 21%   6%

>>> 시청률은 텔레비전을 소유하고 있는 총 가구 중에서 특정 프로그램을 시청하고 있는 가구 총합의 백분율을 말합니다. 점유율은 텔레비전을 이용하고 있는 총 가구 중에서 특정 프로그램을 시청하고 있는 가구 총합의 백분율을 의미합니다.

05 여름철 TV프로그램편성표를 보면 야구경기방송 편성과 함께 우천시를 대비해서 같은 시간대에 다른 프로그램을 편성해 놓는다. 이를 무엇이라 하는가?

| 인천공항공사

① 앤솔로지   ② 페이퍼 뷰
③ 프로그램 큐 레이팅   ④ 스핀 오프
⑤ 레인코트 프로그램

>>> 앤솔로지는 장르만 비슷한 프로그램을 골라 옴니버스 형식으로 구성한 프로그램을 말하고, 페이퍼 뷰는 시청한 프로그램에 따라 따로 시청료를 지불하는 유료 케이블 TV를 말합니다. 프로그램 큐 레이팅은 라디오와 텔레비전 프로그램의 선호도를 측정하는 지표이고, 스핀 오프는 현존하는 프로그램에서 새로운 프로그램이 생기는 것을 말합니다.

06 광고를 하기 전 의사 전달의 목표를 수립해야 한다는 이론은?

| 코바코

① 배양 이론   ② 이용과 충족 이론
③ 다그마 이론   ④ 침묵의 나선형 이론
⑤ 인지균형 이론

>>> 다그마 이론은 광고의 목적을 의사전달이라고 설정하여 광고를 하기 전에 의사전달의 목표를 수립해야 한다는 이론으로 의사가 얼마나 전달되었느냐의 정도로 광고의 효과를 측정합니다. 하지만 광고의 궁극적인 목적은 판매라는 점을 간과했다는 비판이 있습니다.

1.④ 2.② 3.③ 4.③ 5.⑤ 6.③

01 다음 중 광고의 3B로 바른 것은? | 코바코

① blond, beast, beauty
② beauty, baby, blond
③ baby, beauty, beast
④ beast, blond, baby
⑤ blond, baby, beauty

>>> 광고의 3B는 광고의 주목률을 높이기 위한 것으로 아기(baby), 미인(beauty), 동물(beast)을 말합니다.

02 지상파 TV에서 허가되지 않는 광고형태는? | 한국남부발전

① 시즐광고
② 티저광고
③ 네거티브광고
④ 중간광고
⑤ 애드버토리얼

>>> 우리나라에서 중간광고는 1974년 3월 폐지됐으며, 현재 케이블TV와 위성DMB에서만 허용되고 있습니다.

03 라면을 먹을 때 '후르륵 후르륵' 하는 소리나, 맥주를 마신 후 '캬' 하고 내뱉는 탄성 등 식욕을 돋우게 하는 매력적인 소리로 예상 고객의 감각을 자극하는 광고를 무엇이라 하는가? | 코바코

① 키치 광고
② 티저 광고
③ 중간 광고
④ 멀티스폿 광고
⑤ 시즐 광고

>>> 시즐은 후라이팬으로 고기를 구울 때 '지글지글' 익는 소리를 말합니다.

04 더블 업 광고란?

① 신문기사 형태로 만든 광고
② 처음 광고에 상품에 관한 정보를 나타내지 않다가 서서히 드러내는
   광고
③ 외국 영화의 개봉 시일에 맞춰 그 영화의 장면을 이용해 만든 광고
④ 특정 제품을 소품으로 활용해 이중 광고효과를 노리는 광고
⑤ 잠재의식을 이용한 광고

>>>① 애드버토리얼, ② 티저 광고, ③ 타이 업 광고, ⑤ 서브리미널 광고 에 대한 설명입니다.

05 광고주의 광고활동을 총괄적으로 전문적인 광고 대행업체가 맡아하는 제도
를 무엇이라 하는가?

① AM 제도   ② AE 제도
③ ABC 제도   ④ CPM 제도
⑤ FM 제도

>>>ABC는 발행부수공사기구로 신문이나 잡지의 판매부수를 조사하여 인증을 하는 역할을 하고,
   CPM은 천명 단위의 수용자에게 도달하는데 드는 광고비용으로 광고주가 얼마나 효율적으로 광고
   비를 사용했는지 측정하는 척도로 사용됩니다.

06 다음 중 광고에 대한 설명으로 바르지 않은 것은?

① 지상파 방송의 경우 방송프로그램 광고시간은 방송프로그램시간의
   10%를 초과할 수 없다.
② 방송광고는 사후심의제이다.
③ 지상파 방송은 방송프로그램을 중단하는 중간광고를 할 수 없다.
④ 자막광고의 자막의 크기는 화면의 4분의 1을 초과할 수 없다.
⑤ 주류의 경우 07시부터 22시까지는 텔레비전 방송광고를 할 수 없
   다.

>>>방송광고는 사전심의제입니다.

1.③   2.④   3.⑤   4.④   5.②   6.②

01 블랙저널리즘이란?
| 에너지관리공단

① 말과 글 대신 사진으로 사실이나 사건 등을 보도하는 것
② 선정적이고 흥미만을 불러일으키는 보도
③ 취재 방법과 내용이 획일적이고 개성이 없는 저널리즘
④ 일반에게 공개되지 않은 사실을 밝혀내는 저널리즘
⑤ 선거보도형태의 하나로 본질을 벗어난 채 흥미위주로 보도하는 것으로, 후보자의 득표상황만을 집중보도하는 것

>>> ①은 포토저널리즘, ②는 옐로저널리즘, ③은 팩저널리즘, ⑤는 경마저널리즘 입니다.

02 다음 중 올림픽을 2번 이상 유치한 곳이 아닌 것은?
| 한국남부발전

① 미국-로스앤젤레스
② 프랑스-파리
③ 영국-런던
④ 그리스-아테네
⑤ 이탈리아-로마

>>> 로스앤젤레스(10, 23회), 파리(2, 8회), 런던(4, 14회), 아테네(1, 28회) 모두 2번씩 올림픽을 유치했습니다.

03 올림픽에서 축구에 출전선수는 23세 이하로 규정되어 있지만 23세 이상의 프로선수를 세명까지 참가할 수 있도록 하는 제도를 무엇이라 하는가?
| 인천공항공사

① 미라클 카드제
② 릴리스
③ 버저비터
④ 리베로
⑤ 트리플 크라운

>>> 릴리스는 MLB에서 FA가 되기 전에 구단이 선수와 재계약을 하지 않고 그냥 놓아주는 것을 말합니다. 버저비터는 경기종료를 알리는 버저소리와 함께 성공된 골을 일컫는 농구용어입니다. 리베로는 수비전문선수를 말합니다. 트리플 크라운은 야구에서 타자의 경우 홈런, 타율, 타점 1위, 투수의

경우에는 다승, 방어율, 탈삼진 1위를 말합니다.

04 우리나라가 처음 출전한 월드컵은?

| 에너지관리공단

① 제5회 스위스 월드컵
② 제6회 스웨덴 월드컵
③ 제7회 칠레 월드컵
④ 제8회 잉글랜드 월드컵
⑤ 제9회 멕시코 월드컵

〉〉〉우리나라는 제5회 스위스 월드컵에 첫 출전을 하였지만 단 한 골도 넣지 못했습니다. 이 후 두 번째로 출전하게 된 제9회 멕시코 월드컵에서 첫 골을 기록하였습니다.

05 역대 월드컵이 열린 곳이 아닌 곳은?

| SBS

① 그리스
② 스페인
③ 스웨덴
④ 칠 레

〉〉〉1982 스페인월드컵, 1958 스웨덴월드컵, 1962 칠레월드컵. 그리스는 아직 월드컵을 개최하지 못했습니다.

06 다음 중 유럽의 3대 리그 아닌 것?

| 국민일보

① 분데스리가
② 프리미어리그
③ 프리메라리가
④ 세리에 A

〉〉〉유럽의 3대 리그하면 프리미어리그, 프리메라리가, 세리에 A를 말합니다. 여기에 독일의 분데스리가를 포함해서 유럽의 4대 리그라 부르기도 합니다.

1.④ 2.⑤ 3.① 4.① 5.① 6.①

01 프로골프에서 말하는 그랜드 슬램이란? | 코바코

① 여러 해에 걸쳐 마스터스 오픈, PGA챔피언십, US오픈, 브리티시 오픈을 모두 석권하는 것
② 한해에 마스터스 오픈, PGA챔피언십, US오픈, 브리티시 오픈을 모두 석권하는 것
③ 한해에 마스터스 오픈, PGA챔피언십, US오픈을 모두 석권하는 것
④ 여러 해에 걸쳐 마스터스 오픈, PGA챔피언십, US오픈을 모두 석권하는 것
⑤ 여러 해에 걸쳐 나비스코 오픈, 마스터스 오픈, PGA챔피언십, US오픈을 모두 석권하는 것

>>> 그랜드 슬램은 한 해에 4대 메이저대회를 모두 석권하는 것을 말합니다. 여러 해에 걸쳐 4대 메이저 대회를 모두 석권하는 것은 '커리어(통상) 그랜드 슬램' 이라고 합니다.

02 골프에서 각 홀의 규정타수로 끝났을 때를 무엇이라 하는가? | 인천공항공사

① 버 디　　　　② 이 글
③ 더블보기　　　④ 이븐파
⑤ 보 기

>>> 규정타수보다 한 타 적게 친 것을 버디, 두타 적게 친 것을 이글이라 하고 규정타수보다 한타 많이 친 것을 보기 두타 많이 친 것을 더블보기라고 합니다.

03 배우들이 대사 없이 리듬과 비트만으로 구성된 공연으로 비언어 신체극을 무엇이라 하는가? | 코바코

① 넌버벌 퍼포먼스
② 코스프레
③ 프레타포르테
④ 럭셔리 제너레이션
⑤ 메세나

>>> 코스프레는 애니메이션, 게임에 등장하는 캐릭터들의 모습과 복장을 재현하는 것입니다. 프레타포

르테는 프랑스어로 기성복이라는 뜻이나 지금은 고급기성복을 가리키는 복식용어로 자리 잡았습니다. 럭셔리 제너레이션은 명품을 선호하는 여피족을 가리키는 말로 '경제 기반이 취약한 20대 초중반의 명품을 선호하는 사람들'의 의미로 통합니다. 메세나는 기업의 예체능계에 대한 원조를 뜻합니다.

04 다음은 무엇에 대한 설명인가?

| 인천공항공사

> (   )는 실제로 무대 위에서 연기하기 어려운 장면을 영화로 상영하며 진행하는 연극으로 연쇄극이라도 한다. 1919년 상영한 김도산의 〈의리적 투구〉는 최초의 (   )이다.

① 소시오 드라마　　　　② 키노 드라마
③ 모노 드라마　　　　　④ 레제 드라마
⑤ 슈라이 드라마

〉〉〉소시오 드라마는 환자나 학생의 사회적인 문제나 대인관계 상의 문제를 치료하는데 목적이 있는 연극이고, 모노 드라마는 한 사람이 연기하는 일인극입니다. 레제 드라마는 무대 상연을 목적으로 하지 않고 읽기 위해서 쓴 희곡이고, 슈라이 드라마는 독어로서 표현주의 희곡의 한 형식인데 부르짖음의 희곡입니다.

05 일본이 세계적으로 자랑하는 전통 무대예술로서, 서민을 위한 성인용 인형극은 무엇인가?

| 인천공항공사

① 노　　　　　　　　② 교 겐
③ 가부키　　　　　　④ 분라쿠
⑤ 사루가쿠

〉〉〉노는 일본의 난보쿠조부터 무로마치시대에 성립된 극으로 익살스런 공연을 하던 사람들이 만든 가면극이고 교겐은 일본의 귀족과 무사계급의 연극이었다가 패망 이후 서민층으로 확산된 연극이고, 가부키는 여장한 남자가 등장하는 일본의 고전연극입니다. 사루가쿠는 일본의 고대·중세에 성행한 예능으로 가무극적인 것과 대화문답형식이 있습니다.

1. ②　2. ④　3. ①　4. ②　5. ④

01 영화와 감독이 잘못 연결된 것은?　　　　　　　　　　　| 국민일보

① 너는 내운명 – 박진표
② 박수칠 때 떠나라 – 장진
③ 내 생애 가장 아름다운 일주일 – 민규동
④ 가문의 위기 – 정흥순

〉〉〉〈가문의 위기〉는 정용기 감독의 작품입니다. 정흥순 감독은 〈가문의 영광〉의 감독이죠.

02 다음 중 박찬욱 감독의 작품이 아닌 것은?　　　　　　| 에너지관리공단

① 친절한 금자씨
② 박수칠 때 떠나라
③ 올드보이
④ 공동경비구역 JSA
⑤ 복수는 나의 것

〉〉〉〈박수칠 때 떠나라〉는 장진 감독의 영화입니다. 〈복수는 나의 것〉, 〈올드보이〉, 〈친절한 금자씨〉
는 박찬욱 감독의 복수3부작이라고도 합니다.

03 다음 중 저작권을 국제적으로 서로 보호할 것을 목적으로 체결된 조약은?
　　　　　　　　　　　　　　　　　　　　　　　　　　| 인천공항공사

① 워싱턴조약
② 베른조약
③ 베르사유조약
④ 난징조약
⑤ 베스트팔렌조약

〉〉〉위싱턴조약은 멸종위기에 있는 야생동식물종에 관한 조약이고, 베르사유조약은 1919년 6월 28일
파리 평화회의의 결과로 31개 연합국과 독일이 맺은 조약이고, 난징조약은 아편전쟁의 종결을 위
하여 영국과 청나라가 체결한 조약입니다. 베스트팔렌조약은1648년 독일 30년 전쟁을 마감 조약
입니다.

04 다음 중 용비어천가(龍飛御天歌)에 대한 설명으로 바르지 않는 것은?

| 에너지관리공단

① 훈민정음으로 쓴 최초의 작품이다.
② 세종이 석가모니의 공덕을 찬양하여 지은 노래를 실은 책이다.
③ 10권 5책 125장으로 구성되어 있다.
④ 〈월인천강지곡〉과 함께 악장 문학의 대표작이다.
⑤ 정인지, 안지 등이 지었다.

≫≫세종이 석가모니의 공덕을 찬양하여 지은 노래를 실은 책은 월인천강지곡(月印千江之曲)입니다.

05 다음 중 판소리 6마당에 해당하지 않는 것은?

| 에너지관리공단

① 춘향가
② 적벽가
③ 변강쇠타령
④ 옹고집전
⑤ 심청가

≫≫조선 후기에 신재효가 판소리의 체계를 가다듬어 판소리 12마당을 판소리 6마당으로 정립시켰습니다. 그 중 〈변강쇠타령〉을 제외한 5마당이 현재까지 전해오고 있습니다. 〈심청가〉, 〈춘향가〉, 〈흥부가〉, 〈적벽가〉, 〈수궁가〉를 판소리 5마당이라 합니다.

06 판소리 4대 유파가 아닌 것은?

| 국민일보

① 서편제
② 동편제
③ 남산제
④ 중고제

≫≫판소리는 지역과 그 독특한 창법에 등에 따라 서편제, 동편제, 중고제로 나뉩니다. 영화로 유명한 서편제는 광주와 나주에서 많이 불리는 것으로 여성스럽고 한을 품은 듯한 애절한 가락이 특징이고 동편제는 남성적이고 씩씩한 분위기를 띄고 있습니다. 중고제는 서편제와 동편제의 중간적 성격을 갖고 있습니다.

1.④ 2.② 3.② 4.② 5.④ 6.③

01 다음 중 음악에서 빠르기의 순서를 느린 것부터 차례로 나열한 것은?

| 인천공항공사

① 안단테 – 알레그레토 – 안단티노 – 모데라토 – 라르고 – 알레그로
　 – 프레스토
② 라르고 – 안단테 – 안단티노 – 모데라토 – 알레그레토 – 알레그로
　 – 프레스토
③ 라르고 – 안단티노 – 알레그로 – 안단테 – 알레그레토 – 모데라토
　 – 프레스토
④ 안단테 – 안단티노 – 알레그로 – 알레그레토 – 라르고 – 모데라토
　 – 프레스토
⑤ 라르고 – 안단티노 – 안단테 – 모데라토 – 알레그로 – 알레그레토
　 – 프레스토

02 다음 중 작가와 작품이 바르지 않은 것은?

| 에너지관리공단

① 베토벤 – 엘리제를 위하여
② 모차르트 – 피가로의 결혼
③ 차이코프스키 – 호두까기 인형
④ 헨델 – 메시아
⑤ 하이든 – 즉흥환상곡

》》》〈즉흥환상곡〉은 쇼팽의 작품입니다. 교향곡의 아버지라고 불리는 하이든의 대표적 작품으로는
〈천지창조〉와 〈사계〉 등이 있습니다.

03 6·25 전쟁을 소재로 해서 그린 〈한국에서의 학살〉의 작가는?

| 에너지관리공단

① 피카소　　　　　　　② 몬드리안
③ 칸딘스키　　　　　　④ 달 리
⑤ 뭉 크

》》》파리 국립피카소 미술관에 소장되어 있는 〈한국에서의 학살〉은 〈게르니카〉와 함께 반전(反戰)을
주제로 한 피카소의 작품입니다.

04 다음은 무엇에 대한 설명인가?

| 인천공항공사

> 1960년대 후반, 미국의 젊은 작가들이 최소한의 조형 수단으로 제작했던 회화나 조각을 가리킨다. 지극히 단순하고 간결한 형태들을 하나만 또는 반복적으로 배열한 것으로 착시효과나 아직까지 알려지지 않았던 시각적 현상을 연출한다. 대표적인 작가로는 엘즈워드 캘리, 프랭크 스텔라, 도널드 주드 등이 있다.

① 표현주의　　　　　　② 미니멀 아트
③ 다다이즘　　　　　　④ 극사실주의
⑤ 미래파

》》》표현주의는 작가 개인의 내부생명인 자아와 혼의 주관적 표현을 추구하는 감정표출의 예술이고, 다다이즘은 전통적인 문명을 부정하고 기성의 모든 사회적·도덕적 속박에서 정신을 해방, 개인의 진정한 근원적 욕구에 충실하고자 했고, 극사실주의는 일상적인 현실을 생생하고 완벽하게 그려내는 것이 특징이고, 미래파는 전통을 부정하고 기계문명이 가져온 도시의 약동감과 속도감을 새로운 미로써 표현하려고 하였습니다.

05 다음의 작품들의 공통된 사조는?

| 에너지관리공단

> ◎ 워즈워스 〈뻐꾸기에 부쳐〉
> ◎ 들라크루아 〈민중을 이끄는 자유의 여신〉
> ◎ 슈베르트 〈겨울 나그네〉

① 낭만주의　　　　　　② 사실주의
③ 인상주의　　　　　　④ 표현주의
⑤ 고전주의

》》》워즈워스는 영국의 낭만주의 시인이고, 들라크루아는 〈민중을 이끄는 자유의 여신〉, 〈사르다나파르의 죽음〉 등의 낭만주의 회화를 남겼고, 슈베르트 역시 낭만파 음악의 대표자로 〈겨울 나그네〉, 〈숭어〉 등의 작품이 있습니다.

1.② 2.⑤ 3.① 4.② 5.①

01 다음 세 작가 모두 같은 제목의 작품을 갖고 있다. 다음 중 공통된 제목의 작품은?

◎ 피카소

◎ 루벤스

◎ 톨스토이

① 부 활　　　　　　　② 황 소

③ 자화상　　　　　　　④ 인생의 길

⑤ 전쟁과 평화

〉〉〉〈부활〉과 〈인생의 길〉은 톨스토이의 작품이고, 〈황소〉는 피카소의 작품입니다.

02 최근 한 영화배우가 자살하여 죽은 이후 이전에 비해 자살률이 평균 2.5배가 증가하였다고 한다. 이처럼 유명인의 자살을 모방한 자살을 무엇이라 하는가?

① 피그말리온 효과　　　② 로젠탈 효과

③ 낙인 효과　　　　　　④ 베르테르 효과

⑤ 모차르트 효과

〉〉〉베르테르 효과는 괴테의 소설 〈젊은 베르테르의 슬픔〉에서 베르테르가 권총 자살을 한 것을 모방한 자살사건이 유행처럼 유럽 전역으로 번진데서 유래한 것입니다. 피그말리온 효과는 교사의 기대에 따라 학생의 학업성취가 달라지는 현상으로 로젠탈 효과라고도 합니다. 낙인 효과는 피그말리온 효과와는 반대로 나쁜 사람이라고 부정적인 낙인이 찍히면 그 낙인에 걸맞는 행동을 한다는 것입니다. 모차르트 효과는 어릴 때부터 피아노를 배우거나 클래식 음악을 듣고 자란 어린이들은 그렇지 않은 어린이보다 EQ, 지능, 수학 등에서 탁월한 우월성을 타나낸다는 효과입니다.

03 다음은 매슬로우의 욕구 5단계이다. 순서대로 바르게 나열한 것은?

㉠ 소속 및 애정에 대한 욕구　　㉡ 생리적 욕구

㉢ 자기존중에 대한 욕구　　　　㉣ 안전의 욕구

㉤ 자아실현의 욕구

① ㄴ - ㄹ - ㄷ - ㅁ - ㄱ
② ㄴ - ㄹ - ㄱ - ㄷ - ㅁ
③ ㄹ - ㄴ - ㄷ - ㄱ - ㅁ
④ ㄴ - ㄹ - ㄷ - ㄱ - ㅁ
⑤ ㄹ - ㄴ - ㄷ - ㅁ - ㄱ

>>> 매슬로우의 욕구 단계설은 인본주의적인 교육심리학의 근거를 이루는 이론으로 매슬로우는 인간의 욕구는 타고난 것이며 그 욕구를 강도와 중요성에 따라 5단계로 구분하였습니다. 욕구는 계층을 이루며 하위단계의 욕구가 충족되어야만 다음 단계의 욕구가 발생하게 됩니다. 즉 행동의 동기를 욕구라고 본 것입니다.

04 외국어 교과를 따로 설치하지 않고 보통 교과목을 외국어로 가르쳐 해당 외국어에 익숙해지게 하는 교육법을 무엇이라 하는가?

| 에너지관리공단

① NIE교육
② 전인교육
③ 평생교육
④ 이머전교육
⑤ 몬테소리교육

>>> 이머전교육은 1963년 영어와 프랑스어가 공용어로 사용되고 있는 캐나다의 퀘벡지역에서 처음으로 실시되어 그 효과를 인정받았습니다.

05 다음과 관련 있는 작품은?

| 코바코

감각지각이 의식적 혹은 무의식적인 사고, 기억, 연상 등과 뒤섞이게 되는 등장인물의 끊임없는 의식의 흐름을 표현하는 것으로, 인물의 무한한 사고를 통해서 의식과 무의식의 연속적인 흐름을 제시한다.

① 염상섭 - 만세전
② 현진건 - 운수좋은 날
③ 이상 - 날개
④ 염상섭 - 표본실의 청개구리
⑤ 김동인 - 붉은 산

>>> 위의 내용은 심리주의 소설에 관한 내용입니다. 염상섭의 〈만세전〉과 현진건의 〈운수좋은 날〉은 사실주의 소설이고, 염상섭의 〈표본실의 청개구리〉는 자연주의소설입니다. 김동인의 〈붉은 산〉은 역사소설입니다.

1.⑤ 2.④ 3.② 4.④ 5.③

01 다음은 무엇에 대한 설명인가?　　　　　　　　　| 코바코

> 이탈리아의 작곡가 베르디가 뒤마의 소설 〈La Dame aux Camélias〉를 소재로 한 작품으로 시골출신의 성실한 청년 알프레도와 폐병에 걸린 매춘부 비올레타의 사랑을 그리고 있다.

① 리골레토　　　　　　　② 라트라비아타
③ 아이다　　　　　　　　④ 나비부인
⑤ 피가로의 결혼

>>> 〈리골레토〉, 〈라트라비아타〉, 〈아이다〉는 베르디의 작품이고, 〈나비부인〉은 푸치니, 〈피가로의 결혼〉은 모차르트의 작품입니다.

02 스페인 내전 다루지 않은 것은?　　　　　　　　　| SBS

① 헤밍웨이 〈무기여 잘 있거라〉
② 피카소 〈게르니카〉
③ 달리 〈스페인〉
④ 로치 〈랜드 앤 프리덤〉

>>> 헤밍웨이의 〈무기여 잘 있거라〉는 세계1차대전을 다룬 작품입니다. 헤밍웨이는 〈누구를 위하여 종을 울리나〉에서 스페인 내전을 다루었습니다.

03 다음 중 작품과 지은이의 연결이 바르지 않은 것은?　　　| 인천공항공사

① 택리지 – 이중환　　　　② 구운몽 – 김만중
③ 반계수록 – 이익　　　　④ 지봉유설 – 이광수
⑤ 양반전 – 박지원

>>> 〈반계수록〉은 유형원의 작품입니다. 이익의 작품으로는 〈성호사설〉이 있습니다.

04 다음 중 청록파에 대한 설명으로 바르지 못한 것은?　　　| 인천공항공사

① 〈문장〉지를 통해 등단

② 해방 후 전통적 서정시의 흐름 주도
③ 일제말 문학적 탄압에 대한 적극적 대응
④ 조지훈, 박목월, 박두진을 가르침
⑤ 대표작으로는 〈고풍의상〉 〈승무〉 〈윤사월〉 등이 있음

》》》일제말 문학적 탄압에 대한 적극적 대응이라기 보다는 자연을 소재로 한 자연 친화적인 태도 표출하는 등의 소극적 대응을 하였습니다.

05 다음 한자성어의 빈칸에 알맞은 한자를 순서대로 적은 것은? | 코바코

◎ ( )父之利   ◎ 漸入( )境   ◎ ( )足放尿

① 漁 – 佳 – 凍   ② 魚 – 住 – 東
③ 漁 – 可 – 凍   ④ 魚 – 佳 – 棟
⑤ 漁 – 住 – 凍

》》》어부지리(漁父之利), 점입가경(漸入佳境), 동족방뇨(凍足放尿)

06 다음 중 부수가 다른 하나는? | 인천공항공사

① 中   ② 名
③ 右   ④ 吐
⑤ 呂

》》》中(중)의 부수는 '中' 나머지는 '口'가 부수입니다.

07 '숭어가 뛰니 망둥이도 뛴다'는 속담과 뜻이 같은 한자성어는? | 에너지관리공단

① 走馬看山   ② 螢雪之功
③ 矯枉過直   ④ 朝令暮改
⑤ 附和雷同

》》》부화뇌동(附和雷同)은 줏대 없이 남의 의견에 따라 움직이는 것을 뜻합니다.

1.② 2.① 3.③ 4.③ 5.① 6.① 7.⑤

01 다음 중 대통령제에 대한 설명으로 바른 것은?　　　　　| 한국중부발전

① 민주적 요청에 충실하다.
② 군소정당 난립으로 정국이 불안정할 수 있다.
③ 다수당의 횡포가 우려된다.
④ 몽테스키외의 3권 분립을 배경으로 한다.
⑤ 독일, 영국 등에서 시행하고 있다.

》》》

구 분	대통령제	내각책임제
시행 국가	미국, 프랑스, 한국	영국, 독일, 일본
배경 사상	3권 분립론(몽테스키외)	2권 분립론(로크)
장점	대통령 임기 중 정국의 안정 다수당의 횡포 견제 가능 정책수행의 효율성	정치적 책임에 민감(내각 · 의회 연대책임) 민주적 요청에 충실
단점	임기가 보장되므로 정치적 책임에 둔감 정부 · 국회 조화 어려움(중재 어려움) 독재의 우려	다수당의 횡포 우려 군소정당 난립으로 정국 불안정 가능

02 각내 내각, 소수 내각이라고도 하며 내각 안에서도 특히 중요한 소수의 각료를 가리키는 말은?　　　　　| 한국중부발전

① 새도우 캐비닛(shadow cabinet)
② 꼬아비따시옹(cohabitation)
③ 파워 엘리트(power elite)
④ 이너 캐비닛(inner cabinet)
⑤ 스케이프 고트(scape goat)

》》》새도우 캐비닛은 정권획득에 대비하여 미리 예정된 내각을 의미하고, 꼬아비따시옹은 좌파와 우파가 각각 대통령과 총리를 나누어 맡게 되는 경우를 의미합니다. 파워 엘리트는 C. W. 밀스가 지은 책 이름으로 사회의 의사결정 및 집행을 담당하는 권력을 지닌 핵심엘리트집단을 의미하고, 스케이프 고트는 국민의 지지를 받지 못하는 정부가 가상의 적을 만들어서 관심을 바깥으로 돌리는 것을 말합니다.

03 중국이 대만에 대해 취한 정책으로, 4류정책(경제, 문화, 체육, 과학 기술)과 아울러 중국과 대만 간의 전면적인 직접교역, 수송, 서신왕래를 제의한 바 있다. 이 정책의 이름은?

| 철도시설공단

① 3C정책
② 3B정책
③ 3통정책
④ 양안직접정책

>>>3통은 다음과 같다. 1. (통상 通商) 직접교역, 2. (통항 通航) 수송, 3. (통우 通郵) 서신왕래

04 통신, 미디어, 출판노조 등이 통합해 출범한 국제산별노조로서, 세계화에 대한 대응과 봉사 활동이 핵심 강령이며 온라인 기술과 현대적 텔레커뮤니케이션 수단을 이용, 회원 노조들과 연대를 구축하는 데 목적이 있다. 스위스에 사무국을 둔 이 기구의 이름은?

| 철도시설공단

① 국제노조네트워크
② 세계노동조합연맹
③ 국제자유노동조합연맹
④ 국제노동기구

>>>국제노동기구(ILO)는 UN 산하기구입니다.

05 유엔 산하의 노동기구는?

| 한국중부발전

① ILO   ② ICJ
③ ASEM   ④ FAO
⑤ PLO

>>>International Labor Organization의 약자로 국제노동기구를 말합니다.

1.④ 2.④ 3.③ 4.① 5.①

01 이라크전에 다국적군을 파견하지 않은 나라는?

| 한국중부발전

① 스페인　　　　　　② 영국
③ 폴란드　　　　　　④ 독일

>>>독일, 프랑스는 이라크전 반대파의 핵심입니다.

02 프랑스는 1985년 체포된 나치 전범자에 대해서 1946년 궐석재판에 의한 사형 판결에 따라 처벌하였다. 이처럼 전쟁범죄(War crimes), 집단살해죄 (Genocide), 반인도적 범죄(Crimes against humanity)를 저지른 개인을 형사처벌하기 위해 세워진 상설국제법정은?

| 철도시설공단

① 국제형사재판소
② 국제사법재판소
③ 국제전범재판소
④ 국제군사재판소

>>>국제사법재판소는 개인이 아닌 국가를 상대로 합니다. 3, 4번은 한시적 임시기구입니다.

03 다음 중 사법경찰리에 해당하는 직위는?

| 한국중부발전

① 경사　　　　　　② 경위
③ 경정　　　　　　④ 경감
⑤ 총경

>>>순경, 경장, 경사는 사법경찰리에 해당하고 경위, 경감, 경정, 총경, 경무관, 치안감, 치안정감, 치안 총감은 사법경찰관이라고 합니다.

04 유죄판결을 선고하되 형의 집행을 일정 기간 미루어 주고 그 일정 기간 내에 다른 범죄를 저지르지 않도록 유도하는 형사정책적 제도는?

| 한국중부발전

① 작량감경　　　　　　② 기소유예
③ 선고유예　　　　　　④ 집행유예
⑤ 적부심제도

>>>집행유예는 범죄자에 대하여 단기의 자유형을 선고할 때에 그 정상을 참작하여 일정 기간 그 형의

집행을 유예하는 제도입니다.

05 선진공업국가들과 저개발국 사이의 격차, 특히 경제적인 부문에서의 격차로 인해 나타나는 문제점을 무엇이라 하는가?

| 한국중부발전

① 남남문제
② 남북문제
③ 동서문제
④ 남반구현상
⑤ 북반구현상

>>>남북문제는 북반구에 위치한 선진공업국과 적도 및 남반구에 위치한 저개발국가 사이의 발전 및 소득격차에서 생기는 국제정치·경제의 구조적문제입니다.

06 현재의 가계소비심리를 나타내는 지수는?

| 한국중부발전

① 생활경제고통지수
② 소비자평가지수
③ 소비자기대지수
④ 소비자물가지수
⑤ 도매물가지수

>>>소비자평가지수는 현재의 가계소비심리를 나타내는 지수로 100보다 높으면 6개월 전과 비교해 경기·가계생활 등이 나아졌다는 소비자가 더 많고, 100보다 낮으면 생활수준이 더 열악해졌다는 소비자의 수가 많다는 것을 의미합니다.

07 다음 중 우리나라가 회원국으로 가입되어 있는 경제협력기구는?

| 한국중부발전

① G20
② EEA
③ ASEAN
④ NATO
⑤ NAFTA

>>>G20은 G7을 확대개편한 세계경제협의기구로서 특정지역의 경제위기 재발 방지 등을 논의하기 위한 모임입니다. 선진 7개국(G7: 미국, 일본, 영국, 독일, 프랑스, 캐나다, 이탈리아)과 한국, 중국, 인도, 아르헨티나, 브라질, 멕시코, 러시아, 터키, 호주, 남아프리카공화국, 사우디아라비아, 인도네시아 등 12개 주요 신흥 시장국가와 유럽연합(EU)의장국이 회원국입니다. IMF(국제통화기금), IBRD(세계은행), ECB(유럽중앙은행) 등의 국제기구도 참여합니다.

1.④ 2.① 3.① 4.④ 5.② 6.② 7.①

01 통화의 개념으로 옳은 것은?
| 한국중부발전

① 현금통화
② 현금통화 + 요구불 예금
③ 현금통화 + 저축성 예금
④ 현금통화 + 양도성 예금증서
⑤ 현금통화 + 요구불 예금 + 저축성예금

>>> 통화 = 현금통화 + 요구불 예금(예금주의 요구가 있을 때 언제든지 지급할 수 있는 예금)
총통화 = 통화 + 은행의 저축성 예금 및 거주자 외화예금
총유동성 = 총통화 + 양도성예금증서

02 다음 중 국세인 것은?
| 한국중부발전

① 특별소비세　　　　　② 취득세
③ 담배소비세　　　　　④ 종합토지세
⑤ 도시계획세

>>> 취득세, 담배소비세, 종합토지세는 지방세 중 보통세에 해당하고 도시계획세는 지방세 중 목적세에 해당합니다.

03 다음 중 수요의 탄력성이 큰 것부터 나열한 것은 어느 것인가? | 한국중부발전

① 텔레비전, 연탄, 구두, 쌀
② 텔레비전, 구두, 쌀, 연탄
③ 구두, 텔레비전, 쌀, 연탄
④ 쌀, 연탄, 구두, 텔레비전
⑤ 텔레비전, 구두, 연탄, 쌀

>>> 일반적으로 사치품은 수요의 탄력성이 크고 필수품은 수요의 탄력성이 낮습니다. 필수품은 가격에 상관없이 생존을 위해 꼭 필요한 재화이기 때문입니다. 텔레비전이 사치품에 가장 가깝고 그 다음이 구두이며 연탄과 쌀이 필수품에 해당하는데 그 중에서도 쌀이 더욱 수요의 탄력성이 낮습니다.

04 환율하락을 가져오는 원인은 다음 중 어느 것인가? | 한국중부발전

① 외국인투자 확대, 해외경기 회복
② 외국인투자 축소, 해외경기 불황
③ 통화량 감소, 국내경기 불황
④ 통화량 증가, 국내경기 불황
⑤ 통화량 감소, 해외경기 불황

>>> 외국과의 거래 결과 달러화의 공급이 수요보다 많으면 달러화의 가치가 하락하고 원화의 가치는 상승하여 원화 환율이 하락하게 되며, 반대로 달러화에 대한 수요가 공급보다 많으면 달러화 가치가 상승하고 원화 가치는 하락하여 원화 환율이 상승하게 됩니다. 따라서 해외경기가 회복되면 외국인 투자심리가 회복되고 ROE(기업의 주주가 투자한 자본을 얼마나 효율적으로 이익을 창출하는 가를 나타내는 지표)가 개선되어 국내투자가 확대됨으로써 투자이익이 높을 것이라는 예상으로 외국인의 투자가 확대되어 외환시장에 외국 돈이 많아짐으로써 환율이 하락하게 됩니다.

05 무역수지 개선을 위해 환율상승을 유도하지만 무역수지가 오히려 악화되다가 어느 정도 기간이 지난 후 개선되는 현상을 말한다. 환율변동과 무역수지의 관계를 나타내는 이러한 현상의 용어는? | 철도시설공단

① W이론　　　　　　② J커브효과
③ S효과　　　　　　④ 부메랑 효과

06 M&A에서 백기사란? | 한국중부발전

① 일정 기간 동안에 일정 가격에 원하는 주식의 수량을 장내외에서 사들이는 방법
② 한 기업의 주식을 대량으로 매입하여 경영권에 위협을 가한 후에 인수·합병을 포기하는 대가로 자신의 주식을 비싼 값에 되사도록 강요하는 행위
③ 인수자가 매수 대상 기업에 대해서 협력을 권유하는 행위
④ 한 회사를 적대적 인수·합병으로부터 지켜주는 세력
⑤ 주식시장을 통해 목표주식을 비공개적으로 매수하는 전략

>>> ①은 공개매수, ②는 그린메일, ③은 베어허그, ⑤는 시장매집 입니다.

1.② 　2.① 　3.⑤ 　4.① 　5.② 　6.④

01 모라토리엄과 디폴트의 차이는 무엇인가?　　　　　ㅣ 한국중부발전

　　① 모라토리엄은 채무불이행, 디폴트는 지불유예 선언
　　② 모라토리엄은 조기상환, 디폴트는 채무불이행 선언
　　③ 모라토리엄은 상환연기, 디폴트는 조기상환 선언
　　④ 모라토리엄은 지불유예, 디폴트는 채무불이행 선언
　　⑤ 모라토리엄은 조기상환, 디폴트는 상환연기 선언

　〉〉〉모라토리엄은 빚 갚을 날짜를 연기하는 것이고, 디폴트는 지불을 못 하니 파산을 선언하는 것입니다.

02 각 부처의 정보기술과 컴퓨터 시스템 부분을 책임지고 효과적으로 기획, 조정, 관리하는 사람을 무엇이라 하는가?　　　ㅣ 한국중부발전

　　① CEO　　　　　　　　　② CIO
　　③ COO　　　　　　　　　④ CTO
　　⑤ CFO

　〉〉〉CEO(Chief Executive Officer) 최고 경영자, COO(Chief Operation Officer) 최고 운영 책임자, CTO(Chief Technology Officer) 기술관련 최고 의사 결정자, CFO(Chief Financial Officer) 재무관련 최고 의사 결정자를 말합니다.

03 신기술을 개발한 기업이 특허출원을 할 경우 동종 경쟁업체가 이를 모방해 신기술이 공개되는 것을 막기 위해 특허출원을 하지 않은 채 기술을 숨기는 전략을 일컫는 말은?　　　ㅣ 한국중부발전

　　① 블랙박스 전략　　　　　② 언더루트 전략
　　③ 백하인드 전략　　　　　④ 그라운드 전략
　　⑤ 블루오션 전략

04 최근 주목 받고 있는 경영방법론으로서 북미와 유럽의 기업들이 적용하고 있다. 이러한 경영방법은 데이터와 정보에 또 다른 하나를 결합시킴으로써 결실을 맺을 수 있다. 데이터, 정보 외에 필요한 또 다른 하나란?　　ㅣ 철도시설공단

　　① 기술　　　　　　　　　② 자본

③ 지식 　　　　　　　④ 지리적 요건

>>> 지식경영시스템 (KMS : Knowledge Management System) 또는 지식관리시스템이라고도 합니다.

05 가치관·신조·사고방식·행동방식의 기준이 불분명한 사람들을 통칭하는 말은?
| 한국중부발전

① 이방인　　　　　　② 중간인
③ 주변인　　　　　　④ 혼동인
⑤ 외부인

>>> 주변인은 주로 낯선 환경에 쉽게 적응하지 못하거나 사회의 변화 속도에 따라가지 못하는 사람들을 지칭합니다.

06 '고독한 군중' 또는 '흩어진 모래알'이라는 말이 있다. 이것은 무슨 의미인가?
| 한국중부발전

① 현대 사회의 하류 계층
② 현대 사회의 대중
③ 현대 사회의 지식층
④ 현대 사회의 노동 계급
⑤ 1세대를 제외한 이민 2, 3세대

>>> 고독한 군중 또는 흩어진 모래알은 대중 사회화된 현대 사회를 지칭하는 말입니다.

07 다음 중 노조측의 쟁의행위에 대한 사측의 방어행위는?
| 한국중부발전

① 사보타지　　　　　② 직장폐쇄
③ 보이콧　　　　　　④ 유니언숍
⑤ 스트라이크

>>> 직장폐쇄는 임금지급을 면함으로써 비용 부담을 줄이고 간접적으로 노동자들에게 심리적 위협을 가하는 데 목적이 있습니다.

1.④　2.②　3.①　4.③　5.③　6.②　7.②

01 생디칼리즘(Syndicalisme)이란?

① 점진적으로 사회적 · 정치적 변혁을 이룩하려는 것
② 강력한 노동조합을 조직하여 산업통제권을 장악하고 임금 제도를 철폐하려 하는 것
③ 노동자가 자본가 및 지식계급과의 타협을 모색하려고 하는 것
④ 폭력적 수단을 써서 사회주의 혁명을 급격히 수행하려고 하는 것
⑤ 노동조합의 설립을 원천적으로 봉쇄하려는 사용자의 미끼전략

02 일자리는 있는데도 불구하고 노동시장에서의 정보부족으로 발생하는 실업은 어느 것인가?

① 마찰적 실업
② 구조적 실업
③ 경기적 실업
④ 잠재적 실업
⑤ 계절적 실업

>>> 마찰적 실업은 노동수급의 일시적 부조화에 따른 실업이다. 이는 산업구조의 변화에 따라 노동수요의 방향이 바뀌어도 노동자가 그와 동시에 이동할 수 없기 때문에 또는 노동수요의 단속성(斷續性)이나 특정 생산재의 부족 등으로 인해 일시적으로 생기는 실업을 말합니다.

03 부당노동행위제도를 처음으로 채택한 법은?

① 태프트하틀리법
② 와그너법
③ 클레이턴법
④ 엑슨플로리오법
⑤ 셔먼법

>>> 부당노동행위는 근로자의 노동3권 행사에 대한 사용자의 의도적인 방해행위를 총칭하는 말로 미국의 와그너법에서 처음 채택된 이래 전 세계 노동법의 시효가 되고 있습니다.

04 수질 및 대기오염 정도를 측정할 때 사용하는 ppm은? | 한국중부발전

① 천만분의 일　　　　② 백만분의 일
③ 십만분의 일　　　　④ 만분의 일
⑤ 천분의 일

》》》parts per million

05 유기농산물은 친환경 농산물의 한 종류이다. 유기농산물의 표시 기준은? | 한국중부발전

① 3년 이상 농약·화학비료를 사용하지 않고 재배한 농산물
② 1년 이상 농약·화학비료를 사용하지 않고 재배한 농산물
③ 농약을 사용하지 않고 재배한 농산물
④ 농약을 1/2 이하로 사용하여 재배한 농산물
⑤ 농약·화학비료를 각각 1/2 이하로 사용하여 재배한 농산물

》》》② 전환기유기농산물, ③ 무농약농산물, ④ 저농약농산물입니다.

06 다음은 무엇에 대한 설명인가? | 한국중부발전

> 자연과 환경보호에 앞장 선 사람들에게 주는 상으로 6개의 대륙에서 각 1명씩 총 6명의 환경공로자를 선발한다. 1995년 우리나라의 환경운동연합 사무총장이 수상한 바 있다.

① 글로벌 500
② 내셔널 트러스트
③ 골드만 환경상
④ 사사카와 환경상
⑤ 페트라 켈리 환경상

》》》골드만 환경상(Goldman Environmental Prize)은 미국 골드만 환경재단에서 제정한 것으로 환경보호를 위해 제정한 세계적인 상입니다.

1.② 　2.① 　3.② 　4.② 　5.① 　6.③

01 소에게서 발생하는 전염성 뇌질환인 광우병의 원인은? | 한국중부발전

① 프리온
② H5N1형 바이러스
③ 코로나 바이러스
④ 노로 바이러스
⑤ HIV

>>>프리온(Prion)은 단백질과 비리온의 합성어로, 바이러스처럼 전염성을 가진 단백질 입자라는 뜻입니다. H5N1형 바이러스는 조류 인플루엔자의 발병 원인이고, 코로나 바이러스는 SARS의 발병원인입니다. HIV는 후천성 면역결핍증의 원인입니다.

02 황갈색의 탁한 물로서 비교적 수질오염에 내성이 강한 메기, 미꾸라지, 거머리 등이 살 수 있는 물은? | 한국중부발전

① 1급수　　　　② 2급수
③ 3급수　　　　④ 4급수
⑤ 5급수

>>>황갈색이고 탁한 물은 3급수를 말하며 3급수에서는 메기, 미꾸라지, 거머리류, 잠자리류, 우렁이 등이 살 수 있습니다. 1급수에서는 산천어, 가재, 플라나리아류, 옆새우류, 쉬리 등이 살고, 2급수에서는 피라미, 다슬기, 딱정벌레류 등이 삽니다. 그리고 4급수에서는 실지렁이류가 삽니다.

03 '지구를 건강하게, 미래를 풍요롭게'라는 슬로우건 아래 개최된 지구 정상회담에서 환경과 개발에 관한 기본원칙을 담은 선언문은? | 철도시설공단

① 스톡홀름선언
② 인간환경선언
③ 유엔인간환경회의
④ 리우선언

>>>자연과 인간, 환경보전과 개발의 양립을 목표로 한 기본 원칙을 담은 선언서입니다.

04 정맥산업이란?

① 제품을 생산하고 소비자에게 판매하는 것
② 쓰고 버린 제품을 수거해 해체, 재생, 재가공 등 폐기 처리하는 것
③ 환경에 악영향을 끼치지 않는 환경친화적 제품만을 생산하는 것
④ 유전자변형식품을 판매하는 것

》》》제품을 생산하고 소비자에게 판매하는 산업은 동맥 산업입니다.

05 가시광선 중에서 파장이 가장 긴 것은?　　　| 한국중부발전

① 적색　　　　　　　② 황색
③ 청색　　　　　　　④ 녹색
⑤ 모두 같다

》》》가시광선은 사람의 눈에 보이는 파장역의 전자기파로 보기 중에서 적색이 가장 길고 청색이 가장 짧습니다.

06 뉴턴의 운동법칙 중 제2법칙은?　　　| 한국중부발전

① 관성의 법칙
② 가속도의 법칙
③ 만유인력의 법칙
④ 작용반작용의 법칙
⑤ 원심력의 법칙

》》》뉴턴의 운동법칙은 다음의 3가지입니다.
■관성의 법칙(제1법칙)
　외부에서 힘이 가해지지 않는 한 둘체는 자기의 상태를 그대로 유지하려고 하는 성질을 갖는다.
■가속도의 법칙(제2법칙)
　가속도는 가해지는 힘에 비례하고 물체의 질량에 반비례한다.
■작용 반작용의 법칙(제3법칙)
　A물체가 B물체에게 힘을 가하면(작용) B물체 역시 A물체에게 똑같은 크기의 힘을 가한다(반작용)는 것이다.

1.① 2.③ 3.④ 4.② 5.① 6.②

01 다음 보기의 설명이 뜻하는 것은?　　　　　| 한국중부발전

> 빛의 파장이 가장 짧다. 고(高)에너지를 갖고 투과력이 강해 피부가 오래 노출되면 타거나 피부암을 유발하는 경우도 있다.

① 가시광선　　　　　　② 적외선
③ 자외선　　　　　　　④ 방사선
⑤ 감마선

>>> ① 가시광선 : 사물의 색깔을 구분할 수 있는 것은 가시광선 영역의 빛이 반사되기 때문이다.
　② 적외선 : 가시광선보다 파장이 길다. 특히 파장이 가장 긴 원적외선의 열작용은 세균을 없애는 데 도움이 되고, 모세혈관을 확장시켜 혈액순환과 세포조직 생성에 도움을 준다.
　④ 방사선 : 방사성원소의 붕괴에 따라 방출되는 입자선(粒子線) 및 복사선(輻射線).

02 SI 단위계 중 기본 단위로만 짜지어진 것은?　　　　　| 철도시설공단

① 길이(m), 시간(s), 전류,(A)
② 압력(P), 온도(K), 길이(m)
③ 물리량(mol), 질량(kg), 온도(C)
④ 광도(cd), 속도(m/sec), 일(J)

03 IT용어는 사회현상의 흐름을 정확하게 파악할 수 있다. 다음 중 IT 관련 신조어 중에서 바르게 연결되지 않은 것은?　　　　　| 철도시설공단

① 프로튜어(Proteur) - 전문가는 아니지만 자신만의 노하우로 웹에서 주목받는 사람들
② Rec족 - 독특한 개성으로 촬영한 동영상을 인터넷에 올리는 사람들
③ 인포러스트(Infolust) - 정보를 교묘하게 훔치는 자들
④ 하비홀릭 - 취미활동에 마니아처럼 몰두하는 것

>>> 인포러스트(Infolust) - 정보에 강한 욕망을 가진 사람들

04 유선 초고속 인터넷서비스의 확장된 개념으로 언제, 어디서나, 이동 중에도 초고속 인터넷을 자유롭게 이용할 수 있는 휴대 초고속 인터넷을 지칭하는 말은?

| 철도시설공단

① 위성 DMB
② 와이브로(Wibro)
③ 옵트인(Opt-in)
④ 블루트스(Bluetooth)

05 HSDPA에 대한 설명이다. 잘못된 것은?

| 한국중부발전

① 고속하향패킷접속방식을 뜻하는 머릿글자이다.
② WCDMA의 진화기술로 비동기식 3.5세대 이동통신서비스라 할 수 있다.
③ 국내에서는 아직 상용화 되지 못한 차세대 기술이다.
④ 실시간 화상통화가 가능하고 동영상등을 감상할 수 있다.
⑤ 기존 CDMA가 800~1800MHz를 사용하는데 반해 2GHz대의 주파수를 사용한다.

06 미항공우주국(NASA)이 쏘아올린 것으로, 화성의 지표면 아래에 거대한 얼음 저수지가 존재한다는 사실을 처음 확인한 탐사선의 이름은?

| 한국중부발전

① 오디세이호(Odyssey)
② 갈릴레오호(Galileo)
③ 보이저1호(Voyager)
④ 베가1호(Vega)
⑤ 디스커버리호(Discovery)

》》》갈릴레오호(Galileo)는 목성 탐사선이고, 보이저1호(Voyager)는 목성과 토성 탐사를 목적으로 한 미국의 무인탐사선입니다. 베가1호(Vega)는 금성과 핼리혜성을 탐사하기 위한 소련의 우주탐사선이고, 디스커버리호(Discovery) 으주왕복선입니다.

1.③ 2.① 3.③ 4.② 5.③ 6.①

01 2003년 4월 한국 · 미국 · 프랑스가 합작해 만든 자외선 우주 관측위성은?
| 한국중부발전

① 갤렉스(GALEX)　　② 우리별1호
③ 무궁화1호　　④ 아리랑1호
⑤ 과학1호

>>>우리별1호는 우리나라 최초의 국적위성으로 실험과 관측을 주목적으로 하는 과학위성이고, 무궁화1호는 국내 최초의 통신위성입니다. 아리랑1호는 국산화율 80%의 국내 최초 다목적 실용위성이고, 과학1호는 우리나라 최초의 과학로켓으로 한반도 상공의 오존층 농도 측정이 주 목적입니다.

02 남북회담 시설용으로 판문점 공동경비구역 북쪽 지역에 세워진 건물의 이름은?
| 한국중부발전

① 평화각　　② 통일각
③ 자유각　　④ 자유의 집
⑤ 평화의 집

03 박지원의 소설 '허생전'에서 주인공 허생과 같은 인물로 조선 후기에 자본의 축적에 힘입어 특정 상품의 매점매석을 통해 일확천금을 노리던 상인들을 무엇이라 하는가?
| 철도시설공단

① 도고　　② 공인
③ 만상　　④ 시전상인

04 노비안검법 및 고려시대 최초의 과거제 실시 등 많은 업적을 남긴 왕은?
| 한국중부발전

① 광종　　② 공민왕
③ 정종　　④ 공양왕
⑤ 창왕

05 백제의 지방 행정구역으로서 한반도 안에만 국한되지 않고 일본과 중국에까지 설치해 왕자나 왕족을 보내 다스리게 했던 백제 특유의 행정제도를 이르는 말은?

| 한국중부발전

① 십제(十濟)　　　　② 군현(郡縣)
③ 담로(擔魯)　　　　④ 방령(方領)
⑤ 탕평(蕩平)

06 삼정의 문란이란 조선 후기 안동김씨(安東金氏)의 세도정치 때 특히 그 폐해가 심하여 홍경래의 난, 임술민란(壬戌民亂) 등 농민반란을 유발하게 된 재정행정의 부패를 말한다. 다음 중에서 3정이란?

| 한국중부발전

① 전정(田政)－군정(軍政)－의정(議政)
② 군정(軍政)－의정(議政)－환곡(還穀)
③ 균역(均役)－전정(田政)－환곡(還穀)
④ 환곡(還穀)－균역(均役)－의정(議政)
⑤ 균역(均役)－의정(議政)－군정(軍政)

07 충청북도 충주에 세워졌으며 당시 고구려의 세력이 한강 이남까지 미쳤다는 단서를 제공하는 국보 제205호로 지정된 이 비석의 이름은?

| 한국중부발전

① 중원고구려비
② 진흥왕 순수비
③ 광개토대왕릉비
④ 북관대첩비
⑤ 무열왕릉비

>>> 진흥왕 순수비는 신라 진흥왕이 영역의 확장 및 세력과시를 위해 세운 기념비이고, 광개토대왕릉비는 우리나라에서 가장 큰 비석으로 고구려의 건국설화와 광개토대왕의 업적이 기록되어 있습니다. 북관대첩비는 임진왜란 때 함경북도 길주에서 정문부를 대장으로 한 함경도 의병의 전승을 기념한 것이고, 무열왕릉비는 통일신라시대 초기에 신라의 제29대 왕인 태종무열왕의 능 앞에 세워진 비석입니다.

1.① 2.② 3.① 4.① 5.③ 6.③ 7.①

01 조선시대에 가죽신을 만드는 일을 업으로 삼던 사람을 일컫는 말은?

| 한국중부발전

① 망나니 ② 갖바치
③ 백정 ④ 광대
⑤ 무격(巫覡)

>>> 목이 있는 신발인 화(靴)를 만드는 장인을 화장(靴匠)과 목이 없는 신발인 혜(鞋)를 만드는 장인을 혜장(鞋匠)을 통칭해 화혜장이라 합니다. 갖바치는 화혜장의 순우리말입니다.

02 대동법은 조선시대 공물[특산물]을 쌀로 통일하여 바치게 한 납세제도이다. 관리들의 모리 행위와 그 폐단은 농민부담을 가중시켰고 국가수입을 감소시켰다. 이를 해소코자 이원익(李元翼)과 한백겸(韓百謙)의 건의에 따라 경기도부터 시행되었는데, 대동법을 최초로 시행한 왕은?

| 철도시설공단

① 세종 ② 성종
③ 광해군 ④ 영조

03 다음 중 시대 순으로 바르게 나열한 것은?

| 한국중부발전

㉠ 명예혁명	㉡ 청교도혁명
㉢ 프랑스혁명	㉣ 미국독립전쟁

① ㉡ – ㉢ – ㉠ – ㉣
② ㉠ – ㉡ – ㉣ – ㉢
③ ㉡ – ㉢ – ㉣ – ㉠
④ ㉠ – ㉣ – ㉡ – ㉢
⑤ ㉡ – ㉠ – ㉣ – ㉢

>>> 청교도혁명(1642~1660) → 명예혁명(1688) → 미국독립전쟁(1775) → 프랑스혁명(1789~1794)

04 "꾀꼬리가 봄을 찬미하며 노래를 부른다"는 베이컨의 우상론 중 무엇에 해당하는가?

| 한국중부발전

① 종족의 우상
② 동굴의 우상
③ 시장의 우상
④ 극장의 우상
⑤ 우상과 이성

\>\>\>종족의 우상은 인간 중심으로 생각하기 때문에 생기는 선입견과 편견을 말합니다.

05 영화 "모터사이클 다이어리"의 모델이 되기도 했던 아르헨티나 출신의 정치가이자 혁명가는?

| 한국중부발전

① 체 게바라
② 로자 룩셈부르그
③ 살바도르 아옌데
④ 조셉 브로즈 티토
⑤ 미셸 푸코

\>\>\>로자 룩셈부르그는 여성 사회주의 혁명가입니다. 그녀의 사상은 유럽을 풍미했던 뉴레프트 운동의 이론적 토대가 되기도 했고, 살바도르 아옌데는 남미 최초의 좌파 대통령이자 칠레 대통령입니다. 조셉 브로즈 티토는 유고슬라비아 사회주의 연방공화국 초대 대통령이고, 미셸 푸코는 프랑스의 저항적 사회학자입니다.

06 다음 <보기>에서 소개하는 인물은?

| 한국중부발전

한자 이름은 석일행(釋一行)이다. 불교사상의 사회적 실천을 강조하면서 "모든 불교는 삶에 참여한다."는 참여불교 운동을 주창하고, 민중의 고통을 덜어주는 실천적 사회운동을 펼쳤다. 그의 저서로 「화 Anger」, 「힘 Power」 등이 소개되어 있다.

① 달라이 라마　　　② 지율스님
③ 혜능스님　　　　④ 틱낫한
⑤ 달마

1.② 　2.③ 　3.⑤ 　4.① 　5.① 　6.④

01 18세기 프랑스 사상의 주류를 이루고, 프랑스 혁명에 원리를 제공한 사상은?

| 한국중부발전

① 공리주의
② 경험주의
③ 계몽주의
④ 실증주의
⑤ 실존주의

>>> 공리주의 : 19세기 유럽에서 발전한 사상으로 최대 다수의 최대 행복을 보장하는 것이 사회 정의라고 주장. 대표적인 학자로는 제레미 벤담(Jeremy Bentham)과 존 스튜어트 밀(John Stuart Mill) 등이 있음.
경험주의 : 경험이 지식의 기초이며 근원이라고 주장하는 철학.
실증주의 : 철학의 방법이 과학의 방법과 같다는 것을 주장.
실존주의 : 20세기 초에 합리주의와 실증주의 사상에 대한 반동으로 일어난 철학 사상.

02 독일의 철학가 발터 벤야민(Walter Benjamin)의 예술이론으로, 예술작품에서 흉내낼 수 없는 고고한 분위기를 뜻하는 이 말은?

| 철도시설공단

① 노블리스(noblesse)
② 느와르(noir)
③ 아우라(Aura)
④ 미장센(Mise-en-scene)

>>> 미장센(Mise-en-scene) = 프랑스어 '연출'
느와르(noir) = 프랑스어로 '검다', 범죄와 폭력의 세계를 다룬 영화

03 다음 중 향수를 자극하여 물건을 구매하도록 유도하는 광고로 회상 광고라고도 불리는 것은?

| 철도시설공단

① 티저 광고
② 애드버커시 광고
③ 레트로 광고
④ pop 광고

>>> 레트로 광고는 향수로 소비자들의 구매를 유도하므로 긍정적인 기억을 이끌어내야 합니다.

04 최근 아날로그 시대 광고이론이었던 아이드마 이론에서 한 차원 진화한 기업 인터넷 마케팅인 아이사스 이론이 급부상하고 있다. 다음 중 아이사스 이론에 해당하지 않는 것은?

| 한국중부발전

① Information
② Search
③ Attention
④ Share
⑤ Action

≫≫≫Attention(주의) Interest(흥미) Search(검색과 평가체크) Action(행동) Share(의견 공유)

05 다음 중 저널리즘에 대한 설명으로 바르지 않은 것은?

| 한국중부발전

① 포토 저널리즘 – 말과 글 대신 사진으로 사실이나 사건 등을 보도하는 저널리즘
② 오피니언 저널리즘 – 정치인이나 저명인사의 사소한 말실수나 당황해 하는 행동 등을 사안의 맥락과 관계없이 흥미 위주로 과장해서 보도하는 형태
③ 팩 저널리즘 – 취재 방법과 내용이 획일적이고 개성이 없는 저널리즘
④ 경마 저널리즘 – 선거 보도 형태의 하나로 후보자의 득표 상황만을 집중 보도하는 것
⑤ 블랙 저널리즘 – 일반에게 공개되지 않은 사실을 밝혀내는 저널리즘

≫≫≫②는 가차 저널리즘에 대한 설명입니다. 'gotcha'는 'I got you'의 준말로 "그것 봐! 들켰지!" 정도의 의미로 해석할 수 있습니다.

1.③　2.③　3.③　4.①　5.②

01 KBS에서 1983년에 453시간 동안 생방송으로 진행한 <이산가족찾기>와 같은 장시간 방송 프로그램 형태를 무엇이라 하는가? | 한국중부발전

① 다큐드라마
② 블록버스터
③ 와이드 프로그램
④ 앤솔로지
⑤ 레인코트 프로그램

>>> <이산가족찾기>는 1983년 6월 30일부터 11월 14일까지 무려 453시간 45분 동안 생방송으로 진행된 한국의 최장 와이드 프로그램입니다. 텔레비전과 마라톤을 합친 텔레톤이라고 부르기도 합니다.

02 다음 중 성격이 다른 것은? | 한국중부발전

① 로이터(Reuters)
② AP
③ AFP
④ 이타르타스(ITAR-TASS)
⑤ 르 몽드(Le Monde)

>>> 르 몽드는 프랑스를 대표하는 세계 10대 일간지 중 하나입니다.

03 최초로 경기에 사용되기도 했으며, 가장 오래된 수영 영법은? | 한국중부발전

① 평영　　　　　② 자유형
③ 접영　　　　　④ 배영
⑤ 다이빙

04 다음 중 골프에서 마스터스 오픈, US 오픈, PGA 챔피언십 등 3개 메이저대회를 한 해에 모두 석권하는 진기록을 이르는 말은? | 한국중부발전

① 아메리칸슬램　　　② 그랜드슬램
③ 트리플 더블　　　　④ 트리플 크라운

⑤ 트라이애슬론

>>>그랜드슬램은 골프에서 마스터스 오픈, US 오픈, PGA 챔피언십, 브리티시오픈 등 4대 메이저 대회를 석권하는 것을 말하고, 트리플 더블은 농구에서 득점, 리바운드, 어시스트, 블록샷, 가로채기의 5개 부문 중 3개 항목에서 두 자리 수 이상을 기록하는 것입니다. 트리플 크라운은 유럽 프로 축구 3관왕을 뜻합니다. 트라이애슬론은 철인3종경기로 수영, 사이클, 마라톤 등 3개 종목을 완주하는 경기입니다.

05 이종격투기에서 활약 중인 러시아의 격투기 선수인 에밀리아넨코 효도르가의 주 종목이면서 한국의 씨름과 비슷한 격투기술의 이름은? | 한국중부발전

① 삼보   ② 주짓수
③ 무에타이   ④ 쿵푸
⑤ 레슬링

>>>삼보는 러시아 토착 레슬링과 씨름 등을 근대에 들어 국립 러시아 무술연구회에서 체계화 한 것입니다. 주짓수는 일본 유도가 브라질로 넘어가 실전에 유리하도록 세부적으로 체계화한 무술입니다. 무에타이는 타이(태국)의 무예로 킥복싱과 유사합니다.

06 다음 중 월드컵 본선에 가장 많이 출전한 국가는? | 한국중부발전

① 네덜란드   ② 프랑스
③ 잉글랜드   ④ 이탈리아
⑤ 아르헨티나

>>>이탈리아 16회, 아르헨티나 14회, 잉글랜드 · 프랑스 12회, 네덜란드 8회

07 에도시대부터 지금까지 전통을 이어오고 있는 일본의 대표적인 고전 연극을 무엇이라 하는가? | 한국중부발전

① 노   ② 교겐
③ 경극   ④ 가부키
⑤ 곤곡

>>>경극은 원의 잡극, 명, 청의 곤곡에 이어 나타난 중국의 대표적인 전통 연극입니다.

1.③ 2.⑤ 3.④ 4.① 5.① 6.④ 7.④

01 한 사람이 연기하는 일인극을 무엇이라 하는가? | 한국중부발전

① 키노드라마(Kino Drama)
② 모노드라마(Mono Drama)
③ 소시오드라마(Socio Drama)
④ 레제드라마(Lese Drama)
⑤ 사이코드라마(Psycho Drama)

>>>모노드라마는 18세기 독일에서 유행하였고 장 콕토의 〈목소리〉가 유명합니다.

02 우리나라의 스크린쿼터 일수는? | 철도시설공단

① 70일 　　　　　　② 73일
③ 75일 　　　　　　④ 77일

>>>스크린쿼터제도는 극장이 자국의 영화를 일정기준 일수 이상 상영하도록 하는 제도적 장치로 2006년 7월부터 기존 146일의 상영일수에서 절반에 해당하는 73일로 축소되었습니다.

03 '레이크 하우스'라는 할리우드 영화는 한국 영화의 첫 번째 리메이크 작품이다. 이 작품의 원작인 우리 영화는? | 한국중부발전

① 봄날은 간다 　　　　　② 동감
③ 물고기자리 　　　　　④ 인터뷰
⑤ 시월애

04 신인 감독들을 대상으로 매년 개최되는 국제 영화제는? | 한국중부발전

① 로카르노 영화제
② 골든 라즈베리 영화제
③ 레디스톱 영화제
④ 베니스 영화제
⑤ 동경 영화제

>>>신예감독들의 세계무대 등용문 역할을 하는 영화제로 스위스 정부와 주정부의 지원 아래 스위스 영화협회가 주관합니다. 1989년 제42회 영화제에서 배용균 감독의 〈달마가 동쪽으로 간 까닭은〉

이 대상인 금표범상을 수상한 바 있습니다.

05 세계3대 국제영화제에서 최초로 수상한 작품은?

| 한국중부발전

① 씨받이
② 마부
③ 하얀전쟁
④ 달마가 동쪽으로 간 까닭은
⑤ 아제아제 바라아제

>>> 강대진 감독의 〈마부〉는 1961년 제 11회 베를린 국제영화제에서 특별은곰상을 수상했습니다.

06 다음 중 2005년 11월 유네스코의 '인류 구전 및 무형유산걸작'으로 선정된 것은?

| 한국중부발전

① 한산모시짜기
② 고싸움놀이
③ 강릉단오제
④ 조선왕조궁중음식
⑤ 송파산대놀이

>>> 유네스코의 '인류 구전 및 무형유산걸작'에 2001년 종묘제례와 제례악, 2003년 판소리에 이어 강릉단오제가 선정되었습니다.

07 조선 세종 때 창안된 우리 고유의 악보는?

| 한국중부발전

① 정간보   ② 율자보
③ 공척보   ④ 합자보
⑤ 약자보

>>> 정간보는 이전에 쓰이던 악보의 결점을 없애고 보다 세밀한 음을 표현하기 위해 생겨났습니다. 악보의 각 칸은 시가를 나타내고 12율명은 음의 높이를 나타내는데, 정간보는 동양 최초의 유량악보라는 점에서 큰 가치가 있습니다.

1.② 2.② 3.⑤ 4.① 5.② 6.③ 7.①

01 성악에서 여성 성부 중 가장 높은 성역을 가리키는 말과 남성 성부 중 가장 낮은 성역을 가리키는 것으로 바르게 짝지어진 것은? | 한국중부발전

① 소프라노 – 베이스
② 소프라노 – 바리톤
③ 메조 소프라노 – 베이스
④ 메조 소프라노 – 바리톤
⑤ 메조 소프라노 – 테너

>>>여성 성부 높은 순으로 소프라노 – 메조 소프라노 – 알토
남성 성부 높은 순으로 테너 – 바리톤 – 베이스

02 관현악 연주자의 편성으로 바른 것은? | 한국중부발전

① 금관악기 – 현악기 – 목관악기 – 타악기
② 목관악기 – 금관악기 – 현악기 – 타악기
③ 현악기 – 금관악기 – 목관악기 – 타악기
④ 현악기 – 목관악기 – 금관악기 – 타악기
⑤ 목관악기 – 현악기 – 금관악기 – 타악기

>>>지휘자 쪽부터 현악기(바이올린, 비올라, 첼로, 더블베이스) – 목관악기(플루트, 오보에, 클라리넷, 파곳) – 금관악기(호른, 트럼펫, 트롬본) – 타악기(팀파니)의 순서로 편성됩니다.

03 도연명의 <도화원기>와 밀접한 관계가 있는 작품은? | 한국중부발전

① 김홍도 〈소림명월도〉
② 장승업 〈홍백매십정병〉
③ 안견 〈몽유도원도〉
④ 정선 〈인왕제색도〉
⑤ 신윤복 〈혜원전신첩〉

>>>안견의 〈몽유도원도〉는 도연명의 〈도화원기〉의 내용과 비슷하게 이야기가 전개됩니다.

04 다음 용어와 그 설명이 바르지 않은 것은?

① 콜라주 - 풀로 붙인다는 뜻으로 입체파 화가들이 유화의 한 부분에 신문지나 벽지, 사진 등의 인쇄물을 풀로 붙이는 데서 유래
② 테라코타 - 소묘나 회화에서 매우 섬세하고 부드러운 색의 변화를 표현할 때 사용하는 미술기법
③ 아방가르드 - 끊임없이 미지의 문제와 대결하여 이제까지의 예술개념을 일변시킬 수 있는 혁명적인 예술 경향
④ 데포르마시옹 - 자연을 대상으로 한 사실 묘사에서 특정 부분을 강조하거나 왜곡하여 변형시키는 미술기법
⑤ 아르누보 - 유기적이고 움직임이 있는 모티프를 즐겨 곡선·곡면의 집적(集積)에 의한 유동적인 미를 표현

》》》소묘나 회화에서 매우 섬세하고 부드러운 색의 변화를 표현할 때 사용하는 미술기법은 스푸마토라고 합니다.

05 다음 중 밀레의 작품이 아닌 것은?

① 풀밭 위의 점심   ② 걸음마
③ 이삭줍기   ④ 만종
⑤ 씨 뿌리는 사람

》》》〈풀밭 위의 점심〉은 마네의 작품입니다.

06 다음 중 레오나르도 다빈치의 〈모나리자〉에 사용된 화법은?

① 콜라주   ② 스푸마토
③ 프레스코   ④ 테라코타
⑤ 딜레탕트

》》》스푸마토는 소묘나 회화에서 매우 섬세하고 부드러운 색의 변화를 표현할 때 씁니다. 안개처럼 색을 미묘하게 변화시켜 색깔 사이의 윤곽을 명확히 구분지을 수 없이 자연스럽게 옮아가도록 하는 명암법입니다.

1.①   2.④   3.③   4.②   5.①   6.②

01 다음 중 인상파에 대한 설명으로 바르지 않은 것은? ｜ 철도시설공단

① 이는 초입체주의와 야수주의의 탄생을 가져왔다.
② 19세기 후반 근대화된 도시, 파리를 배경으로 일어난 혁명적 미술사
 조이다.
③ 인간의 무의식 속에 내재된 비합리적인 감정이나 잠재의식, 환상,
 공상을 표현한 미술양식이다.
④ 마네, 모네, 르느와르, 드가 등이 대표적 작가이다.

〉〉〉③은 초현실주의에 대한 내용입니다.

02 다음 중 대표적 하드보일드문학작품은? ｜ 한국중부발전

① 헤밍웨이 – 무기여 잘 있거라
② 모파상 – 비계덩어리
③ 도스토예프스키 – 죄와 벌
④ 괴테 – 파우스트
⑤ 버지니아 울프 – 댈러웨이 부인

〉〉〉하드보일드는 1930년 전후로 미국문학에 등장한 새로운 사실주의의 수법입니다. 원래는 계란을 삶
 는다는 뜻이지만 폭력적인 테마나 사건을 감정없는 냉혹한 시선으로 또는 도덕적인 판단을 배제한
 비개인적인 시점에서 묘사한 문학을 가리킵니다,

03 다음 중 현진건의 작품이 아닌 것은? ｜ 한국중부발전

① 화수분
② 무영탑
③ 술 권하는 사회
④ 운수 좋은 날
⑤ 빈처

〉〉〉〈화수분〉은 전영택의 단편소설입니다.

04 부조리한 현실의 허무와 절망, 불안, 초조 속에서 고립된 인간의 모습을 극복하고 진정한 자아를 발견하고자 했던 문예사조는? | 한국중부발전

① 실존주의
② 신심리주의
③ 슈름트 운트 드랑
④ 고전주의
⑤ 누보로망

>>>실존주의는 20세기 중엽에 나타난 문예사조입니다. 합리주의적인 관념론과 실증주의에 대한 반동으로 일어났으며 그 당시 철학 사조 일반에 지대한 영향을 끼쳤습니다. 대표적인 작품으로는 카뮈의 〈이방인〉이 있습니다.

05 다음 중 작가와 작품, 주인공의 연결이 바르지 않은 것은? | 한국중부발전

① 황석영 – 삼포 가는 길 – 점례
② 염상섭 – 삼대 – 조덕기
③ 전영택 – 운수좋은날 – 김첨지
④ 이광수 – 무정 – 이형식
⑤ 김동인 – 감자 – 복녀

>>>〈운수좋은날〉의 작가는 현진건입니다. 현진것의 작품으로는 〈빈처〉, 〈술 권하는 사회〉, 〈무영탑〉 등이 있습니다. 전영택의 작품으로는 〈화수분〉, 〈아버지와 아들〉, 〈소〉 등이 있습니다.

06 다음 중 방이설화를 근원으로 하는 판소리계 소설은? | 한국중부발전

① 춘향전
② 심청전
③ 옹고집전
④ 별주부전
⑤ 흥부전

>>>춘향전은 신원설화를, 심청전은 효녀지은설화를 근원으로 하는 판소리계 소설입니다.

1.③ 2.① 3.① 4.① 5.③ 6.⑤

01 프로이트의 심리성적발단단계이론에서 이성의 부모를 사랑하는 단계를 무엇이라 하는가?　　| 한국중부발전

① 성기기　　　　　② 잠복기
③ 남근기　　　　　④ 항문기
⑤ 구강기

>>>남근기는 3~6세에 나타나는 현상입니다.

02 사회의 급속한 변화와 기술 혁신으로 인해 학교 뿐만 아니라 가정, 사회에서 전 생애에 걸쳐 이루어져야 한다는 교육관을 무엇이라 하는가?　　| 한국중부발전

① 전인교육
② 이머전 교육
③ 몬테소리 교육
④ NIE 교육
⑤ 평생교육

03 다음 중 조선시대의 교육기관이 아닌 것은?　　| 한국중부발전

① 사부학당　　　　② 성균관
③ 서원　　　　　　④ 경당
⑤ 향교

>>>경당은 고구려의 사학입니다. 태학(관학)과는 달리 서민층의 자제를 대상으로 독서와 활쏘기 등의 문무교육을 겸한 교육기관이었습니다.

04 다음 중 미인을 일컫는 한자성어가 아닌 것은?　　| 한국중부발전

① 纖纖玉手　　　　② 傾國之色
③ 丹脣皓齒　　　　④ 綠陰芳草
⑤ 花容月態

>>>綠陰芳草(녹음방초)는 푸르게 우거진 나무와 향기로운 풀이라는 뜻으로, 여름철의 자연경관을 이르는 말입니다.

05 다음 뜻을 가진 한자를 바르게 쓴 것은?

> ■ 사람에게 베푸는 이로움이나 이익 : 혜택
> ■ 익살스럽고도 풍자가 섞인 말이자 짓 : 해학
> ■ 둘 이상의 집단 사이에 이해·의견 등의 차이 등에서 일어나는 불화나 충돌 : 마찰

① 惠澤 - 諧謔 - 摩擦
② 惠擇 - 諧謔 - 磨擦
③ 惠澤 - 諧謔 - 磨擦
④ 惠擇 - 骸謔 - 摩擦
⑤ 惠澤 - 骸謔 - 摩擦

06 다음 중 어리석은 행동과 관련된 말이 아닌 것은?

① 矯角殺牛   ② 緣木求魚
③ 刻舟求劍   ④ 花容月態
⑤ 矯枉過直

》》화용월태(花容月態)는 아름다운 여인의 얼굴과 맵시를 이르는 말입니다.

07 다음 중 독음이 다른 것끼리 짝지어진 것은?

① 遺 - 遣
② 織 - 職
③ 恨 - 限
④ 社 - 祀

》》① 남길 견 - 보낼 유
② 짤 직 - 맡을 직
③ 한탄할 한 - 한정할 한
④ 모일 사 - 제사 사

1.③   2.⑤   3.④   4.④   5.①   6.④   7.①

3일만에 끝내는
단골출제
상식
특별부록
3

만점 면접을
위한 올가이드

1. 적성검사와 면접의 중요성과 경향

근래 들어서 대부분의 기업체에서 필기시험이 폐지되고 적성검사가 도입되었다. 면접이 강화되었으며 영어시험은 영어공인시험(TOEIC, TOEFL 등)으로 바뀌었다. 여기서 우리가 주목해야 할 것은 적성검사와 면접시험이다.

우선 지원자들이 크게 당혹스러워 했던 적성검사부터 살펴보기로 하자. 결론부터 말하자면 적성검사가 새로 도입되었다고 해서 걱정할 일이 아니라는 것이다. 걱정한다고 잘 될 일도 아니고 공부할 것도 아니다. 적성검사가 무척 중요하긴 하지만 말 그대로 '검사'이지 시험이 아니기 때문이다. 이는 기업체에서 적성검사를 실시하게 된 까닭을 알면 보다 명확해진다. 대기업체 관계자의 말을 빌리자면 1994년을 기준으로 하여 대기업의 평균 이직률이 10%에 이르고 있어 이직을 예방하기 위해서였다고 한다. 다시 말하면 개인의 성향을 올바로 파악해 적성에 부합되는 자리에 배치하기 위해서라는 뜻이다.

이와 같은 성격의 적성검사를 치르는 지원자들이 명심해야 할 것은 두 가지로 요약될 수 있다. 첫 번째는 자신의 적성을 있는 그대로 드러내 보이라는 것이고 두 번째는 빨리 풀어야 한다는 것이다. 적성검사의 문항수가 많기 때문에 한 문제에 시간을 너무 쓰면 다 풀지 못할 것이기 때문이다. 문제를 다 풀지 못하면 자신에게 큰 마이너스가 된다. 보통 한 문제당 30초를 쓰면 적당하다. 또 하나 지원자들에게 당부하고 싶은 말은 시중에 나와 있는 적성검사 책을 너무 믿지 말라는 것이다. 대부분이 일본책을 베낀 것으로 역효과를 낼 수도 있다.

적성검사 후에 실시되는 면접은 오래 전부터 실시되어 오고 있는 것이다. 갈수록 그 중요성도 더해지고 있다. 따라서 과거와 같이 단순한 질문 답변식에서 벗어나 더욱 다양하고 복잡해졌다. 두 차례의 면접은 대다수의 기업체에서 필수과정이 되었다.

블라인드 인터뷰(Blind Interview: 지원자의 어떠한 신상 자료도 없이 실시하는 면접)도 이미 일반화되는 추세이다. 이는 지원자의 출신지와 학력 등에서 받는 편견이나 고정관념을 떨쳐내 인성이나 숨겨진 능력을 발굴해내려는 것이다. 옥석을 올바로 가려내려는 기업의 적극적인 의지의 표현이라고 할 수 있다. 이외에도 다차원면접, 집단합숙면접과 지원자 본인이 자신있는 분야나 전문분야에 대해 일정한 시간내에 식견을 발표하는 프리젠테이션 면접 등도 있다. 한 가지 특기할 만한 것은 사회봉사활동 경력도 중요하게 고려된다는 점이다. 조직생활에 봉사정신이나 사회활동 경험이 큰 도움을 줄 것이라는 판단 때문이다.

이와 같이 날로 다양화되고 있는 면접에서 지원자들이 우선으로 갖추어야 할 것은 풍부한 식견이다. 더불어 직장인으로서의 마음가짐과 직업정신의 확립은 면접장으로 들어가는 지원자들을 당당하게 만들어 줄 것이 분명하다.

2. 면접에서의 평가요소

사원 채용은 기업에 있어서 매우 중요한 프로젝트로 면접은 입사 시험에서 핵심을 차지하고 있다. 실제로 대다수의 기업들은 기초적인 능력 평가를 하고 면접에서 예절이나 태도, 직업관과 인생관 등으로 종합점수를 내어 합격 여부를 판정하고 있는 것이다.

지원자들이 여기서 명심해야 할 것은 기업들이 직원들의 인화와 단결을 중요하게 여기고 있다는 점이다. 다시 말해서 기업들이 과거의 실력(두뇌) 위주에서 인물 위주(책임감, 동료의식, 직업정신의 정도 차이)로 바뀌었다는 뜻이다. 따라서 면접관의 눈도 지원자의 사람 됨됨이를 중심으로 관찰하고 있다. 결국 지원자로서는 이러한 회사의 면접관들이 요구하는 인간상에 얼마나 접근하고 있느냐가 성패의 관건이라 하겠다.

명심해야 할 것은 면접관들은 많은 지원자들을 만나기 때문에 판에 박힌 대답만을 듣다보면 식상해한다는 것이다. 면접관이 지루하다고 느낀다면 지원자는 당연히 좋은 점수를 얻지 못한다. 면접관의 귀를 세울 새롭고 개성 있는 대답의 준비가 필요하다. 또한 지원자의 답변 내용은 지원 서류와 일치해야만 한다. 이를 위해서는 서류를 제출하기 전에 한 부를 복사해 두었다가 면접시험 전에 한번 읽어보면 좋을 것이다. 기업의 평가요소를 좀 더 세분화해 보면 다음과 같다.

☀ **적극성:**
없어서는 안 될 자질로 보고 있다. 적극적인 성격인가, 지원자가 힘든 상황을 잘 극복할 수 있는가를 알려는 것으로 지망동기, 입사 후의 희망 같은 것을 질문한다.

☀ **정신적 안정성 및 침착성:**

동작과 태도가 안정되고 침착한지, 말의 끝맺음이 분명한지를 통해서 평가한다.

☀ **독창성:**

자기의 생각을 자신의 말로 표현한다. 남의 말을 흉내내지 말고 자신 있게 당당히 대답하면 좋은 평가를 받는다.

☀ **대화법:**

깊이 생각한 다음 말하는지, 생각나는 대로 말하는 경솔한 스타일인지 살펴본다.

☀ **표현력:**

자기가 말하려고 하는 내용에 어울리는 용어를 적절히 구사하는가, 말에 일관성이 있는가, 간결하고 정확한가를 살펴본다.

☀ **정직성과 성실성:**

중요한 문제로 무책임하고 신뢰할 수 없는 사람에게는 어떤 일도 맡길 수 없기 때문이다. 지원자에게 자신의 장단점을 묻고, 단점을 고치려는 노력을 해 보았는지 살피게 된다.

☀ **협조성:**

주장할 때는 거침없이 주장하고 협조할 때는 잘 어울려 협조하는지를 살피려는 것이다. 교우관계나 서클활동을 질문하여 조직생활에 잘 적응할 수 있는가를 판단한다.

☀ **인품과 인간성:**

인간성이 좋아 보이는지, 호감이 가는 인품인지를 살펴본다. 인간적인 성숙성도 관찰의 대상이다.

☀ **판단력:**

기업에서 중요하게 여기는 항목이다. 모든 일에는 올바른 판단이 요구된다. 질문을 충분히 이해하고 그에 맞는 대답과 올바른 판단을 하고 있나를 살펴본다.

☀ **사상과 가치관의 건전성:**

분명한 자기 나름의 생활철학이 있는지, 사상과 가치관이 건전한지를 살핀다.

토막상식

면접관은 어떤 사람들로 이루어져 있나

☀ 인사담당 면접

입사한지 3~5년 된 사원인 경우가 흔하다. 회사 설명회 등에서 지원
자에게 회사를 선전하는 역할을 주로 담당한다. 어떤 점에서는 취직
에 관해 조언을 하기도 한다. 이를테면 임원급 면접에 관한 어드바이
스를 제공하는 경우 등이다. 나이가 비슷하다고 격의 없이 행동하면
안 된다. 항상 상대방에게 관찰당하고 있음을 기억하라. 굽신거리라
는 얘기는 물론 아니다. 최소한의 예의를 지키며 자기 나름의 의견을
당당히 말하자.

☀ 과장·부장 면접

30대 중반에서 40대에 이르는 연령층의 면접관들이다. 주로 회사를
택하게 된 동기, 희망직종, 전공분야 등에 관해 비교적 세세한 질문
을 한다. 사전에 준비한 해당 기업에 대한 연구, 업계의 연구가 많은
도움이 된다.

☀ 임원 면접

40대 중반에서 50대 연령층의 이사급 중역이나 사장이 참석한 면접
이다. 면접의 최종단계이다. 자신의 인간성이나 적극적인 면을 어필
하는 게 효과적이다.

3. 실전 면접

지원자들이 면접장으로 향하면서 갖춰야 할 복장과 자세에서부터 면접관의 질문의 내용까지 요약해 보았다. 많은 도움이 될 것으로 믿는다.

◎ **복장과 임하는 자세**

사실 첫인상만큼 불공평한 것은 드물다. 그러나 불공평하다고 해서 불만을 갖는다면 면접을 포기하는 것이 좋다. 적어도 면접에 임하려고 한다면 자신이 할 수 있는 노력은 해야 하는 것이다. 그 노력에 따라서 인상은 얼마든지 변할 수 있고 단점보다는 장점이 돋보일 수도 있다. 어떤 사람은 옷차림에 상관없이 내용만 충실하면 공정하게 능력을 평가해 줄 것이라는 생각을 하기도 한다. 어처구니없는 일이다. 차라리 세상은 편견으로 가득 차 있다고 생각하고 준비하라. 편견의 희생물이 될 수는 없지 않는가.

우선 양복은 정장을 준비해야 한다. 요즘은 기성복이 많은데 몸에 잘 맞는지를 확인하라. 곤색이나 회색 계통의 양복이 좋은 인상을 준다. 무늬가 있는 경우에는 보일 듯 말듯 한 것이 좋다.

셔츠는 보통 흰색이 무난하다고 생각하는데, 베이지나 연한 푸른색 또는 가는 줄무늬 셔츠가 좋은 인상을 준다. 젊은이다운 면도 있어 보인다. 중요한 것은 자신의 얼굴과 체형에 어울리게 입어야 한다는 점이다. 아무리 좋은 옷이라도 자신에게 어울리지 않으면 큰 마이너스가 되는 것이다.

넥타이는 그 사람의 인상을 좌우하는데 큰 역할을 한다. 아무리 좋은 양복과 셔츠를 입어도 넥타이를 잘못 고르면 모든 걸 망치게 된다. 입고 있는 양복이 셔츠와 비교하여 튀지 않도록 색상과 무늬에 유의해야 한다. 계절감도 중요하다.

구두는 비용이 많이 들더라도 되도록 좋은 것을 신도록 한다. 사람들은 보통 구두에 신경을 덜 쓰는데 생각 외로 그 사람의 이미지에 중요한 역할을 한다.

양말은 양복과 구두 색깔에 어울리는 것을 신도록 한다. 곤색 양복 검은 구두에 흰 양말은 신는다면 어색하지 않겠는가.

◎ **면접 직전의 체크 사항**

지원자들은 면접을 치르기 위해 많은 준비를 했을 것이다. 그러나 많은 준비에도 불구하고 면접장에서 제대로 활용하지 못하면 모든 것이 허사가 된다. 자신이 준비한 것을 최대로 활용하기 위해서는 어떻게 해야 할까? 가장 좋은 방법은 면접장에 들어가기 직전에 대기실에서 자신이 준비해 온 것을 점검하는 것이다. 효과적인 점검을 위해서는 간단한 메모가 필요하다. 메모는 가장 중요한 것에서부터 차례로 기입해 놓아야 한다.

이를테면 자신이 지원한 회사의 기업이념과 업종적인 특성, 사업내용, 역사와 미래 등의 정보가 우선이다. 지원자가 해당 기업과 희망 직종의 정보를 열심히 수집해 공부하고 있다는 것은 그만큼 취직하려는 마음가짐과 열의가 있다는 증거로 면접시에 좋은 인상을 남기게 된다.

자신에 대한 공부는 기본적인 일에 해당된다. 모든 일의 시작은 자신을 똑바로 아는 데서 출발하는 것이다. 자신의 성격이나 소질, 장단점의 올바른 파악은 취직을 하는 데만이 아니라 앞으로 살아갈 날들에도 큰 보탬이 된다.

자신에 대한 공부와 회사에 대한 공부는 둘을 조화롭게 연결 지을 때 완성되어진다. 자신의 개인적인 특성과 꿈을 지원한 회사와 희망 직종에 잘 연결시켜 당당하게 이야기할 수 있다면 분명 좋은 결과를 낳을 것이다.

이밖에 자신이 전공한 분야와 시사상식(면접시험일 전 1개월 동안의 사건이 주로 화제에 올려진다) 등의 준비한 것들도 차례로 점검하고 입실하기 직전에는 옷차림이 흐트러지지 않았는지 다시 한 번 살펴보아야 한다.

◎ 면접의 테크닉

앞에서도 말했듯이 면접은 자기를 효과적으로 파는 것이다. 그것을 위해서는 테크닉이 필요하다. 요점을 추려보면 다음과 같다.

☀ 첫인상이 중요하다.

결정은 20초 내에 난다고 말하는 면접관도 있다. 그만큼 첫인상은 중요한 것이다. 문을 열고 들어설 때 활기차게 인사를 하고 가벼운 걸음걸이로 들어가자. 전신거울 앞에서 몇 번 연습을 해보는 것이 좋다.

☀ 상대방을 똑바로 보아야 한다.

면접시험 중에 면접관의 눈을 똑바로 보지 않고 천장을 본다거나 자신의 손을 본다거나 하면 자신감이 결여된 것으로 인식되어지고 경우에 따라서는 무언가를 감추고 있는 인상마저 주기 때문이다.

☀ 질문의 요점을 파악한다.

면접관의 질문을 제대로 이해하지 못해 엉뚱한 대답을 한다면 실격이 되는 것이 당연하다.

☀ **결론부터 이야기한다.**

자신이 말하고 싶은 요지를 먼저 간결하게 말하면 상대방이 이야기를 알아듣기가 쉽고 말에 힘을 얻게 된다. 질질 끄는 이야기는 면접관을 짜증나게 할 뿐이다.

☀ **상투적인 대답이 아닌 자신의 의견을 말하라.**

면접관이 질문을 한 후에 듣고자 하는 것은 지원자 본인의 생각이다. 답변의 내용들이 상투적인 일반론에 그친다면 면접관은 맥이 빠질 것이다.

☀ **말을 현실감 있게 하자.**

사무적이거나 객관론으로 그칠 것 같은 내용의 질문에는 질문에 부합하는 간단한 에피소드를 덧붙이는 것도 좋다. 말에 설득력이 생겨난다.

☀ **독창성을 내세우자.**

이야기를 할 때는 항상 자신만의 독창적인 멋이 풍겨나도록 하자.

☀ **깊이 있는 대답을 하자.**

요점만 짧게 대답하고 입을 다물면 대화가 딱딱해질 수 있다. 그 일에 자신이 어떤 역할을 했었고 무엇을 느꼈는지, 얻은 것은 또 무엇인지를 말한다. 물론 장황하게 늘어놓아선 안 되고 3분 이내에 간결하게 답해야 한다.

☀ **추상적인 이야기는 구체적으로 풀어서 해라.**

아무리 중요한 이야기라도 면접관에게 뜻이 전달이 안 되면 소용이 없다.

☀ **자신있는 분야에서 승부를 걸어라.**

개인에 따라 유독 자신있는 분야가 있을 것이다. 그 분야에 관한 질
문이 나오면 놓치지 말라. 승부처가 된다.

위에서 언급한 몇 가지의 테크닉은 모두가 중요한 것들이지만 가장 중
요한 점은 자신의 모습을 솔직하게 보여주는 것임을 명심해야 한다.

◎ 면접에서 잘 나오는 질문 50

☀ **3분 동안 자신을 PR하여 보십시오.**
충분한 시간이다. 시간을 재어 보면서 연습을 해두는 것이 좋다. 겸손은 금물이다.

☀ **자신의 장점과 단점을 말해 보십시오.**
장점과 단점을 말할 때는 그것이 왜 장점인지 단점인지를 말해야 한다. 특히 단점은 고치려고 노력하고 있다는 것을 보여 주어야 한다.

☀ **좌절감을 경험한 적이 있습니까?**
누구든 한번쯤은 좌절감을 느끼게 된다. 공경에 처했을 때 어떻게 극복했고 그 과정을 통해 무엇을 배웠는지가 핵심이다. 비관적인 표현을 피하고 밝게 말하라.

☀ **특기는 무엇이 있습니까?**
특기나 면허 또는 자격을 획득했다면 좋은 평가를 받을 수 있다. 그것도 의무적으로 한 것이 아니라 스스로 결심하여 했다면 더욱 그렇다. 자격증을 획득한 후에 어떤 자기발전이 있었는지도 덧붙여 말하면 좋다.

☀ **당신에게 주위 사람들이 의논을 해 오는 편입니까?**
주위 사람들이 의논 상대로 택한다는 것은 신망을 받고 있다는 증거이다. '의논을 받는 편'이라고 대답하는 경우에는 뒷받침이 될 만한 구체적인 예를 곁들여 말하면 좋다.

☀ **리더십이 강한 편이라고 생각합니까?**

이 질문은 장래에 경영자로서 부하들을 통솔할 능력이 있는가를 알기 위해 하는 것이다. 만일 자신이 리더십이 부족하다면 그것을 보완할만한 점을 들어 말한다.

☀ **친구가 많습니까?**

친구를 사귀는 데 있어서의 숫자가 많은 대신 얕게 사귀는 타입과 적은 대신 깊게 사귀는 2가지 타입이 있다. 면접관은 응시자가 어떤 성품을 갖고 있으며 자신의 교제 방식을 어떻게 좋은 쪽으로 끌고 가는지를 알려고 한다.

☀ **사람들과 이야기 나누는 것을 좋아합니까?**

단순히 좋아한다고 하지 말고 뒷받침이 될 만한 이야기를 곁들여 말하는 게 좋다. 기업의 경우에는 이야기가 정보수집의 수단이며 접객의 요소임을 기억해야 한다.

☀ **우리 회사에 지원한 이유를 말해 주십시오.**

가장 자주 나오는 질문이다. 지원한 회사의 지명도와 업계의 위치, 경영방침 등을 토대로 하여 구체적으로 대답한다. 자신의 적성과 자질, 능력에 연관시켜 대답하는 것이 중요하다.

☀ **회사를 선택할 때 중요하게 생각하는 것은 무엇입니까?**

경영방침과 업무내용, 사회적 공헌도 등을 분석해 자신의 직업관과 인생관을 연결시켜 대답한다. 급여나 휴가, 안정성 등의 근시안적인 이유를 드는 것은 좋지 않다.

☀ 당신에게 직업은 어떤 의미가 있습니까?

일에 대한 자세와 인생관을 알아보려는 질문이다. 일을 통해서 어떤 가치를 발견하고 무엇을 얻는다고 느끼는지 설명한다. 자신의 일과 사회와의 관계에 대해서도 덧붙이면 좋다.

☀ 만약 불합격된다면 어떻게 하실 겁니까?

지원자를 의도적으로 긴장시켜 놓고서 어떻게 대응해 오는가를 관찰하기 위한 질문이다. 곤란한 상황을 어떻게 해결하는가를 보고 인품이나 업무에 대한 의욕과 적성을 평가한다.

☀ 입사하게 될 경우 어떤 일을 하고 싶습니까?

지원자가 어느 분야에 관심이 있는지를 알려고 하는 질문이다. 구체적으로 부서를 말하고 그곳에서 일하고 싶은 이유를 말하자.

☀ 우리 같은 중소기업을 택한 이유는 뭡니까?

거의 모든 지원자들이 대기업을 선호하고 있기 때문에 속마음을 알아보려는 질문이다. 대기업을 부정으로 말하지 말고 중소기업이 갖고 있는 장점을 말하여 거기에 매력을 느꼈다고 대답하자.

☀ 희망하는 부서가 아닌 것에 배치될 경우에는 어떻게 하겠습니까?

기업은 저마다 인사방침이 있다. 희망부서가 아니라도 열심히 일해 자신의 새로운 능력을 발굴해 내겠다는 적극적인 자세를 필요로 한다. 아무래도 좋다는 대답이나 못한다는 대답은 하지 말라.

☀ 우리 회사의 제품을 어떻게 생각합니까?

지원한 회사의 주력 제품이나 신제품에 대한 광고 정도는 알아야 한다. 고가품일 경우에는 백화점에 가서 실제로 작동해보는 것이 좋다. 다른 회사의 제품을 깎아 내리는 말은 안 하는게 좋다.

☀ 출근시간의 의미는 무엇이라고 봅니까?

시간과 회사의 규칙에 대한 개념을 듣고서 근무 자세를 점검해 보려는 의도이다. 출근 시간은 회사에 도착하는 시간이 아니고 업무를 시작하는 시간이다. 조금이라도 일찍 나와 업무를 시작할 준비를 해야 한다.

☀ 윗사람과 의견이 다를 땐 어떻게 하겠습니까?

이 질문은 문제가 생겼을 때 지원자의 처리방법이나 사고방식, 인간관계 능력을 보려고 하는 것이다. 유연성, 적응성, 협조성의 판단 기준이 된다. 경험이 많은 윗사람의 의견을 따르겠다고 말하는 것이 바람직하다.

☀ 일과 사생활 중 어느 쪽을 중요하게 여기겠습니까?

이 질문은 프로의식이 어느 정도인가를 알기 위해 묻는 것이다. 면접인 만큼 사생활보다는 일을 우선하는 자세를 보여줄 필요가 있다. 그러나 너무 속들여다 보이는 대답은 삼가자.

☀ 당신은 10년 후에 어떤 모습을 하고 있을 것 같습니까?

어느 부서에서 계속 근무해 어떤 위치에 올라 있을 것이라는 말을 통해 자신의 장래포부를 밝히면 설득력을 얻을 수 있다.

☀ 우리 회사에 관해 알고 싶은 것이 있습니까?

응시자의 회사연구 정도와 업계에 대한 지식의 수준을 알아보려는 질문이다. 지원자에게는 역으로 자신을 선전할 수 있는 기회다. 면접관이 깜짝 놀랄 만한 질문을 한다면 말이다.

☀ **전공은 무엇입니까?**

이 질문에서 면접관이 듣고자 하는 것은 어떻게 공부해 전공에서 무엇을 얻었는가이다. 자신의 분야인 만큼 간결하고 확실하게 설명할 수 있도록 준비를 해 두는 게 좋다.

☀ **회사라는 사회에서 제일 중요한 것은 무엇이라고 봅니까?**

학생 사회와 경제 사회의 같은점과 차이점을 비교해 이야기하면 설득력을 얻을 수 있다. 조직, 업무, 책임감 같은 것에 대한 자신의 생각은 빼놓을 수 없는 부분이다.

☀ **마케팅에 관해 말해 주십시오.**

경영용어 중 기본적인 것을 묻는 경우가 종종 있다. 이것은 면접시험이라기보다는 구두 시험적인 요소가 강하다. 기본적인 경영용어를 제대로 답을 못한다면 곤란하니 준비를 해두기 바란다.

☀ **학창시절에 전공 외에 열중했던 것이 있습니까?**

이 질문은 지원자가 어떻게 학창시절을 보내고 무엇을 얻었는지를 통해서 사회인으로서의 자질과 부합되는지를 알려고 하는 것이다. 무언가 열심히 한 게 있다는 것은 자랑스러운 일이다.

☀ **무역마찰은 어떻게 극복해야 한다고 봅니까?**

무역전쟁이라는 말을 누구나 알게 된만큼 흔하게 나오는 문제이다. 면접관은 지원자의 대답을 통해 경제현상을 어떻게 파악하고 있고 나름대로 어떤 대책을 갖고 있는지 그 파악의 이해도를 알고자 한다.

☀ **기업이 갖는 사회적인 책임에 대해 말해 주십시오.**

기업이라는 집단은 단순히 이익만을 추구하는 것이 아니라 공동사회의 틀 안에 있는 사회적인 집단이다. 이와 같은 시각의 관점을 통해 지원자가 기업을 어떻게 분석하는지를 알아보려는 것이다.

☀ **졸업논문의 주제를 말해 주십시오.**

학문적인 입장에서 볼 때 졸업논문은 대학생활의 총결산이다. 연구
했던 자세나 논문의 내용을 통해서 지원자의 지적 수준을 알고자 한
다. 할 말을 준비해 두는 것이 좋다.

☀ **환경보호 문제에 대한 시각은 어떻습니까?**

지원자가 세계의 조류를 얼마나 파악하고 있고, 사회에 대한 관심도
와 흐름을 파악하고 있는지 알고자 하는 질문이다. 이러한 시사질문
을 받으면 자신이 알고 있는 내용을 설명하고 나름대로의 생각이나
미래에 대한 전망을 덧붙인다.

☀ **첫 월급을 받으면 어디에 쓰겠습니까?**

첫 월급은 보통의 월급과는 의미가 다르다. 면접관은 이 질문을 통해
지원자의 돈을 쓰는 감각과 성품을 알려고 하는 것이다. 부모님께 기
억에 남을 만한 선물을 하겠다는 대답이 무난하리라 생각된다.

☀ **아르바이트를 해본 적 있습니까?**

어떤 아르바이트를 해봤다고 단순히 말하는 데에 그치면 안 된다. 그
일을 통해서 어떤 점을 느꼈고 무엇을 얻었는가까지 밝힌다.

☀ **1년 동안의 공백이 있는데 어떻게 된 일입니까?**

공백이 있다는 것은 약점이 될 수 있다. 이 약점을 극복하기 위해서
는 공백기간을 뜻있게 보냈고 얻은 것이 많았다는 점을 긍정적으로
분명히 대답해야 한다.

☀ **지금 그 말은 조금 무책임하다고 생각되지 않습니까?**

면접관은 지원자가 말한 답변의 결점을 일부러 지적하여 반응을 관
찰하곤 한다. 여기서 중요한 것은 지원자가 한 답변의 결점보다는 면
접관의 지적에 대한 지원자의 대응자세이다. 침착하게 응답하자.

☀ **열의가 없는 것 같아 보입니다.**

긴장을 너무 많이 해 말이 안 나오거나 목소리가 작아 면접관이 그렇게 느낄 수도 있다. 한 번 더 힘을 내 침착하게 대답하자. 여기서 말이 막히면 곤란하다.

☀ **좋아하는 스포츠는 무엇입니까?**

젊은이다운 건강한 이미지로 해서 운동을 좋아하는 사람은 호감을 얻게 된다. 운동에 특별히 자신이 있는 경우에는 구체적으로 얘기하여 적극적으로 자신을 PR하자.

☀ **나하고 고향이 같군요.**

지원자의 긴장이 풀어질 만한 말이다. 조금은 긴장이 풀어지는 것도 좋으나 너무 풀려 면접관과 친숙한 사이처럼 행동한다면 곤란하다. 편하게 답하되 그때까지의 톤을 유지하자.

☀ **휴일에는 무엇을 하며 보냅니까?**

휴일을 보내는 방법으로도 지원자의 삶의 모습을 느낄 수 있다. 여가 시간을 어떤 식으로 알차고 유용하게 보내는지를 말해야 한다. 되는대로 지낸다는 인상을 주면 안 된다.

☀ **그러니까 결론이 무엇입니까?**

자신이 생각해도 대답이 정리되지 않아 전전긍긍하고 있는데 면접관으로부터 이런 말을 들으면 정말 난감해진다. 그러나 난감해 하고 있을 시간이 없다. 그것을 오히려 기회로 삼아 마무리를 잘 짓겠다는 패기가 요구된다.

☀ **최근에 읽은 책에 대해 말해 주십시오.**

지원자가 읽는 책을 통해서 면접관은 교양이나 사고의 방향 등을 알려고 한다. 읽은 책의 내용뿐만 아니라 나름대로의 비평도 덧붙이는 것이 좋다. 면접장이라는 점도 감안하라.

☀ **신문을 받으면 어느 면부터 봅니까?**

지원자가 관심을 두고 있는 부분을 알고자 하는 질문이다. 어느 면을 먼저 읽거나 상관은 없다. 그러나 요즘 같은 시기에 정치나 경제에 관심이 없다면 문제가 된다. 면접 당일 날의 조간신문은 꼭 읽기 바란다.

☀ **존경하는 인물이 있습니까?**

존경하는 인물에 대해서 묻는 것은 지원자의 가치관이나 됨됨이를 알아보려는 데에 목적이 있다. 지원자가 대답할 때 알아야 할 것은 단순히 인물만을 얘기해서는 안 되고 존경하는 이유와 자신의 각오를 밝혀야 한다는 것이다.

☀ **건강관리를 위해 특별히 하고 있는 것이 있습니까?**

모든 일에 있어서 건강은 처음이며 마지막이다. 특별히 하는 운동이 없어도 상관은 없지만 항상 건강에 신경을 쓰며 건전한 생활과 체력을 기르는 데 힘쓰고 있음을 밝히자.

☀ **사람들과 잘 협조하는 스타일입니까?**

협조와 타협은 동일한 것이 아니다. 회사는 하나의 집단이므로 협조 정신을 요구한다. 더불어 자신의 입장과 역할을 확실하게 인식해 행동하는 것이 중요하다.

☀ **시간외 근무에 대해선 어떻게 생각하십니까?**

일을 하다보면 야근을 하거나 휴일에 근무하는 경우가 생길 수 있다. 시간외 근무를 전적으로 긍정할 필요는 없지만 필요한 경우에는 할 것임을 밝힌다.

☀ **경영자가 되고자 합니까?**

근래에 들어 관리직을 지원하는 여성과 채용되는 여성이 늘고 있어 자주 등장하는 질문이다. 적극적으로 대답할 필요가 있다. 일에 대한 의욕과 마음가짐을 알아보려는 것이다.

☀ **나중에 결혼하게 되면 직장은 어떻게 하겠습니까?**

자기 개성을 너무 강조해 응답하는 것은 좋지 않다. 차라리 슬쩍 받아넘기는 것이 좋다. 여성인 만큼 지원한 회사가 여성을 어떻게 활용하는지는 사전에 알아둘 일이다.

☀ **우리 회사에 맞지 않는 것 같습니다.**

이 말에 풀이 죽어 고개를 숙이거나 감정적인 반응을 보이면 안 된다. 면접관에게 그 이유를 물어보고, 맞지 않는 점은 고치려는 노력을 하겠다는 의사를 밝히거나, 이질적인 면을 개성으로 살려 좋은 자극제로 삼을 것임을 강조하자.

☀ **취직할 생각은 있는 겁니까?**

대답에 자신이 없고 성의가 없어 보이는 경우 이런 질문이 나올 수 있다. 아니면 면접관이 일부러 답변이 막힐 질문을 하여 지원자가 어떤 반응을 보이는지 관찰하는 경우이다. 여기서 고개를 떨구거나 기분 나쁜 표정을 지어선 안 된다.

☀ **술이나 담배를 합니까?**

요령은 "마지못할 때 조금"이라는 뉘앙스를 풍기며 대답하는 것이다.
마시건 안 마시건 극단적인 말은 하지 말자.

☀ **회사에서 여사원의 역할은 어디에 있다고 봅니까?**

여성의 지혜를 살릴 시대가 도래 했다고 한다. 능력 있는 여성이 일
선에서의 활약을 기대하는 기업도 점차 늘고 있다. '여자니까' 하는
소극적 자세보다 여성의 특성을 일에 어떻게 활용할 것인가 하는 적
극적 자세로 대답하자.